Mannschaftspsychologie

Aus Gründen der besseren Lesbarkeit haben wir uns entschlossen, durchgängig die männliche (neutrale) Anredeform zu nutzen, die selbstverständlich die weibliche mit einschließt.

Sigurd Baumann

Mannschaftspsychologie

Methoden und Techniken

Herausgeber: Bayerischer Landes-Sportverband

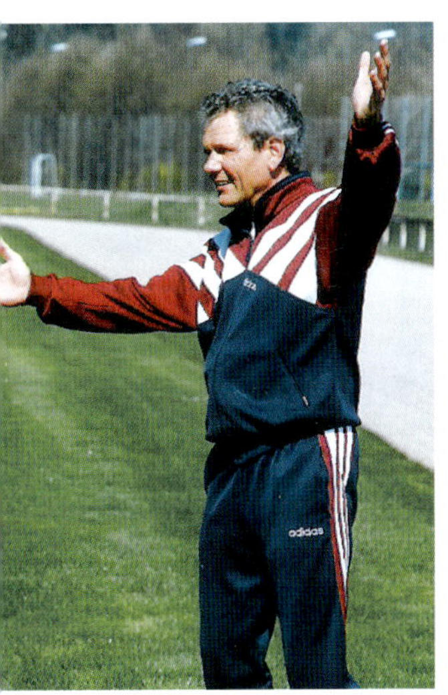

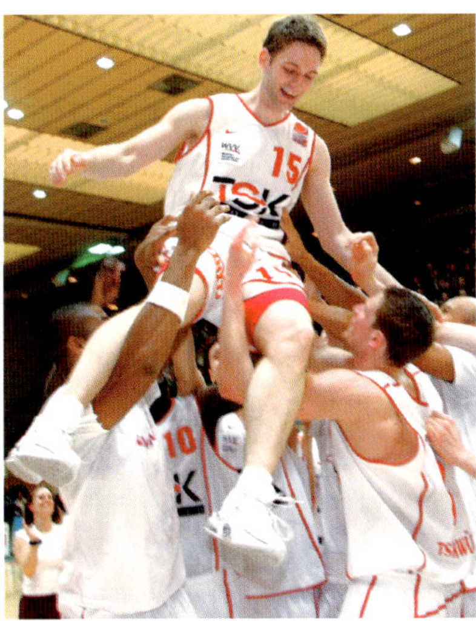

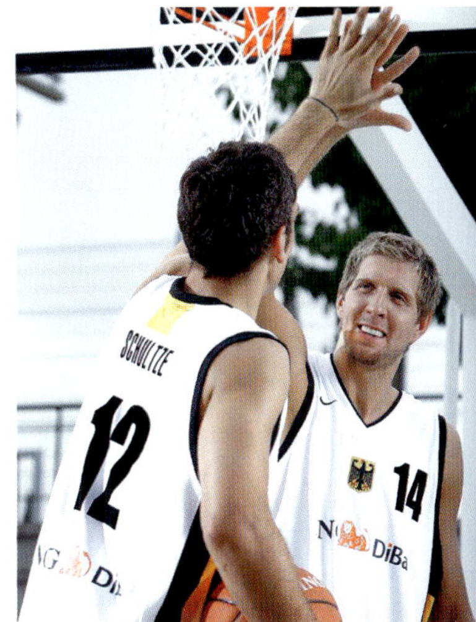

Meyer & Meyer Verlag

Mannschaftspsychologie – Methoden und Techniken

Bibliografische Information der Deutschen Nationalbibliothek
Die Deutsche Nationalbibliothek verzeichnet diese Publikation in der Deutschen Nationalbibliografie; detaillierte bibliografische Daten sind im Internet über http://dnb.d-nb.de abrufbar.

3. Auflage 2012
Auckland, Beirut, Budapest, Cairo, Cape Town, Dubai, Graz, Indianapolis, Kindberg, Maidenhead, Melbourne, Olten, Singapore, Tehran, Toronto
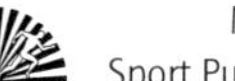
Member of the World Sport Publishers' Association (WSPA)
Druck: B.O.S.S Druck und Medien GmbH
ISBN: 978-3-89899-758-4
E-Mail: verlag@m-m-sports.com
www.dersportverlag.de

Inhalt

Vorwort ... 9
1 Die Mannschaft ... 10
1.1 Wie eine Mannschaft entsteht – vier Phasen der Teamentwicklung ... 13
1.2 Hierarchische Ordnung ... 16
1.2.1 Rangordnung, Entscheidungsordnung und Individualitätsgrad ... 17
1.3 Das Team als Einheit ... 20
1.3.1 Zeitlicher Rahmen/Entwicklung ... 21
1.3.2 Individualitätsgrad ... 21
1.3.3 Interaktion ... 21
1.3.4 Kommunikation ... 22
1.3.5 Synergie ... 22
1.4 Die innere Struktur von Sportmannschaften ... 23
1.4.1 Soziale Einheit ... 23
1.4.2 Mannschaftsgröße ... 25
1.4.3 Positionen ... 26
1.4.4 Die Rolle ... 26
1.4.5 Mannschaftsnormen ... 28
1.4.6 Status ... 29
1.4.7 Mannschaftsziele ... 31
1.4.8 Interaktion/Koaktion ... 32
1.5 Mannschaftszusammenhalt – Teamgeist ... 33
1.5.1 Der Aufgabenzusammenhalt ... 35
1.5.2 Der soziale Zusammenhalt ... 35
1.5.3 Individuelle Motive ... 36
1.5.4 Mannschaftszusammenhalt und Leistung ... 37
1.5.4.1 Mannschaftstypen ... 37
1.5.5 Richtung des Zusammenhangs von Kohäsion und Leistung ... 40
1.5.6 Homogene und heterogene Mannschaften ... 42
1.5.7 Das Hellpachsche Nivellierungsphänomen ... 44
1.5.8 Die tatsächliche und die potenzielle Leistungsfähigkeit einer Mannschaft ... 47
1.5.8.1 Motivationsverluste ... 49
1.5.8.2 Koordinationsverluste ... 49
1.5.8.3 Mannschaftsleistung und Einzelleistung ... 50
1.5.8.4 Wann entsteht „soziale Faulheit"? ... 52
1.6 Bedingungen der Gruppenbildung ... 54
1.6.1 Das Ferienlagerexperiment von Sherif ... 56
1.6.2 Der Vergleich mit anderen – gemeinsamer Gegner ... 57
1.6.3 Gemeinsame Freude ... 57
1.6.4 Gemeinsame Not ... 58
1.6.5 Gemeinsamer Vorteil ... 58

1.6.6 Das Schaffen von Teamzusammenhalt ... 59
1.6.6.1 Teambildung innerhalb und außerhalb des Sports ... 59
1.6.6.2 Teambildung beim Sport ... 61
1.6.6.3 Teambildung außerhalb des Sports ... 62
1.6.6.4 Was Mannschaftsmitglieder tun können ... 63
1.6.6.5 Was der Trainer tun kann ... 65
1.6.6.6 Mannschaftsgespräche ... 69
1.6.6.7 Die Ansprache ... 70
1.6.6.8 Die Diskussion ... 72
1.6.6.9 Das Einzelgespräch ... 76
1.7 Krisensituationen ... 79
1.8 Formkrisen ... 82
1.8.1 Erscheinung ... 84
1.8.2 Ursachen der Formkrise ... 85
1.8.2.1 Zeitpunkt und Dauer ... 85
1.8.2.2 Motivationsverluste ... 85
1.8.2.3 Spielerischer Abfall ... 87
Monotonie ... 87
Psychische Sättigung ... 89
Psychische Überforderung ... 89
Übertraining ... 90
1.8.3 Behebung der Formkrise ... 91
1.8.3.1 Aussprache ... 91
1.8.3.2 Denkbarrieren durchbrechen ... 92
1.8.3.3 Allgemeine Hinweise zur Behebung mentaler Blockaden ... 92
1.8.3.4 Das Unbewusste ... 93
Unbewusste Leistungseinbußen ... 94
1.8.4 Der Favorit – der Außenseiter ... 96
1.8.4.1 Der Favorit ... 98
Psychologische Ursachen ... 98
Maßnahmen zur Favoritenrolle ... 99
1.8.4.2 Der Außenseiter ... 100
Die psychologische Situation ... 100
1.8.5 Der Problemspieler ... 101
1.8.5.1 Kennzeichen ... 101
1.8.5.2 Verhaltensänderung ... 104
1.8.6 Die Integration des „Neuen“ ... 105
1.8.6.1 Typen ... 105
1.8.6.2 Bedingungen der Integration ... 109
1.8.7 Auswechselspieler – Stammspieler ... 110
1.8.8 Spielerwechsel ... 112
1.8.8.1 Wechselhäufigkeit ... 112
1.8.8.2 Funktionen des Spielerwechsels ... 113
1.8.8.3 Wechselstrategien ... 115

1.8.9 Wer spielt? – Leistungs- oder/und Gerechtigkeitsprinzip 116
1.8.9.1 Der pädagogische Aspekt 118
1.8.10 Spielertypen 119
1.8.10.1 Der Stratege 121
1.8.10.2 Der Motoriker 122
1.8.10.3 Der Schematiker 123
1.9 Eine Mannschaft braucht Ziele 123
1.9.1 Verschiedene Ziele 125
1.9.2 Zeitliche Ziele 125
1.9.2.1 Nahziele 125
1.9.2.2 Mittelfristige Ziele 126
1.9.2.3 Langfristige Ziele 126
1.9.3 Wahl der Zielstellung – Zielarten 126
1.9.4 Was bei der Zielsetzung zu beachten ist 130
1.9.5 Gefahren der Zielsetzung 133
1.9.5.1 Die innere Verteidigungshaltung 133
1.9.5.2 Erwartungsdruck 135
1.9.5.3 Blockierung 137
1.9.5.4 Abhängigkeit 137
1.9.5.5 Herausforderung – Angst 137

2 Trainertypen 140
2.1 Der behavioristische Verhaltenstrainer 141
2.2 Der humanistische Trainer 141
2.3 Vorteile und Nachteile 141
2.4 Trainerstile 143
2.4.1 Der autoritäre Trainer 143
2.4.2 Der kooperative Trainer 144
2.4.3 Der beziehungsorientierte Trainer 144
2.4.4 Anwendung der Trainerstile 144

3 Der Jugendtrainer 146
3.1 Das diagnostische Bemühen 148
3.2 Pädagogisch-psychologische Zielsetzungen 150
3.2.1 Worauf gründet der pädagogische Optimismus? 150
3.3 Unterstützende Erziehungsmittel und -maßnahmen 152
3.3.1 Verstärken – Motivieren – Lernen 155
3.4 Selbstvertrauen schafft Leistung 156
3.4.1 Erwerb von Selbstvertrauen 159
3.4.1.1 Gute körperliche Verfassung 160
3.4.1.2 Wiederholen, was man kann 160
3.4.1.3 Ermuntern, loben 163
3.4.1.4 Die Identifikation mit einem selbstbewussten Vorbild – Rollenspiel – 166
3.4.1.5 Eigene Erfahrungen, Erfolgserlebnisse 167
3.4.1.6 Stellvertretende Erfahrungen 171

3.4.1.7 Die richtige Einstellung ... 171
3.4.1.8 Fähigkeitsfeedback oder Anstrengungsfeedback? ... 174
3.4.1.9 Der Umgang mit Erwartungsdruck ... 175
3.4.1.10 Der innere Dialog – Selbstsuggestion – ... 176
3.4.1.11 Selbstüberzeugung ... 180
3.4.1.12 Positive Hinweise des Trainers ... 181
3.4.1.13 Mentales Training ... 182
3.4.1.14 Sozialer Rückhalt ... 183

4 Mentales Training für Spieler – Visualisieren – ... 184
4.1 Zur Theorie des mentalen Trainings ... 185
4.2 Entspannung steigert die Wirkung ... 186
4.3 Mentales Training ... 189
4.3.1 Inhalte des mentalen Trainings für Spieler ... 190
4.3.2 Spieler und Mannschaft ... 195

5 Der Trainer als Coach ... 196
5.1 Zielbereiche des Coachings ... 196
5.2 Der Trainer am Spielfeldrand, der Coach ... 199
5.3 Motivation und Emotion ... 200
5.4 Emotionalisieren – aber wie? Die Körpersprache ... 203
5.4.1 Selbstdarstellung ... 206
5.4.2 Der Trainer als Schauspieler ... 206
5.4.3 Übereinstimmung von sprachlichen und nichtsprachlichen Botschaften ... 207
5.4.4 Einfühlungsvermögen – Empathie – ... 208

6 Leistung und Selbstaufmerksamkeit ... 209

7 Selbstdarstellung ... 212

8 Selbstbilder – Trainer – Spieler – ... 216

9 Einflussfaktoren und Persönlichkeit ... 220

10 Risikoverhalten von Mannschaften ... 223

11 Risikobereitschaft des Einzelnen ... 227

12 Die Pause – was tun? ... 229

13 Die Pause – der Trainer als Coach – ... 233
13.1 Analyse des Spielverlaufs ... 233
13.2 Emotionale Unterstützung ... 234
13.3 Soziale Unterstützung ... 235
13.4 Beurteilende Unterstützung ... 235
13.5 Informatorische Unterstützung ... 236

Literatur ... 238
Bildnachweis ... 240

Vorwort

„Jetzt kann nur noch ein Psychologe helfen!"

Dieser Hilferuf ertönt immer dann, wenn Mannschaften am Tabellenende stehen, wenn Formkrisen unüberwindbar scheinen oder Konflikte innerhalb der Mannschaft den Teamgeist unterhöhlen. Doch auch der Sportpsychologe ist kein Zauberer, der mit einer Psychomedizin jedes Problem lösen kann.

Betreuer, Trainer, Übungsleiter und Lehrer stehen in unmittelbarem Kontakt zu ihren Schützlingen. Sie sollten ihre soziale Nähe und fachliche Kompetenz mit psychologischem Wissen vereinen, um Problemsituationen frühzeitig zu erkennen, um Krisen und ernsthaften Konflikten vorbeugen zu können oder sie zu bewältigen.

Der Rat der Sportpsychologen sollte nicht nur in Notsituationen eingeholt werden. Die informative Interaktion zwischen Psychologe, Trainer und Sportler kann zu jeder Zeit zur Optimierung von Trainings- und Wettkampfleistungen beitragen.

Dieses Buch wendet sich an alle, die mit Gruppen und Mannschaften im Sport zu tun haben.

Mannschaftsmitglieder werden in ihrem Verhalten von der Mannschaft beeinflusst, umgekehrt verleihen sie der Mannschaft ihr unverwechselbares Erscheinungsbild. Trainer und Übungsleiter müssen über Kompetenzen verfügen, dieses komplexe, dynamische Geschehen beurteilen zu können, um Entscheidungen zum Wohl des Einzelnen und der Mannschaft zu treffen.

Die Konzeption dieses Buchs folgt keinem methodischen Leitfaden. In den einzelnen Kapiteln werden spezifische Facetten psychologischer Fragestellungen aufgegriffen, um allen Interessierten Anregungen zu geben, Teamgeist, Mannschaftsleistung und Zufriedenheit der Einzelnen zu gewährleisten.

Ein besonderer Dank gilt dem Bayerischen Landes-Sportverband, der durch seine Unterstützung die Herausgabe dieses Buchs ermöglicht hat.

Sigurd Baumann

1 Die Mannschaft

„Es geht nicht darum, einem Individualisten beizubringen, wie er mit der Mannschaft klarkommt. Es geht darum, der Mannschaft beizubringen, wie sie mit einem Individualisten umgeht ... Vor lauter kollektivem Denken ist das Talent unter die Räder gekommen!"

(Jorge Valdano)

In diesen Sätzen des spanischen Fußballphilosophen lässt sich das Hauptanliegen der Mannschaftspsychologie erkennen: es geht um das Verhältnis von persönlicher Individualität und mannschaftlicher Einheit.

Eine Sportmannschaft ist gekennzeichnet durch Gegenseitigkeit, durch gemeinsames, aufeinander abgestimmtes und zielbewusstes Handeln. Um kooperativ handeln zu können, muss man die Zusammenhänge der Einzelhandlungen für das Erreichen des gemeinsamen Ziels kennen.

Der Freiheitsgrad des individuellen Handlungsspielraums muss so groß sein, dass jedes Mannschaftsmitglied einen optimalen Beitrag zur Gemeinschaftsleistung liefern kann. Mannschaftsmitglieder, die sich nicht am gemeinsamen Ziel und den gemeinsamen Übereinkünften orientieren, überziehen den mannschaftsdienlichen Individualitätsgrad und schaden letztendlich der Mannschaft.

Wenn jeder tut, wozu er gerade Lust hat, endet die Mannschaft im **Chaos**. Doch auch das andere Extrem ist nicht wünschenswert: Wenn sich jedes Mannschaftsmitglied ohne individuelle Gestaltung passiv der Mannschaftnorm unterwirft, entsteht ein strukturloses Kollektiv.

Zwischen diesen beiden Extremen finden die dynamischen Prozesse zwischen individueller Initiative und mannschaftlicher Zielsetzung statt.

Im Mittelpunkt mannschaftspsychologischer Überlegungen stehen deshalb folgende Aspekte:

- Die Wirkung der Mannschaftszugehörigkeit auf das Verhalten der einzelnen Mitglieder.
- Die sozialen Beziehungen der Mannschaftsmitglieder untereinander.
- Der Einfluss individueller Fähigkeiten und Merkmale der Mitglieder auf die Mannschaftsstruktur, den Mannschaftsgeist und die Mannschaftsleistung.
- Die psychologischen Prozesse, die sich zwischen Trainer und Mannschaft und zwischen Trainer und Mannschaftsmitgliedern abspielen.

Da eine Sportmannschaft aus Einzelsportlern besteht, die unterschiedliche persönliche Voraussetzungen, Einstellungen und Fähigkeiten besitzen, stellt sich dem Mannschaftstrainer eine mehrfache Aufgabe:

- Die psychologische Betreuung der einzelnen Mannschaftsmitglieder.
- Die Koordination der unterschiedlichen Einzelleistungen innerhalb der Mannschaft.
- Die Regulation des gesamtmannschaftlichen Verhaltens.

Für die Wirkung der Mannschaftszugehörigkeit auf das Einzelverhalten und die Art des Beitrags der Einzelleistung für die Mannschaft ist die Kooperationsform der Mannschaft (Mannschaftstyp) von Bedeutung. Kooperations- und Interaktionsprozesse spielen bei Ballspielmannschaften eine andere Rolle als z. B. bei Tischtennis- oder Rudermannschaften.

Die daraus resultierenden unterschiedlichen Beziehungen der Mannschaftmitglieder sind für das mannschaftliche Bewusstsein, den Teamgeist und seine Bedeutung für die mannschaftliche Leistung verantwortlich. Deshalb wird im vorliegenden Buch der Entwicklung und der Bedeutung des Teamgeists ein besonderer Raum gewährt.

Motivation, Kreativität und Teamgeist wirken „wie Zement in einem Mosaik. Ohne Zement wird das schöne Bild nicht zusammengehalten" (Valdano 2000). Teamgeist bündelt die Einzelleistungen und schafft die mannschaftliche Geschlossenheit. Mangelt es an Teamgeist, zerfällt die Mannschaft wie das Mosaik ohne Zement.

Ein übertriebener Teamgeist kann zur Isolierung, Ausgrenzung der Mannschaft, zur Ablehnung äußerer, innovativer Einflüsse und zur Erstarrung der individuellen Gestaltungsräume führen. Sportmannschaften, die in dauernder Auseinandersetzung mit sportlichen Gegnern und unterschiedlichen Anforderungen agieren, bedürfen einer ständigen Änderung und Regulation ihrer inneren Struktur.

Teambildung, das Schaffen des optimalen Teamgeists, ist ein Prozess, der, solange die Mannschaft existiert, nie zu Ende geht.

Die Art und Weise, wie Mannschaftsmitglieder miteinander umgehen, ihre Gefühlsbeziehungen und ihr Aufgabenbewusstsein, die Abstimmung unterschiedlicher Fähigkeiten und die Akzeptanz der jeweiligen Rolle, sind nur einige Aspekte, die sich verändern und immer wieder erneuert werden müssen.

Ein Trainer sollte sich stets darüber im Klaren sein, dass eine Sportmannschaft zwar eine Einheit bildet, diese aber aus unterschiedlichen Einzelpersönlichkeiten besteht, die in ihren Motiven, Einstellungen und Zielen eine persönliche Ausprägung besitzen. Nur wenn sich die Mannschaft als Ganzes präsentiert, kann man die Einzelmitglieder „über einen Kamm scheren". Je höher die Leistungsstufe der Mannschaft, je erfahrener und älter ihre Mitglieder sind, desto differenzierter muss der Trainer auf den Einzelnen zugehen, um mit ihm über seinen Beitrag, seine Leistung oder seine Rolle zu sprechen.

Auch für Jugendliche ist es wichtig, ihren Beitrag zur Mannschaftsleistung zu erkennen. Persönlichkeit entwickelt sich durch die Rückmeldung der anderen, z. B. des Trainers, der Mannschaftsmitglieder. Dadurch erfährt der Jugendliche eine Bewertung seines Verhaltens.

Selbstbild, Selbstvertrauen und persönliche Identität bilden sich auch durch die soziale Erfahrung in Sportmannschaften aus. Deshalb besitzt der Trainer als Fachmann der Sportart auch eine generell bedeutsame psychologische und pädagogische Funktion.

Trainer scheitern selten am Mangel an Fachkenntnissen. Viel häufiger sind die Ursachen im psychologischen Bereich zu suchen. Unerklärlicher Leistungsabfall trotz verstärkten Trainings, plötzlich auftretende Konflikte, Formkrisen oder Motivationsverluste deuten z. B. darauf hin, dass psychologische Faktoren eine wesentliche Rolle der Leistungsvoraussetzung von Sportmannschaften darstellen.

Das Problem besteht für manche Trainer darin, dass es im Hinblick auf eine psychologische Einwirkung keine Rezepte oder Programme gibt, die man ähnlich der Taktik- oder Technikschulung anwenden könnte.

Immerwährendes Interesse an psychologischen Fragen, die Bereitschaft, sich psychischen Problemen der Sportler und der Mannschaft zuzuwenden, der Mut, auch im psychologischen Bereich zu experimentieren, Kreativität und Fantasie bei der Behandlungen individueller und mannschaftlicher Probleme, sind Forderungen, die an den Trainer gestellt werden, wenn er die spannende Aufgabe der psychologischen Betreuung erfolgreich in Angriff nehmen möchte.

1.1 Wie eine Mannschaft entsteht – vier Phasen der Teamentwicklung

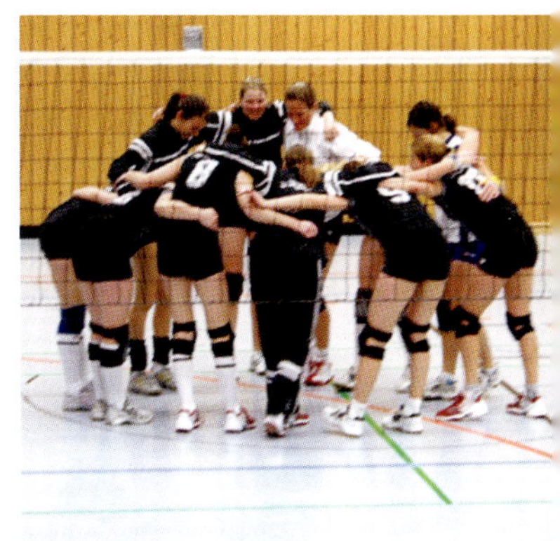

Damit aus einer Ansammlung mehrerer Einzelsportler eine Mannschaft entsteht, bedarf es einer gewissen Zeitspanne, in der sich der Prozess der Mannschaftsbildung vollziehen kann.

Im Hochleistungssport wird vielfach von Trainern beklagt, dass weder von der Vereinsführung noch von der Öffentlichkeit genügend Geduld aufgebracht wird, die erforderlich wäre, um eine harmonisierende Mannschaft zu formen. Hie-rin besteht auch eine Schwierigkeit bei der Bildung von Nationalmannschaften, da meist zu wenig Zeit zur Verfügung steht, die unterschiedlichen Spieler aus verschiedenen Vereinen in eine Mannschaft zu integrieren.

Es gibt vielerlei Faktoren, die bei der Formung einer Mannschaft zu berücksichtigen sind. Darunter fallen z. B. die Motive der Sportler, die Ziele der Mannschaft, die Leistungsfähigkeit oder spezielle Einstellungen der Mitglieder, aber auch die Anzahl der aufzunehmenden Einzelsportler.

Trotz dieser zahlreichen zu berücksichtigenden Bedingungen kann man feststellen, dass in der Regel ein vierstufiger Entwicklungsprozess durchlaufen wird, um aus Einzelsportlern eine Mannschaft zu bilden (Tuckman 1965; Weinberg/Gould 1995). Auch wenn die Dauer jeder Entwicklungsstufe bei verschiedenen Mannschaftstypen und Sportarten unterschiedlich lang sein kann, so ist die Abfolge der Phasen im Wesentlichen durch die gleichen Merkmale gekennzeichnet. Folgende Entwicklungsstadien kennzeichnen den Prozess der Teamentwicklung (Abb. 1):

1. Stadium: Kennenlernen

In der ersten Phase machen sich die Mannschaftsmitglieder miteinander vertraut. Sie finden heraus, ob sie sich dieser Gruppe zugehörig fühlen und, wenn ja, welche Rolle sie darin spielen. Es werden Beziehungen und Kontakte zu den anderen Mitgliedern und zum Trainer geknüpft und getestet. In dieser Phase können Trainer Strategien entwickeln und dazu beitragen, dass Teaminteraktionen gefördert werden. Dazu eignen sich interaktionsintensive, praktische Trainingsformen, Gespräche oder gemeinsame informelle Treffen, bei denen die Mitglieder auch persönliche Informationen austauschen können.

Der Trainer bemüht sich, die Motive und Erwartungen der Sportler in Erfahrung zu bringen und versucht, diese mit seinen Vorstellungen abzustimmen.

In der ersten Phase sollte auf gute Stimmung geachtet werden, um die positive Anfangsmotivation zu stärken. Der Trainer verkündet zunächst die wesentlichsten Regeln und Orientierungshilfen und beginnt, den Sportlern seine eigenen Erwartungen und Vorstellungen mitzuteilen.

2. Stadium: Konfrontation – Konfliktphase

In der zweiten Phase kommt es häufig zu zwischenmenschlichen Konflikten, zu Widerspruchsaktionen, zur Rebellion gegen den Trainer, zu Widerständen gegen die Kontrolle durch die Gruppe oder zu Widerständen gegen die Gruppennorm. Interne Machtkämpfe entstehen, es geht um die Klärung von Machtpositionen, von Rollen und von Führungsansprüchen. Einzelne Mitglieder können um einen Platz im Team wetteifern, die Rangordnung ist noch unklar, soziale und zwischenmenschliche Konflikte unterschiedlicher Ausprägung können Erregungs- und Aggressionshandlungen hervorrufen.

Dem Trainer kommt in dieser Phase die Aufgabe zu, Stärken und Schwächen der Spieler zu erkennen, diese offen darzulegen und seine Einschätzung zur jeweiligen Rollenübernahme kundzutun. Unsicherheiten können dadurch bereinigt werden und Fehleinschätzungen eigener Fähigkeiten ausgeräumt bzw. korrigiert werden.

Allmählich finden die Einzelnen ihren Platz in der Mannschaft, sie beginnen, die Rollen der Mitspieler zu akzeptieren und deren Eigenheiten zu tolerieren.

3. Stadium: Festigung

Während der Phase der Festigung werden Feindseligkeiten durch Solidarität und Kooperation ersetzt. Beispielhaft kann die Mannschaft des FC Bayern München in der Spielzeit 1998/99 angeführt werden, als heftige Rivalitäten zwischen mehreren potenziellen Führungsspielern beigelegt wurden und anschließend ein harmonisches, leistungsstarkes Team um die deutsche Meisterschaft spielte.

Nach der Konfrontationsphase kann sich das Zusammenwachsen der Teammitglieder katalysatorartig in wachsender Zufriedenheit auswirken, der Teamzusammenhalt steigt, persönliche Ziele werden dem gemeinsamen Ziel ohne Protest untergeordnet. Die Spieler akzeptieren ihre Position und Rolle, sie begegnen einander mit Akzeptanz und Respekt und bemühen sich um effektive Aufgabenerfüllung.

Sie verwenden ihre Energie nicht mehr dazu, ihren Rang zu verbessern, sondern setzen nun ihre Kräfte ein, ihre Aufgabe innerhalb und für die Mannschaft effektiv zu erfüllen.

4. Stadium: Leistung

Der Erfolg ist in dieser Phase das vorrangige Ziel. Querelen sind beigelegt, alle Teammitglieder bündeln ihre Energien, um gemeinsam zum Ziel zu gelangen. In dieser Phase ist es besonders wichtig, dass der Trainer positive Rückmeldungen an die einzelnen Spieler sendet, kein Spieler darf sich vernachlässigt fühlen, jeder soll das Gefühl haben, einen individuellen Anteil zur gemeinsamen Leistung beigetragen zu haben. Die Mannschaft besitzt nun ein ausgeprägtes „Wir-Gefühl".

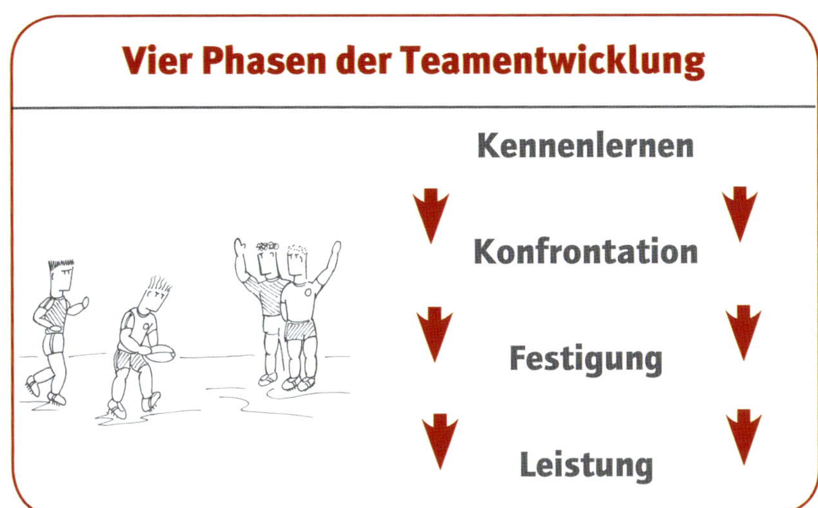

Abb. 1 Phasen der Teamentwicklung

Fazit

Die Kenntnis der wesentlichen Merkmale der vier Entwicklungsphasen ist für Trainer sehr hilfreich. In jeder Phase bedarf es besonderer Maßnahmen, um konstruktive Wirkungen zu erzielen. Vor allem in der Konfrontationsphase ist der Trainer gefordert. Er muss mit Geduld, Feingefühl und Fachwissen versuchen, Konflikte mannschaftsdienlich zu lösen. Die Konfrontationsphase ist für die spätere Stabilität entscheidend, da sie den Sportlern Sicherheit über ihre Rolle bringt und dadurch Ängste reduziert. Deshalb ist gerade für diese Phase eine gewisse Zeitspanne erforderlich.

Ungelöste Konflikte können unter der Oberfläche weiterschwelen und sich irgendwann explosionsartig entladen. Doktrinäres Unterdrücken und autoritäres Missachten der Bestrebungen der Einzelspieler, um dadurch den Konfrontationsprozess abzukürzen, kann zwar häufig den Eindruck äußerlicher Mannschaftsharmonie vermitteln. Unterschwellige Widerstände und ungelöste Frustrationen bei einzelnen Mitgliedern stören jedoch die Entfaltung optimaler Mannschaftsleistung und verhindern weitere positive Entwicklungsschritte.

1.2 Hierarchische Ordnung

„Wie sollen die Spieler ihre Eigenart bewahren, wenn überall das Credo gilt: Der Star ist die Mannschaft!?"

(Jorge Valdano)

In dieser Frage des spanischen Fußballphilosophen steckt die Erkenntnis, dass der einzelne Spieler einen individuellen Spielraum benötigt, um sein Bestes für die Mannschaft zu geben. „Der Star ist die Mannschaft", heißt nicht, dass damit eine Gleichschaltung aller Mitglieder angestrebt wird. Nur wenn jeder Spieler die Position einnimmt, in der er seine Qualifikation zum Wohle der Mannschaft bestmöglichst entfalten kann, wird die Mannschaft zum Star.

Die unterschiedlichen Fähigkeiten, Kenntnisse und Voraussetzungen der Mannschaftsmitglieder verlangen in Sportmannschaften eine hierarchische Ordnung. Um Mannschaften zu charakterisieren, vom Freizeitbereich bis hin zum Profitum, eignen sich die drei Kategorien *Rangordnung, Entscheidungsordnung und Individualitätsgrad.*

Weiterhin stellt die Art der Kooperation zwischen den Mitgliedern ein Wesensmerkmal von Mannschaften dar. Daraus resultiert eine Kooperationshierarchie, die den Anteil des individuellen Handelns am gemeinsamen Handeln bezeichnet. Trifft beispielsweise ein Spieler oder der Trainer sämtliche Entscheidungen allein, so ist die Kooperationshierarchie maximal, haben alle Mitglieder gleichen Rang und gleiches Mitspracherecht, geht die Kooperationshierarchie gegen null.

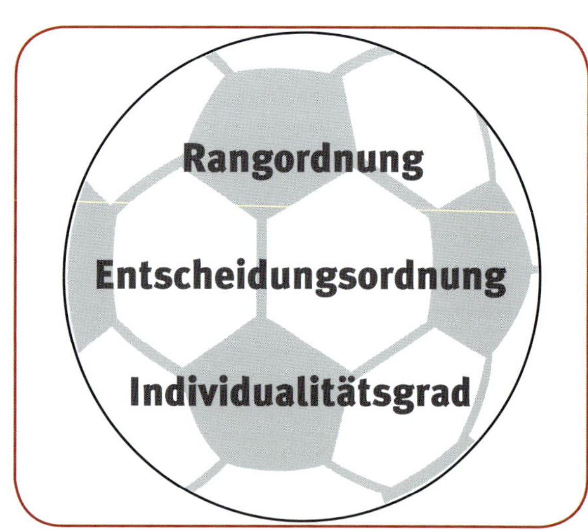

Abb. 2: **Beschreibungsmerkmale einer Mannschaft**

1.2.1 Rangordnung, Entscheidungsordnung und Individualitätsgrad

Die Rangordnung

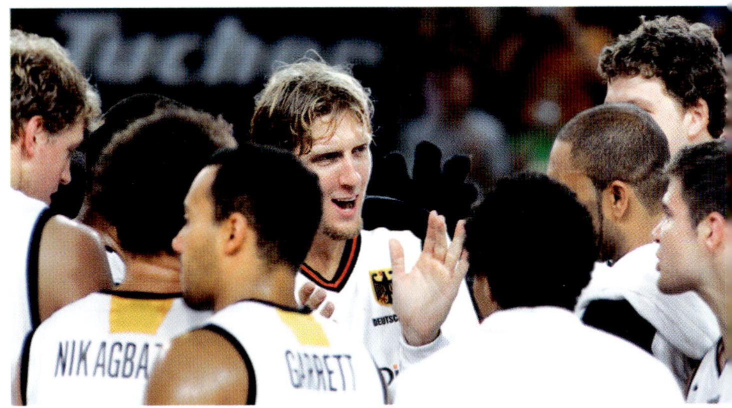

Jede Mannschaft, insbesondere jedoch leistungsorientierte Mannschaften, bedürfen einer Rangordnung. Höher qualifizierte, stärkere, selbstbewusstere und überzeugungsfähige Spieler nehmen in dieser Ordnung einen höheren Rang ein als schwächere Spieler.

Das Akzeptieren der Rangordnung bringt für die Mannschaft Vorteile: Eifersüchtige Rangeleien werden reduziert, da jeder weiß, was er kann und darf und was nicht. Zweitens erhöht die Einschränkung des individuellen Handlungsspielraums im Sinne des Mannschaftsziels die Leistungsstärke der Mannschaft.

Zwischen zentralen Rollen und Rangordnung besteht in der Regel ein enger Zusammenhang. Leistungsstarke Sportler, die an der Spitze der Rangfolge stehen, nehmen die zentralen Rollen ein, rangniedrigere orientieren sich an ihnen. Je nach Mannschaftstyp tragen sie unterstützend zur optimalen Leistungsentfaltung des Ranghöchsten bei, sofern dies auch im Sinne des Mannschaftsziels liegt. Beispielsweise profitieren beim Radsport alle Mannschaftsmitglieder vom Erfolg des Einzelsiegers.

Die Rangordnung bei formellen Mannschaften darf auch nicht zu weich sein. Ein häufiger Wechsel der Rangfolge gefährdet das Akzeptieren gemeinsamer Entscheidungen, die Hierarchie kann verloren gehen und damit die Handlungseffektivität der Mannschaft schwächen.

Es gibt straffe und lockere Rangordnungen. Eine straffe Hierarchie engt die Freiheit der Einzelmitglieder ein und erhöht die gemeinsame Wirkung. Für stark leistungsorientierte Mannschaften stellt eine straffe Ranghierarchie eine wesentliche Voraussetzung für den Erfolg dar. Eine weniger straffe Ordnung lässt dem Einzelnen mehr Freiraum, wie es z. B. bei Freizeitsportarten der Fall ist. Hier geht es jedoch weniger um leistungsorientierte Disziplin als vielmehr um den Spaß und die Freude an der gemeinsamen Ausübung der sportlichen Betätigung.

Die Rangordnung darf nicht festzementiert sein. Jeder Sportler muss die Chance haben, seinen Rang durch Leistung zu verbessern. Ist die Rangordnung zu starr, widerspricht das dem Prinzip des Wettbewerbs, dem Streben nach höherer Leistung. Wenn leistungsstärkere Spieler ihren Rang verbessern, kommt das wiederum der Mannschaft zugute.

Das Konkurrieren um den höheren Rang, Rangordnungskämpfe verschiedenster Art, nützen der Mannschaft nur, wenn sich der Bessere durchsetzt.

Unfaire Mittel, wie Verunglimpfungen, den Konkurrenten Fehler unterschieben oder faule Tricks, um den Rangplatz zu verbessern, schwächen die Schlagkraft der Mannschaft.

Die Verteidigung einer Rangposition kennzeichnet die dynamischen Veränderungen in der Mannschaft. Dabei sind zwei Phänomene möglich: **Rivalen stützen einander oder sie bekämpfen sich.**

- Das Rivalisieren zweier Konkurrenten um einen gehobenen Rang steigert die Leistung und kommt der Leistung der Mannschaft zugute.
- Es ist aber auch zu beobachten, dass die Stärkeren versuchen, einander zu schwächen, indem sie sich nicht unterstützen, oder sogar versuchen, die Leistung des Rivalen zu schmälern. Beispielsweise unterlassen es zwei Rivalen in aussichtsreichen Situationen, sich den Ball optimal zuzuspielen oder äußern sich negativ über das Verhalten des anderen.
- Stärkere unterstützen gerne die Schwächeren, da von ihnen keine Gefahr für die eigene Rangstellung droht.
  Dieser Zug zur Mitte, zur Gleichschaltung der Mitglieder, wird später beim **„Hellpachschen Phänomen"** noch einmal angesprochen.

Für die gemeinsame Mannschaftsleistung ist es notwendig, dass trotz der Rivalitäten auch die Starken einander unterstützen und versuchen, sich gegenseitig zur persönlichen Höchstleistung zu treiben. Dies funktioniert jedoch nur, wenn bei beiden die gemeinsame Zielsetzung dominiert.

Rivalisierende Spitzensportler in der Mannschaft sollen erkennen, dass, sie auch persönlich den größten Vorteil daraus ziehen, wenn durch ihr gegenseitiges Unterstützen ein optimaler Mannschaftserfolg erreicht wird.

Die Entscheidungsordnung

Bei der Entscheidungsordnung geht es um den **Anteil,** den die Mannschaftsmitglieder **an der gemeinsamen** Entscheidungsinstanz besitzen, nicht um die Entscheidungen des einzelnen Spielers selbst. Wer geeignet ist, sollte mit entscheiden.

In welchem Maß sich Mannschaftsmitglieder an gemeinsamen Entscheidungen beteiligen, hängt von mehreren Voraussetzungen ab. Bei mannschaftsinternen Fragen haben die Mitglieder ein größeres Entscheidungsrecht als bei vereinspolitischen Entscheidungen. Handelt es sich z. B. um Entscheidungen, die innerhalb der Mannschaft zur Wirkung gelangen, z. B. Rollen- und Positionsbesetzungen oder geht es um Entscheidungen, die im Zusammenhang mit äußeren Beziehungen zu sehen sind, z. B. Fragen des Tabellenstands, Aufstiegsentscheidungen u. Ä.

Weiterhin ist es von Bedeutung, ob es sich um Sachfragen oder um Personalentscheidungen handelt.

Der Sachverstand des Trainers, z. B. bezüglich der Trainingsintensität, den die Spieler nicht besitzen, verlangt eine hohe Entscheidungsordnung. Nur dort, wo Mitglieder Sachverstand erworben haben, kann eine niedrige Entscheidungsordnung sinnvoll sein. Dabei sind folgende Aspekte zu bedenken:

- Kenntnisse von Spielern in Sachfragen, z. B. Ortskenntnisse, Gegnerbekanntschaft, Sprachkenntnisse, lassen eine niedrige Entscheidungsordnung sinnvoll erscheinen.
- Bei Personalfragen, z. B. Aufstellung oder Disziplin, kann eine Mitsprache angebracht sein.
- Innermannschaftliche Konflikte sollen möglichst durch gemeinsame Entscheidungen gelöst werden.
- Bei Entscheidungen über übergeordnete Zusammenhänge, z. B. Vereinspolitik, Finanzen, haben Spieler kaum Mitentscheidung, d. h., die Entscheidungsordnung ist maximal.

Der Individualitätsgrad

Unter **Individualitätsgrad** ist das Verhältnis des individuellen Handlungsspielraums zum Anteil des gemeinsamen Handelns zu verstehen. Diktatur ist durch einen niedrigen Individualitätsgrad gekennzeichnet, Demokratie durch einen hohen.

Der Individualitätsgrad des Einzelspielers muss so hoch sein, dass der individuelle Einsatz kreativen und aggressiven Potenzials der Mannschaft zugute kommt. Teamfähigkeit bedeutet nicht, dass der Spieler seine Individualität aufgibt. Individualität in der Mannschaft dient dazu, die anderen mitzureißen, eigene, besondere Fähigkeiten der Mannschaft zur Verfügung zu stellen und in das gemeinsame Handeln nutzbringend einzubinden.

Der „kooperative Individualitätsgrad" kann jedoch nicht so hoch sein wie der rein individuelle, da sich das Verhalten des Einzelnen letztendlich dem gemeinsamen Ziel unterzuordnen hat.

Fazit
Eine Mannschaft sollte folgende Merkmale aufweisen:

- **Einen maximal möglichen Individualitätsgrad.**
- **Eine relativ flexible Rangordnung.**
- **Eine relativ hohe Entscheidungsordnung.**

Je nach Aufgaben- und Zielorientierung können diese Kategorien unterschiedlich akzentuiert sein. Eine Mannschaft muss anpassungsfähig sein, flexibel auf aktuelle Veränderungen reagieren können und trotzdem stabil bleiben.

1.3 Das Team als Einheit

Spieler müssen zu einer Mannschaft zusammenwachsen. Immer wieder kann man erleben, dass die besten Einzelspieler als Mannschaft gegen vermeintlich schwächere Mannschaften verlieren. Dabei wird zu wenig beachtet, dass schwächere Einzelleistungen nicht auch eine schwächere Mannschaftsleistung zur Folge haben müssen.

Welche Faktoren kann man anführen, die aus Einzelspielern eine Mannschaft formen (Abb. 3)?

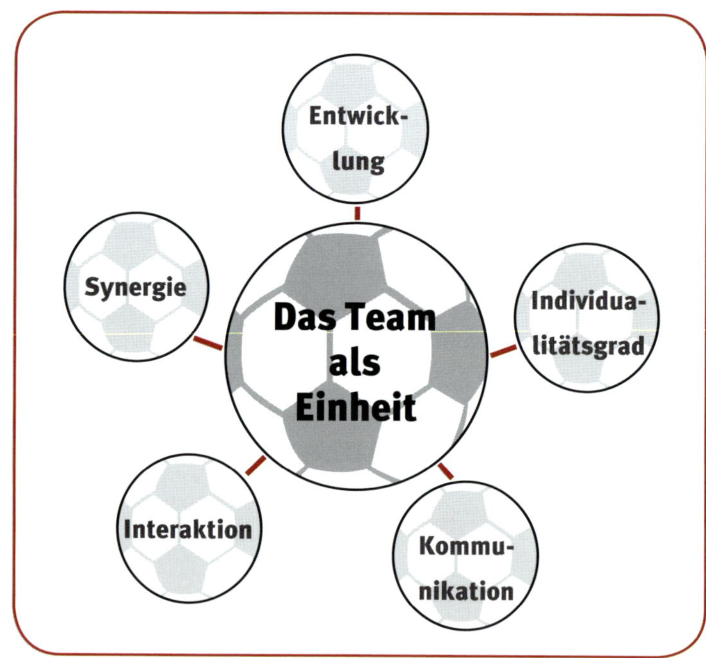

Abb. 3:
Das Team als Einheit

Zunächst ist festzuhalten, dass die Mannschaftsentwicklung einen gewissen Zeitraum beansprucht. Es ist deshalb erforderlich, die für die Mannschaft in Frage kommenden Spieler über einen längeren Zeitraum hinweg zusammenzuführen, um den Entwicklungsprozess nicht durch zu häufigen Spielerwechsel zu stören oder zu unterbrechen (siehe auch Kap 1.1 „Vier Phasen der Teamentwicklung").

1.3.1 Zeitlicher Rahmen/Entwicklung

Die Entwicklung einer Mannschaft muss manchmal in relativ kurzer Zeit (z. B. Nationalmannschaft) erfolgen. Günstiger ist es, wenn für den Entstehungsprozess ein längerer Zeitraum zur Verfügung steht. Die Stellung der Spieler in der Mannschaft, Rangordnung, Leistungsstärke, persönliche Orientierungen, das Akzeptieren der Mannschaftsnormen und das Rollenverständnis entwickeln sich im Verlauf eines zeitlichen Erfahrungsprozesses, der den Spielern und dem Trainer zur Verfügung stehen sollte.

1.3.2 Individualitätsgrad

Die Spieler erfahren, welche Freiräume sie in der Mannschaft besitzen, um ihre individuellen Fähigkeiten auszuspielen und die Kraft ihrer Persönlichkeit für die Mannschaft zu verwenden. Im Verlauf der Mannschaftsbildung wird deutlich, wo die Leistungsgrenzen des einzelnen Spielers im Vergleich zu den Mitspielern liegen und welche individuellen Freiräume ihm zur Verfügung stehen, um seine Meinung und seine Ideen mit einzubringen. Diese Erfahrungen erleichtern die persönliche Einordnung in das Mannschaftsgefüge.

1.3.3 Interaktion

Optimales Zusammenspiel setzt voraus, dass die Spieler Gelegenheit erhalten, ihre persönlichen Fähigkeiten auszuspielen und sie an das Können der Mitspieler anzupassen.

Deshalb müssen die Spieler die gegenseitigen Schwächen, Stärken und Eigenarten kennen lernen. Dazu zählen z. B. besondere technische Stärken, Schnelligkeit, bevorzugte Laufwege, Rechts- oder Linksfüßler (oder -händer), bevorzugte Anspielweisen oder spezielle, persönliche Reaktionen.

Weiterhin sollen die Spieler psychische Stärken ihrer Partner kennen lernen, z. B. Kreativität und Einfallsreichtum, um auf originelle Spielzüge reagieren zu können.

Spielertypen sollen einander ergänzen, z. B. der langsame Mittelfeldspieler braucht den aggressiven Mittelstürmer, eine Kontermannschaft bedarf pfeilschneller Außenstürmer, ungeduldige, jugendliche Spieler sollen durch besonnene, erfahrene Spieler gezügelt werden.

In engem Zusammenhang mit der Interaktion steht die Kommunikation. Interaktion und Kommunikation müssen aufeinander abgestimmt sein, um optimale Koordination der Handlungen der Mannschaftsmitglieder zu erreichen.

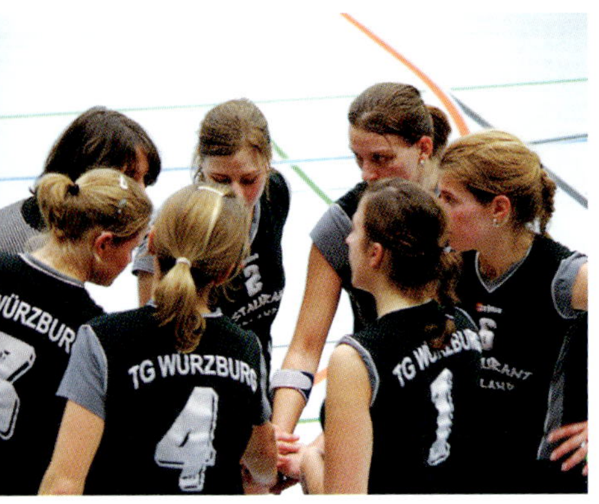

1.3.4 Kommunikation

Während des Spiels erfolgt die Kommunikation zwischen den Spielern stimmlich, sprachlich oder nonverbal durch Gesten, Blickkontakt, Körpersprache und Bewegungsreaktionen. Im Verlauf von Trainings- und Wettspielen lernen die Spieler, die spezifischen Signale der Mitspieler zu deuten und darauf zu reagieren.

Dabei kommt es nicht nur darauf an, **was** gesagt wird, sondern auch, **wie** es gesagt wird. Lobt der Trainer einen Sportler, seine Mimik lässt jedoch Zweifel an der Leistung erkennen, wird das Lob seine Wirkung verfehlen. Kommunikation hat grundsätzlich die Funktion, bei anderen etwas zu bewirken.

Häufig stellt man fest, dass die Kommunikation wirkungslos bleibt, da sie in einem Appellverhalten verpufft, ohne Wirkung zu hinterlassen. Es ist deshalb wichtig, dass sich Sportler, Trainer und betroffene Personen über ihre Kommunikationsweisen unterhalten, sie analysieren und offen legen und erkennen, wo denn die Gründe für wirkungslose Kommunikation liegen könnten. Durch effektive verbale und nonverbale Kommunikation können Missverständnisse und schädliche Konflikte entscheidend reduziert werden.

Auch die Kommunikation außerhalb des Spielfelds trägt dazu bei, das Verständnis der Spieler untereinander zu vertiefen, dass Konflikte besprochen und eigene Vorstellungen deutlich gemacht werden können.

1.3.5 Synergie

Positive Gefühle stellen für die Leistung jedes Sportlers eine Kraftquelle dar.

Die emotionale Kraftquelle, die der Einzelne aus der Mannschaft bezieht, nennt man Synergie. Man versteht darunter die vollkommene Zugehörigkeit zu einer Mannschaft, ohne dabei seine Individualität aufzugeben.

Das Erleben der harmonischen Zusammenarbeit und die Begeisterung für die gemeinsamen Aufgaben stellt eine zusätzliche Energiequelle für den Einzelnen dar. Die schöpferische Kraft, die Energie und die Stärke der Einzelspieler vereint sich in der Summe als gemeinsame Mannschaftsleistung.

Synergie bewirkt, dass auch schwächere Spieler sich in der Mannschaft steigern, dass sie zusätzliche Kräfte mobilisieren können und Kreativität entwickeln.

Synergie entsteht durch die Lust und Freude, Mitglied einer Mannschaft zu sein, durch das gemeinsame Erlebnis des Miteinanders und der gemeinsamen Aufgabe als Herausforderung. Ohne die Aktivierung positiver Gefühle wird sich der Synergieeffekt nicht einstellen und das Phänomen des Ringelmann-Effekts (s. S. 51) wird zur Minderung der Einzelleistung führen.

Synergie bedarf der Zeit. Unsicherheit, Misstrauen oder gar Feindseligkeit verhindern Synergie. Mannschaften sollten deshalb in der Stammformation längere Zeit zusammenbleiben, um das nötige Vertrauen und Verstehen zwischen den Spielern aufzubauen.

1.4 Die innere Struktur von Sportmannschaften

Sportmannschaften zeigen eine große Vielfalt der inneren Struktur. Je nach Sportart und Zielsetzung treten die Mannschaftsmitglieder in unterschiedlicher Weise in gegenseitige Beziehung. Man spricht deshalb auch von **interagierenden** Mannschaften (z. B. Ballspielmannschaften) oder **koagierenden** Mannschaften (z. B. Rudern). Die Charakteristik und die Abhängigkeit der Leistung von Faktoren der inneren Struktur wird später aufgezeigt (Abb. 4).

1.4.1 Soziale Einheit

Generell bedeutet der Begriff **„Mannschaft"**, dass sie sich als soziale Einheit deutlich von einer anderen unterscheidet. Die Abgrenzung nach außen wird z. B. durch die gemeinsame Spielkleidung oder durch Festlegung des Mannschaftsnamens betont. Innere Faktoren der sozialen Einheit sind die gemeinsamen Erwartungen der Mitglieder und das gemeinsame Ziel, das alleine nicht erreicht werden kann.

Je nach Zielsetzung wird die soziale Einheit der Mannschaft durch das Zusammenwirken und das Akzentuieren von Status-, Rollen- und Normbeziehungen charakterisiert. Sie entwickelt eigene Werte, die das Verhalten der Mitglieder regeln und die Ziele bestimmen. Im Rahmen dieser konstitutionierenden Elemente lassen sich dann auch so unterschiedliche Mannschaftstypen wie eine Leichtathletikmannschaft oder eine Volleyballmannschaft charakterisieren.

Die Sportmannschaft als soziale Einheit

Kennzeichen:

- Soziale Einheit
- Positionen
- Rollen
- Normen
- Status
- Inter(Ko-)aktion
- Ziel
- Wir-Gefühl

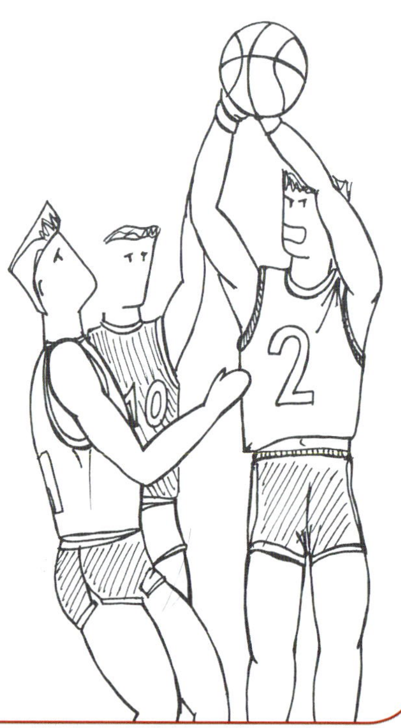

Abb. 4: Die Sportmannschaft als soziale Einheit

1.4.2 Mannschaftsgröße

Eine wesentliche Rolle für das Entstehen von Teamgeist, Zufriedenheit und Zusammengehörigkeitsgefühl stellt die Anzahl der Mitglieder dar. Verallgemeinernd kann gesagt werden, dass die Häufigkeit des Kontakts zwischen den Mitgliedern wesentlich zum Aufbau von Sympathiebeziehungen beiträgt. Je geringer der Kontakt, desto mehr verringert sich die Sympathie.

Mannschaftsbetreuer und Trainer sollten sich bei der Zusammenstellung von Gruppen, z. B. im Training, auch über die Anzahl der Mitglieder der zu bildenden Gruppe Gedanken machen. Besonders bei Kindern und Jugendlichen oder bei bestimmten Trainingsformen, die eine besondere Abstimmung verlangen, kommt es darauf an, die Gruppengröße auf die Zielsetzung hin abzustimmen.

Psychologische Untersuchungen und die tägliche Praxis zeigen, dass eine Gruppengröße von fünf bis sechs Mitgliedern die größte Zufriedenheit schafft und der Prozess des gegenseitigen Abstimmens der Einzelaktionen am ehesten gelingt.

Je größer die Gruppe wird, desto wichtiger wird die Führungsfunktion ausgewählter Mitglieder. Je kleiner die Gruppe, desto kooperativer können gemeinsame Erwartungen realisiert werden.

Die Vorteile von kleineren Gruppen

- Die räumliche Nähe: Die Mitglieder sind in „Tuchfühlung". Jeder kann mit jedem in Interaktion treten. Das Verhalten der anderen wird schneller und leichter erkannt und akzeptiert. Eigene Fähigkeiten und Vorlieben können den anderen wirksam mitgeteilt werden.
- Der Meinungsaustausch kann direkt mit jedem Mitglied erfolgen.
- Das eigene Verhalten beeinflusst unmittelbar die Reaktion der anderen.
- Konflikte können gemeinsam analysiert und gelöst werden.
- Gefühle wie Sympathie und Freude herrschen in Kleingruppen vor. Abneigungen können leichter als Missverständnis erkannt und korrigiert werden.
- Das Kennenlernen und die Antizipation von Verhaltensweisen der anderen, das Wissen um ihre Stärken und Besonderheiten, aber auch das Tolerieren von Schwächen, erhöht die innere Sicherheit. Dies hat auch ökonomische Vorteile, da der psychische Aufwand für Kontakte mit ferner stehenden oder fremden Menschen, mit denen man vorsichtiger und zurückhaltend agieren muss, geringer ist.

1.4.3 Positionen

Positionen geben den Platz an, den der Einzelne in der Mannschaft besetzt. Es sind formale Voraussetzungen, die für Mannschaften unterschiedlicher Sportarten charakteristisch sind, aber auch bei kleineren Sportspielen für den Ablauf die Grundlage bilden.

Beispielsweise gibt es bei Spielen die Position der Außenstürmer, bei Tischtennismannschaften die Positionen eins bis sechs oder beim Rudern die Position des Schlagmanns. Positionen sind von den Mitgliedern austauschbar zu besetzen, aber nicht jedes Mitglied ist in der Lage, die mit der Position verbundene Funktion zu erfüllen. Dies wird als Rolle bzw. Rollenerwartung bezeichnet.

1.4.4 Die Rolle

Mit dem Begriff der **„Rolle"** ist die Erwartung verknüpft, die ein Spieler auf einer Position erfüllen soll. So soll der Tischtennisspieler auf Position eins den Spitzenspieler des Gegners besiegen, von den Außenstürmern beim Fußball erwartet man, dass sie schnell sind und gut flanken können oder von einem Torwart, dass er Tore verhindert und seine Vorderspieler einsetzt.

Mit der Rollenerwartung sind zweierlei Aspekte verknüpft.:

- Forderungen und Pflichten, die an die Rolle gebunden sind, d. h. der **normative** Aspekt.
- Der persönliche Beitrag zur Mannschaftsleistung, d. h. der **antizipatorische** Aspekt.

Das Rollenverständnis beinhaltet also für den Sportler die Fragen:

- **Was muss ich tun? (Norm, Pflicht)**
- **Was darf ich tun? (Individualitätsgrad)**
- **Was soll ich tun? (persönliche Erwartung)**
- **Was kann ich tun? (Selbsteinschätzung)**

Jeder Spieler hat zunächst die Forderungen und Pflichten einer Rolle zu erfüllen. Ein Verteidiger soll z. B. die Stürmer daran hindern, Tore zu schießen. Fällt er „aus der Rolle", z. B. dadurch, dass er sich zu häufig ins Angriffsspiel einschaltet, erfüllt er den normativen Aspekt der Rollenerwartung nicht und gerät in Gefahr, auf der Position ausgewechselt zu werden.

Der antizipatorische Aspekt zielt auf die zukünftige Wirkung des Rolleninhabers. Hier gehen die Erwartungen dahin, dass er durch sein persönliches Können einen möglichst konstruktiven Beitrag leistet, z. B., dass der Center im Basketball durch besondere Fähigkeiten möglichst viele Körbe erzielt.

Einfache und komplexe Rollen

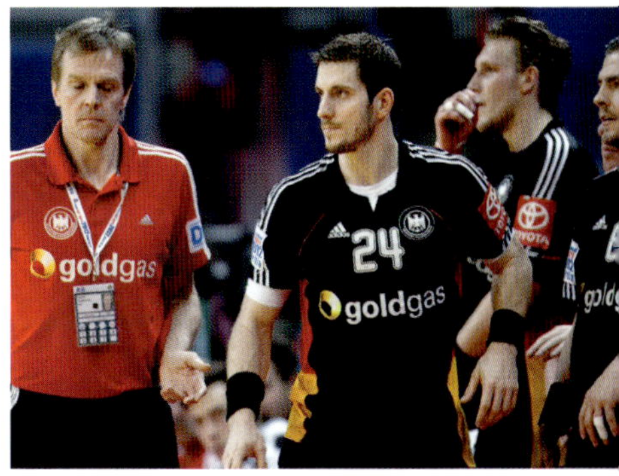

Es gibt klar definierte, einfache Rollen und komplexe Rollen, die weniger klar definiert werden, da sie ein variables, komplexes Verhalten fordern.

Die Rolle des Torwarts ist z. B. klar definiert, die Rolle des Spielmachers erfordert eine ausgedehntere Beschreibung. Bei der Besetzung von Positionen ist deshalb die Persönlichkeit des Spielers zu betrachten und zu entscheiden, ob er die Fähigkeiten besitzt, die Rollenerwartung auf einer Position erfüllen zu können.

Rollenerwartung und Persönlichkeit

Die Aufgabe einer klar definierten Rolle kann für selbstunsichere oder junge, unerfahrene Spieler eine Stütze sein. Fest umrissene Rollen geben Sicherheit, da der Spieler weiß, was er zu tun hat. Allerdings wird seine Eigeninitiative beschränkt, da das Rollenkonzept wenig Spielraum für Variation und Kreativität lässt.

Die Rolle des Flügelspielers ist z. B. klarer zu beschreiben als die komplexe Rolle des Spielmachers.

Komplexe Rollen verlangen vom Spieler mehr Eigeninitiative, selbstständiges Entscheiden und situationsangemessenes Verhalten. Deshalb sollten sie mit erfahrenen, selbstsicheren und kompetenten Spielern besetzt werden. Fühlt sich ein Spieler der Rolle nicht gewachsen, wird er noch ängstlicher werden und sein Verhalten nur noch danach ausrichten, keine Fehler zu machen. **Offensives Denken wird durch defensives Sicherheitsdenken abgelöst.**

Rollenverständnis

„Der Trainer hat gesagt: ‚Du spielst im offensiven Mittelfeld!' Nach dem Spiel hat er mich kritisiert, ich hätte zu wenig gebracht!"

Diese Aussage eines Spielers zeigt deutlich auf, dass es nicht genügt, einem Sportler eine Position zuzuweisen, ohne ihm die Rollenerwartung sowohl normativ als auch antizipatorisch zu erläutern.

Das heißt:

a) Der Spieler muss erfahren, welche Pflichtaufgaben er auf dieser Position zu erfüllen hat.

b) Der Trainer sollte ihm deutlich machen, dass er aufgrund seiner Fähigkeiten, z. B. Situationen schnell zu erfassen und die Stürmer effektiv einzusetzen, von ihm mehr Offensive erwartet. Er gibt dem Spieler Hinweise, welche Spielzüge er bevorzugen soll, sodass der Spieler mit klaren Rollenvorstellungen auf das Spielfeld läuft.

c) Eine Mannschaft kann nur funktionieren, wenn die Spieler ihre Rollen aufeinander abstimmen. Deshalb müssen die Mitglieder einer Mannschaft auch über die Rollenaufgaben ihrer Mitspieler aufgeklärt sein.

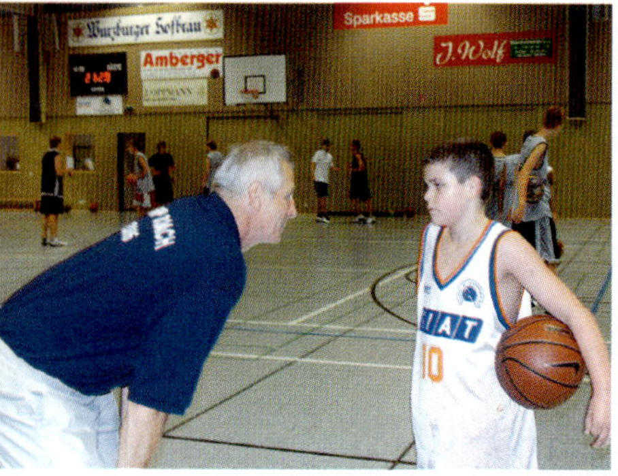

Folgende Fragen sollten gemeinsam geklärt werden:

- Wo gibt es Überschneidungen? Wo fühlen sich mehrere Spieler für die gleiche Aufgabe verantwortlich?

  Beispielsweise sollten die Spieler bei Raumaufteilungen die Überschneidungen ihrer Rollen miteinander besprechen und sich aufeinander abstimmen.

- Gibt es Aufgaben, für die sich niemand verantwortlich fühlt?
  Solche Situationen entstehen z. B. bei überraschendem Ballverlust oder bei kurzfristigen Verletzungsausfällen einzelner Spieler.

Es ist wichtig, dass die Spieler ihre Meinung zu ihrer Rollenaufgabe kundtun. In gemeinsamen Besprechungen soll jeder Spieler sein Rollenverständnis zum Ausdruck bringen und es mit demjenigen der Mitspieler abklären. Auf diese Weise kann schon im Vorfeld eines Spiels eventuellen Missverständnissen wirksam vorgebeugt werden.

Rollenverständnis bedeutet, dass der Spieler genau weiß, welche Verhaltensweisen von ihm erwartet werden und in welcher Form er seine Fähigkeiten einsetzen kann.

Bei jugendlichen Sportlern sollte darauf geachtet werden, dass sie möglichst vielfältige Erfahrungen mit verschiedenen Rollen machen können.

Bei kleinen Sportspielen kann schon der Grundstein für späteres Verständnis eigener und fremder Rollen gelegt werden. Es gibt z. B. kleine Sportspiele, in denen auch der schwächere Spieler eine zentrale Rolle einnehmen kann und stärkere Spieler periphere Rollen ausfüllen müssen. Das Verständnis für die Rolle des Mitspielers wird umso vertiefter, je mehr eigene Erfahrungen mit diesen Rollen vorliegen. Beim Volleyballspiel ist das Rollenverständnis bereits durch die Regeln gefordert, da jeder Spieler auf jeder Position zu spielen hat.

1.4.5 Mannschaftsnormen

Mannschaftsnormen sind darauf ausgerichtet, das Mannschaftsziel zu erreichen. Sie regeln das Verhalten und die Einstellung der Mannschaftsmitglieder. Normen stellen Übereinkünfte dar, die den Mannschaftsmitgliedern zur Orientierung dienen und das Verhalten im Sinne des Mannschaftsziels bestimmen.

Normen können **formellen** oder **informellen** Charakter haben.

Formelle Normen haben offiziellen Charakter. Sie beinhalten Regeln und Bestimmungen, die für alle Mitglieder gültig sind. In Spielregeln und Wettkampfbestimmungen sind sie festgeschrieben. Wer sich nicht daran hält, stört die Dynamik des Mannschaftsprozesses und das Erfüllen der gemeinsamen Aufgabe. Verstöße gegen formelle Normen werden mit vorgegebenen Strafmaßnahmen geahndet, z. B. Ermahnung bis zum Ausschluss.

Informelle Normen beinhalten Haltungen, Einstellungen und Erwartungen, die im Lauf der Mannschaftszugehörigkeit erlernt werden und die Denkweisen der Mitglieder regulieren. Sie sind meist nicht klar definiert, sie bilden sich aus den Gefühlen der Mitglieder oder sie werden von außen gesetzt. Fairness als informelle Norm kann z. B. durch Schiedsrichter nicht erzwungen werden.

Bei Freizeitgruppen gelten als Normen Fairness, Rücksichtnahme oder Hilfsbereitschaft, während bei leistungsorientierten Mannschaften leistungsbezogene Normen vorherrschen, z. B. Kampfgeist, Einsatzwillen oder die Bereitschaft, die Lebensweise dem Mannschaftsziel unterzuordnen.

Mannschaftsnormen setzen die Mitglieder unter einen gewissen Druck, d. h., sie verändern Denkweisen und Einstellungen des Einzelnen, sofern die Motivation, der Mannschaft anzugehören, groß genug ist.

Die Anerkennung der in der Mannschaft gültigen Normen dient dem Mannschaftszusammenhalt und der Einheitlichkeit.

Das gemeinsame Bekenntnis, die Normen zu akzeptieren und anzuerkennen, verleiht dem Einzelnen innere Sicherheit und Zufriedenheit, da er erfährt, dass eigene Meinungen und Standpunkte von den anderen geteilt werden. Normen vermitteln Orientierung und machen das Verhalten der Mannschaftsmitglieder vorhersehbar. Sie stärken die Gruppenkonformität und verbinden die Mannschaftsmitglieder in der Verfolgung des gemeinsamen Ziels.

1.4.6 Status

Funktionierende Sportmannschaften sind durch ein System von **Rangordnung, Entscheidungsordnung** und **Individualitätsgrad** gekennzeichnet (siehe Kap. 1.2 „Hierarchische Ordnung"). Die Stellung und Wertschätzung, die einzelne Mitglieder darin einnehmen, wird als **„Status"** bezeichnet. Status ist ein wertender Begriff, z. B. höher – niedriger; größere – geringere Autorität.

Der Status ergibt sich aus der Wertschätzung, den eine Mannschaft einem Mannschaftsmitglied zuerkennt. Der unterschiedliche Status der Mitglieder beeinflusst die hierarchische Struktur der Rangordnung in der Mannschaft. Status hängt also eng mit Prestige und Anerkennung zusammen.

Deshalb ist das Streben nach höherem Status ein wesentliches Motiv im Konkurrenzkampf der Mitglieder untereinander.

Generell kann der Status auf zwei Bedingungen beruhen:

- Der Status beruht auf **Eigenleistung**, auf den sportlichen und menschlichen Qualitäten des Spielers.
- Der Status wird durch ein **Amt**, durch **Erbe,** durch **Herkunft**, **Geschlecht** oder **Aussehen** bestimmt, also durch Dinge, die nicht oder nur wenig mit der Persönlichkeit in Zusammenhang stehen.

Statussymbole

Da das Streben nach höherem Status ein mächtiges Motiv sein kann, versucht man, den Status durch Statussymbole nach außen hin zu präsentieren, z. B. durch eine teure Sportausrüstung („Ich kann mir das leisten!"), durch die Wahl besonderer Urlaubsorte, das Fahren prestigeträchtiger Autos oder das Sichumgeben mit angesehenen Freunden.

Bei Rollenverteilungen innerhalb von Sportmannschaften zeigt sich das Statusstreben darin, dass Rollen von besonderer mannschaftlicher Bedeutung oder auf prestigeträchtiger Position angestrebt werden, z. B. ist die Rückennummer 5 oder 10 beim Fußballspiel sehr erstrebenswert, da sie mit berühmten Vorbildern, wie **Beckenbauer** oder **Matthäus,** verknüpft wird.

Unterschiedlicher Status reizt stets zum Vergleich und kann der Grund für rivalisierendes Verhalten innerhalb der Mannschaft sein. Sofern die Voraussetzungen für alle gleich sind, kann das Streben nach höherem Status für die Mannschaft von Vorteil sein, da sich die Steigerung der Einzelleistung positiv auf die Mannschaftsleistung auswirkt.

Gefahren liegen darin begründet, dass gerade Spieler mit ungefestigtem Selbstgefühl einen höheren Status und die damit verbundenen Vorteile beanspruchen. Beispielsweise können Spieler mit niedrigem Status versuchen, durch Hervorheben „schiefer Vergleiche" Konkurrenten auszuschalten, indem sie deren Schwächeperioden mit der eigenen Leistungsfähigkeit vergleichen, die sie nur deshalb nicht beweisen können, weil sie nicht auf der angestrebten Position spielen.

Zufriedenheit herrscht dann vor, wenn die Mitglieder das Gefühl haben, einen Status einzunehmen, der ihren Leistungen entspricht und von den anderen anerkannt und geschätzt wird. Im erreichten Status wird eine Bestätigung des eigenen Selbstwerts gesehen.

Fazit

Man sollte stets berücksichtigen, worauf ein erreichter Status gründet. In einer auf Äußerlichkeiten bedachten Gesellschaft besteht die Gefahr, dass man durch Identifikation mit äußerlichen Statussymbolen auch eine höhere Wertigkeit der eigenen Person verknüpft.

Die Gefahr, dass die Medien den Status von Sportlern erhöhen, ohne dass entsprechende Leistungen vorliegen, ist in einer Mediengesellschaft sehr groß. Mitglieder in Sportmannschaften sollen in fairer Weise auf der Basis gleicher Rechte und Pflichten durch Steigerung ihrer Leistungen und Fähigkeiten ihren Status erhöhen. Dabei spielt nicht nur die sportliche Leistungsfähigkeit eine Rolle. Auch andere Qualitäten, wie Sprachgewandtheit, Ruhe und Überzeugungskraft, Besonnenheit und Motivationskraft, Fähigkeiten, die Mannschaft mitzureißen oder aufzumuntern, bestimmen die Wertschätzung eines Mannschaftsmitglieds.

1.4.7 Mannschaftsziele

Mitglieder von Mannschaften streben ein gemeinsames Ziel an, das sie allein nicht erreichen können. Deshalb stellt das gemeinsame Ziel den wesentlichsten gemeinschaftsbildenden Faktor dar. Nach dem Ziel richten sich alle anderen mannschaftsbildenden Elemente, wie Rollenzuweisung, Art der Interaktion oder die Ausbildung der Mannschaftsnormen. Wenn alle Mannschaftsmitglieder ihre persönlichen Ziele dem gemeinsamen Ziel unterordnen, dann verwenden alle Mitglieder den Ausdruck **„Wir"** in derselben Bedeutung.

Das Erleben der Gemeinsamkeit drückt sich im Entstehen des „Wir-Gefühls" aus, durch das sich eine Mannschaft emotional von einer anderen abhebt.

Die Stabilität einer Mannschaft wird durch das Maß der Bereitschaft bestimmt, in dem die Mitglieder bereit sind, ihre persönlichen Ziele dem Mannschaftsziel unterzuordnen.

Deshalb muss das Mannschaftsziel stets in engem Zusammenhang mit den Wünschen und Bedürfnissen der Mitglieder stehen. Verändert sich das Mannschaftsziel durch Einflüsse von außen, z. B. zusätzliche Spiele, um die Vereinskasse zu füllen, ohne dass die Mitglieder dies akzeptieren, treten Störungen im Zusammengehörigkeitsgefühl und der Leistungsbereitschaft auf.

Es ist deshalb von entscheidender Bedeutung, dass durch Gespräche der Mitglieder untereinander und mit außen stehenden Personen deutlich gemacht und bestätigt wird, dass alle Mitglieder nach wie vor das gleiche gemeinsame Ziel verfolgen.

Weichen einzelne Mitglieder von der gemeinsamen Zielsetzung ab, sollte über eine gemeinsame Aussprache geklärt werden, wo die Ursachen für den Meinungswechsel liegen und wie den Wünschen der Mitglieder eventuell Rechnung getragen werden kann, ohne das Mannschaftsziel aus den Augen zu verlieren und das **„Wir-Gefühl"** zu mindern.

Die Akzeptanz der Zielstellung

Ziele können sich ändern, sie können sich auf kurzfristige Zeiträume oder mittel- und langfristige Planungen beziehen. Je unmittelbarer die Ziele auf das Handlungsgeschehen bezogen sind, desto klarer müssen sie formuliert werden. Damit sind z. B. Trainingsziele oder Ziele zur erfolgreichen Durchführung der nächstfolgenden Wettkämpfe gemeint. Trainer und Verantwortliche, die der Mannschaft Ziele vorgeben, müssen sich überzeugen, dass alle Mitglieder bereit sind, diese Ziele als eigene Ziele zu verinnerlichen und sie mit Hingabe zu verfolgen.

Vorgegebene Ziele, die auf die Mannschaftsmitglieder keine Anziehungskraft ausüben, bleiben wirkungslos. Sie schwächen den inneren Zusammenhalt und die Leistungsbereitschaft.

Mittel- und langfristige Ziele führen die Motivation in die Zukunft. Da ihr Erreichen durch unvorhersehbare Geschehnisse nicht in jedem Fall mit den bestehenden Mitteln möglich ist, werden sie weniger handlungsorientiert formuliert, da sich Trainingseinsatz, Trainingsplanung oder -intensität ändern können. Ihre Hauptfunktion liegt in der motivierenden Sogwirkung zu zukunftsorientierter Handlungs- und Anstrengungsbereitschaft.

1.4.8 Interaktion/Koaktion

Unter „**Interaktion**" versteht man das Ausmaß und die Intensität, wie die Teammitglieder miteinander in Beziehung treten.

Je häufiger die gegenseitigen Kontakte ablaufen und je mehr das Verhalten des Einzelnen vom Verhalten des anderen abhängig ist, desto mehr beeinflusst die Interaktion Leistung und Zufriedenheit der Mitglieder.

Es gibt jedoch Sportarten, bei denen gar keine oder nur wenig Interaktion zwischen den Mitgliedern zum Erreichen des gemeinsamen Ziels notwendig ist, z. B. beim Tischtennis oder beim Golf. Man kann deshalb Sportarten entlang eines Kontinuums von **Interagieren** bis **Koagieren** (nebeneinander Heragieren) charakterisieren (siehe Kap. 1.5.4 „Mannschaftszusammenhalt und Leistung").

Die Interaktion der Mannschaft verläuft auf mehreren Ebenen:

- **Der Handlungsebene**, z. B. werfen und fangen.
- **Der verbalen Ebene**, z. B. das Ausmaß, in dem die Teammitglieder miteinander sprechen, sich informieren, sich ermuntern oder aber auch kritisieren.
- **Der nonverbalen Ebene**, z. B. die Art und Weise, wie Mitglieder durch Gesten, Blickkontakt oder Mimik ihre Handlungen aufeinander abstimmen.

Je engmaschiger das Interaktionsnetz dieser Ebenen verknüpft ist, desto stärker wird sich das kooperative Bewusstsein der Mitglieder ausprägen.

Je nach Mannschaftstyp und Zielsetzung unterscheidet man **formelle oder informelle Interaktion**. Formelle Interaktion bezeichnet die Beziehung der Mitglieder untereinander, die durch Rangordnung, Rollenverteilung oder Statushierarchie zweckorientiert festgelegt ist. Der Einzelne ist in seiner Rollenfunktion austauschbar, die Interaktionen sind darauf ausgerichtet, die gemeinsame Aufgabe zu bewältigen.

Informelle Interaktionen laufen außerhalb der sportlichen Zusammenkünfte ab, beispielsweise auf dem Weg zum Wettkampf, unter der Dusche oder in außersportlichen Treffen. Sie sind auf die Pflege des persönlichen Kontakts hin ausgerichtet und sind bei weniger leistungsbezogenen Mannschaften bzw. Freizeitgruppen von wesentlicher Bedeutung.

Aber auch bei leistungsbezogenen Mannschaften hat die informelle Interaktion auf Leistung und Zusammenhalt Einfluss, je nachdem, ob formelle Interaktion überhaupt möglich ist oder nicht. Bei Ballspielmannschaften herrscht eine komplexe und intensive formelle Interaktion vor, während bei koagierenden Mannschaften, wie Tischtennis oder Rudern, wenig oder gar keine formelle Interaktion gegeben ist. Hier kann die informelle Interaktion wesentlich zur Steigerung des Teamzusammenhalts und zur Leistung beitragen. Dies wird in den folgenden Kapiteln eingehend diskutiert.

1.5 Mannschaftszusammenhalt – Teamgeist

Spieler und Trainer schreiben den Erfolg oder Misserfolg häufig der Art und Weise zu, wie gut das Team zusammenarbeitet. Misserfolge werden dann dadurch erklärt, dass die Mannschaft als Ganzes nicht harmoniert habe oder bei Erfolg, dass man als Einheit aufgetreten sei und in der guten Kameradschaft der eigentliche Grund für den Erfolg zu finden sei.

Wenn man den Zusammenhang zwischen Leistung und T eamzusammenhalt erhellen will, bedarf es zunächst einer genaueren Betrachtung des Begriffs **„Teamzusammenhalt"** und der Faktoren, die ihn bedingen und beeinflussen.

In mehreren Untersuchungen hat man schon in den 50er Jahren festgestellt, dass es hauptsächlich zwei Kräftedimensionen gibt, die auf die Mannschaftsmitglieder einwirken, um Mitglied in der Mannschaft oder einer Gruppe zu werden und zu bleiben. Die eine Kraft bezieht sich auf den Wunsch des Einzelnen, soziale Kontakte mit anderen Mitgliedern zu schließen und an gemeinsamen Aktivitäten teilzunehmen. Daraus erwachsen persönliche Beziehungen wie Sympathie und Zufriedenheit.

Die zweite Dimension bezieht sich auf den Vorteil, den der Einzelne aus der Mitgliedschaft in einer Gruppe oder einer Mannschaft zieht.

Zur Beurteilung der Beziehungen von Mannschaftszusammenhalt und Leistung ist es deshalb sinnvoll, diese beiden Kräfteklassen zu benennen und zu berücksichtigen.

Im ersten Fall handelt es sich um den **sozialen Zusammenhalt.** Der Vorteil der Zugehörigkeit bedingt den **Aufgabenzusammenhalt** (Abb. 5).

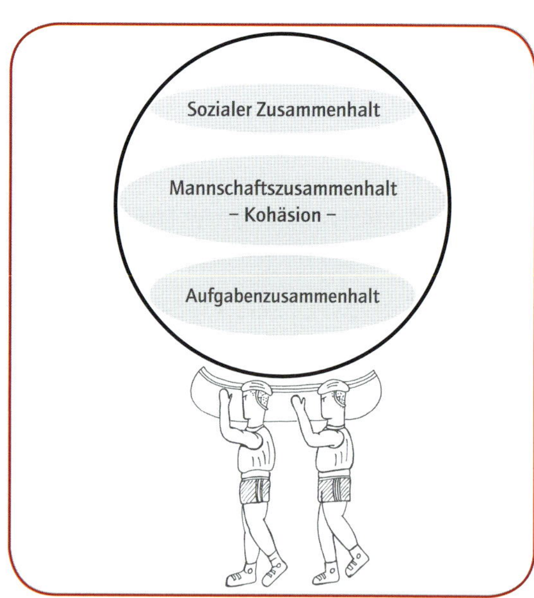

Abb. 5: Mannschaftszusammenhalt

1.5.1 Der Aufgabenzusammenhalt

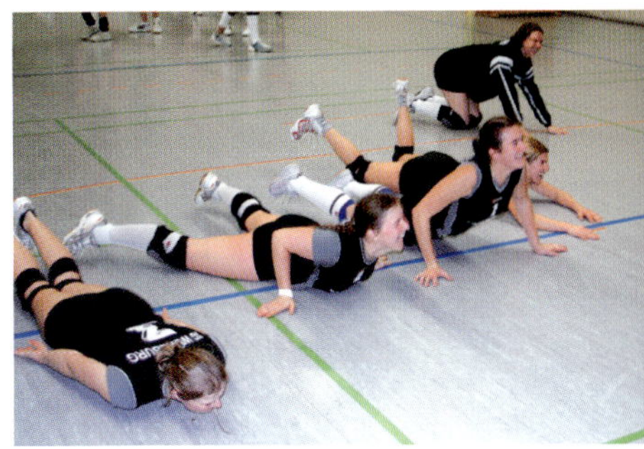

Trotz persönlicher Rivalitäten, trotz Streitereien und Meinungsverschiedenheiten zeigt die Erfahrung, dass auch Mannschaften, in denen wenig persönliche Sympathie zwischen den einzelnen Mitgliedern herrscht, erfolgreich sind. Die Unterscheidung von Aufgabenzusammenhalt und sozialem Zusammenhalt kann dieses Phänomen erklären.

Der Aufgabenzusammenhalt bezieht sich auf das Ausmaß, in dem eine Mannschaft zusammenarbeitet, um eine gemeinsame Aufgabe zu erfüllen und gemeinsame Ziele zu erreichen.

Dies ist z. B. der Fall, um eine Meisterschaft zu gewinnen, die nur durch gemeinsame Anstrengung und enge Zusammenarbeit möglich ist. Sofern die Mannschaftsmitglieder den festen Willen besitzen, gemeinsam das Ziel zu erreichen und alle zum Erfolg beitragen, wirken sich zwischenmenschliche Konflikte, Rivalitäten oder Antipathien nicht entscheidend aus.

Aufgabenzusammenhalt ist also besonders wichtig bei leistungsorientierten Mannschaften oder Profiteams, für die in erster Linie der Erfolg zählt.

Allerdings darf das soziale Verhältnis der Sportler untereinander nicht so belastet sein, dass die persönlichen Auseinandersetzungen das gemeinsame Agieren negativ beeinflussen. Dies hängt stark von der emotionalen Kontrolle der Einzelsportler ab, ob sie z. B. aggressive Reaktionen gegen Mitspieler vermeiden bzw. kontrollieren können.

Kommt es zu häufigen Auseinandersetzungen auf dem Spielfeld oder außerhalb des Sportbetriebs, kann sich die Unzufriedenheit der Spieler negativ auf die Motivation oder auf offensives und kreatives Denken auswirken.

1.5.2 Der soziale Zusammenhalt

Der soziale Zusammenhalt wird durch das Ausmaß gekennzeichnet, in dem sich die Mitglieder sympathisch sind, einander mögen, zufrieden sind und das Miteinander genießen.

Während bei formellen Mannschaften mit geregelter Rollen- und Interaktionsstruktur der Aufgabenzusammenhalt eine vorrangige Bedeutung hat, bedingt die zwischenmenschliche Anziehungskraft des sozialen Zusammenhalts das Entstehen informeller

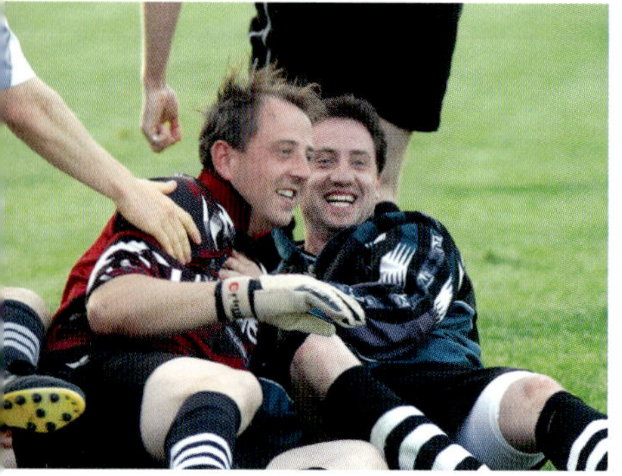

Gruppen, z. B. bei Freizeit-, Betriebs- oder Feierabendmannschaften.

Die Bedeutung des sozialen Zusammenhalts zeigt sich bei leistungsorientierten Mannschaften in der Zufriedenheit der Mitglieder, sich ohne Ablenkung auf die sportlichen Anforderungen konzentrieren zu können und in der Stabilität in Krisensituationen, wenn z. B. die gewünschten Erfolge ausbleiben und gemeinsame Anstrengungen besonders erforderlich werden.

Verallgemeinernd kann man sagen, dass der soziale Zusammenhalt den Aufgabenzu-sammenhalt stützt und verstärkt, sein Fehlen keine messbare Leistungsminderung zur Folge hat. Erst eine zu starke negative Beziehung der Mitglieder untereinander wirkt ablenkend, zieht Kräfte vom gemeinsamen Ziel ab und zeitigt deshalb negative Folgen für Zufriedenheit und Leistung der Einzelsportler und der Mannschaft.

1.5.3 Individuelle Motive

Der innere Zusammenhalt wird auch in wesentlicher Hinsicht von den Motiven und Beweggründen der Einzelspieler bestimmt. Persönliche Faktoren können in einer Mannschaft variieren. Haben alle Mitglieder die gleiche Motivation in Richtung und Intensität, begründen sie einen optimalen Zusammenhalt. Die Teilnahmegründe, sich einer Mannschaft anzuschließen, können in drei Kategorien eingeteilt werden (Carron 1988):

- **Aufgabenmotivation**
- **Zugehörigkeitsmotivation**
- **Selbstmotivation.**

Die Aufgabenmotivation beinhaltet die Beweggründe des Einzelnen, ein Ziel zu erreichen, dass nur als Mitglied einer Mannschaft möglich ist, z. B. als Spieler in einer höheren Klasse zu spielen, sich für eine Meisterschaft zu qualifizieren.

Die Zugehörigkeitsmotivation zeigt sich im Streben, einer bestimmten Mannschaft anzugehören, die für den Einzelnen einen besonderen Wert besitzt, z. B. aus Sympathiegründen oder in einer Regional- oder Auswahlmannschaft mitzuwirken.

Die Selbstmotivation bezieht sich darauf, seine persönliche Erfüllung in der Mannschaft zu finden und sich in ihr zu verwirklichen.

Beziehung verschiedener Motive zum Aufgaben- und zum sozialen Zusammenhalt
Aufgaben- und Zugehörigkeitsmotivation sind eng sowohl mit dem Aufgaben- als auch mit dem sozialen Zusammenhalt verknüpft. Sportler mit hoher Aufgabenmotivation tragen zum Aufgabenzusammenhalt bei. Sportler mit hoher Zugehörigkeitsmotivation vertiefen den Aufgabenzusammenhalt und fördern gleichfalls den sozialen Zusammenhalt.

Auch die Selbstmotivation kommt sowohl dem Aufgabenzusammenhalt als auch dem sozialen Zusammenhalt zugute.

In welcher Weise Aufgaben- und sozialer Zusammenhalt die Leistungsfähigkeit einer Mannschaft fördern, hängt wesentlich vom Typ der Mannschaft ab.

1.5.4 Mannschaftszusammenhalt und Leistung

Um den Zusammenhang zwischen Leistung und Mannschaftszusammenhalt aufzuzeigen, müssen die sportartspezifischen Mannschaftstypen berücksichtigt werden.

1.5.4.1 Mannschaftstypen

Mannschaftstypen unterscheiden sich nach zweierlei Aspekten:

- Dem Zustandekommen des Mannschaftsergebnisses.
- Der Interaktion bzw. Koaktion der Mitglieder.

Das Zustandekommen des Mannschaftsergebnisses kann **interaktiv, additiv oder summativ** erfolgen, z. B.:

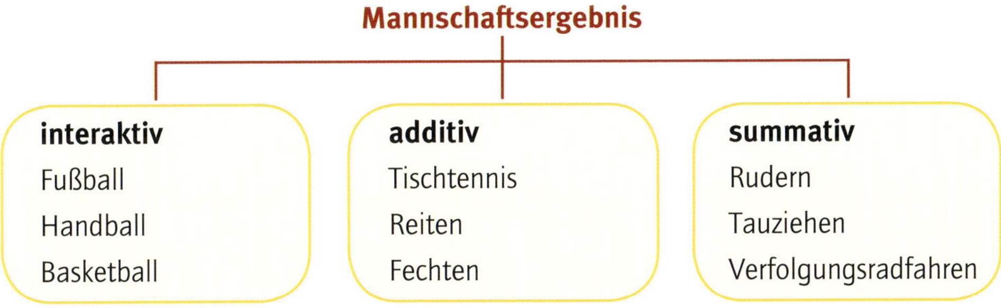

Bei **interaktiven** Ballspielmannschaften beruht das Ergebnis auf der Qualität der Interaktionen, auf dem Zusammenspiel, dem gegenseitigen Verständnis, der Kommunikationsfähigkeit und der Kooperationsbereitschaft.

Durch die Interaktion wird rasch ein engmaschiges Beziehungsnetz geknüpft. Schwächere müssen, ihren Fähigkeiten gemäß, integriert und mit angemessenen Rollenaufgaben betraut werden.

Die Verantwortung für das Mannschaftsergebnis wird auf alle verteilt.

Dagegen gibt es Mannschaftstypen, bei denen das Ergebnis durch **Addition** der Einzelleistungen erreicht wird.

Bei Tennis- oder Reitermannschaften tritt der Beitrag des Einzelnen für das Mannschaftsergebnis deutlich zu Tage. Je nachdem, ob bei den betroffenen Mitgliedern die Aufgaben- oder Zugehörigkeitsmotivation überwiegt, kann es bei persönlichen Niederlagen, aber gleichzeitigem Mannschaftserfolg, zu inneren, aber auch zu sozialen Konflikten kommen.

Die Identifikation mit dem gemeinsamen Ziel kann bei Mannschaftstypen der Addition der Einzelleistungen über eine persönliche Niederlage hinweghelfen.

Zu den Mannschaftstypen, bei denen sich das Leistungsergebnis durch gleichzeitiges und gleichartiges Handeln ergibt, zählen z. B. Mannschaftsrudern oder Kajakvierer. Die Leistung resultiert aus der Koordination und gleichzeitiger **Summation** der Kräfte der Einzelmitglieder. Bei diesem Mannschaftstyp wird die Einzelleistung nicht erkennbar und bewertbar.

Interaktion bzw. Koaktion

Die Dreiteilung nach dem Zustandekommen des Mannschaftsergebnisses erfasst nicht alle Mannschaftstypen, z. B. Staffeln oder Formen der kleinen Sportspiele. Legt man das Kriterium der Interaktion der Mitglieder an, so kann man die Mannschaften nach dem Anteil der Interaktion und Koaktion beschreiben.

Interaktive Sportarten verlangen von den Mitgliedern gegenseitiges Abstimmen der Einzelhandlungen. Fußball- oder Basketballspieler müssen ihre Handlungen ständig auf die Mitspieler ausrichten oder Strategien in Angriff und Abwehr aufbauen, um gemeinsam erfolgreich zu sein.

Bei **koaktiven Sportarten** gibt es keine oder nur geringe Teaminteraktion. Beispielsweise haben Tischtennisspieler oder Reiter während der sportlichen Aktivität wenig oder gar nichts miteinander zu tun, beim Rudern kommt es vor allem auf das Angleichen der Einzelbewegung auf den gemeinsamen Rhythmus an. Deshalb können solche Sportarten als **gemischt interaktiv-koaktiv** bezeichnet werden.

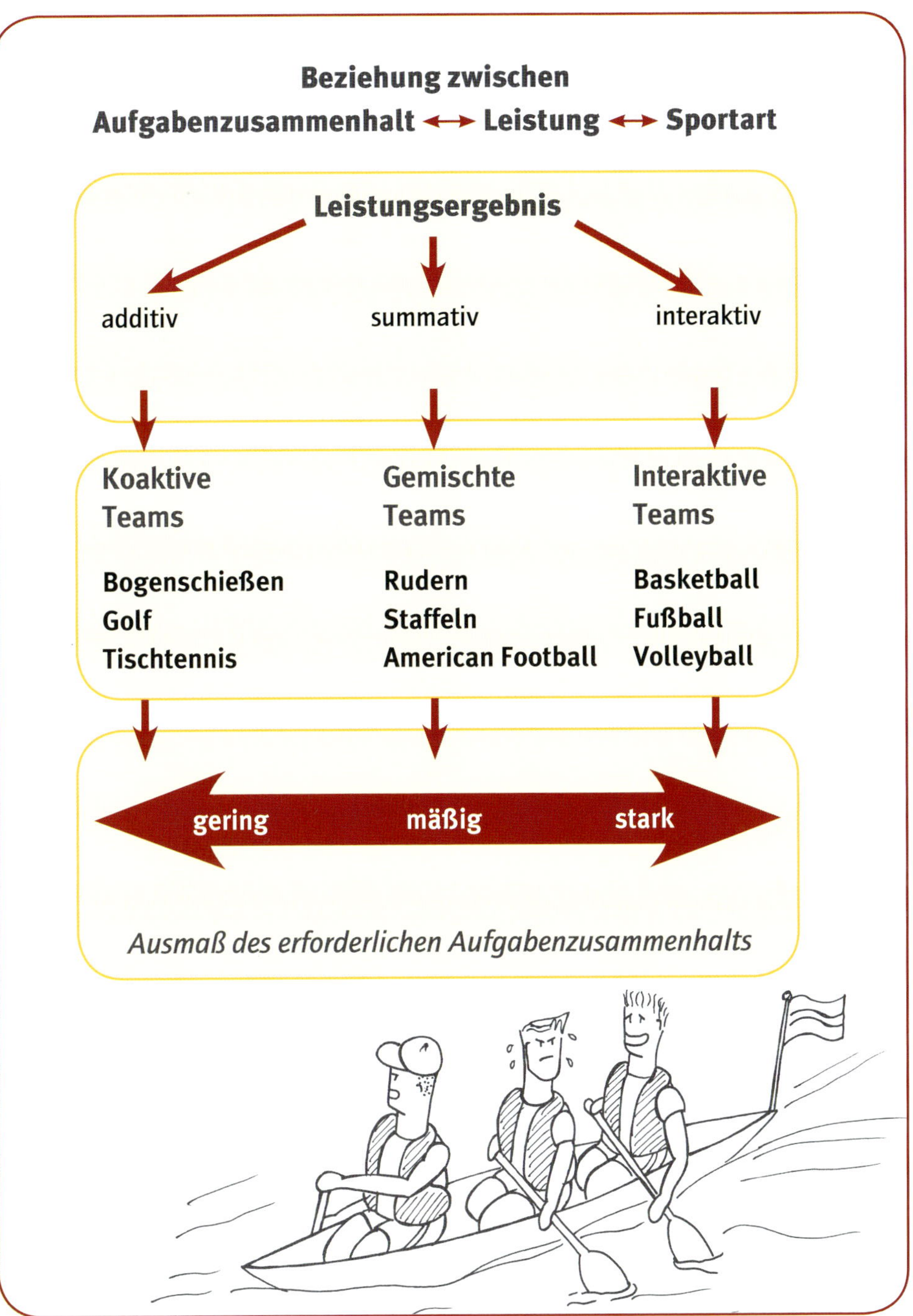

Abb. 6: Aufgabenzusammenhalt und Sportart

Mannschaftstypen – Mannschaftszusammenhalt – Mannschaftsleistung

Um den Zusammenhang von Mannschaftsleistung und Mannschaftszusammenhalt deutlich zu machen, kann auf die Begriffe **„sozialer Zusammenhalt"**, **„Aufgabenzusammenhalt"** und auf die beschriebene Struktur der Mannschaftstypen Bezug genommen werden (Abb. 6, nach Weinberg/Gould 1995).

Mannschaftssportarten, die ein hohes Maß an Interaktion, Kooperation und gegenseitiges Unterstützen erfordern, z. B. Fußball, Volleyball u. Ä., erzielen am häufigsten positive Beziehungen zwischen Zusammenhalt und Leistung.

Sportarten wie Bowling oder Tischtennis sind vorrangig koaktiv mit additivem Leistungsergebnis. Sie verlangen wenig Interaktion und Integration. Deshalb zeigen diese Mannschaften keine oder nur geringe Beziehung zwischen Zusammenhalt und Leistung.

Bei Rudermannschaften hat sich sogar gezeigt, dass trotz interner Konflikte und geringem sozialen Zusammenhalt das gemeinsame Ziel so stark war, dass die Mitglieder bereit waren, ihre ganze Kraft für die gemeinsame Kooperation und Koordination einzubringen (Lenk 1970).

Die Bedeutung des sozialen Zusammenhalts wurde kaum untersucht. Die Praxis zeigt jedoch, dass auch bei leistungsbezogenen Mannschaften die gegenseitige Unterstützung und das gegenseitige Anfeuern und Ermuntern, auf dem Weg über die Motivation, erheblichen Einfluss auf die Anstrengungsbereitschaft der Mitglieder hat. Gleichgültigkeit oder Missachtung gegenüber der Aktivität der Mitspieler, z. B. passives Verhalten, wenn ein Tischtennisspieler für die Mannschaft spielt, kann sich vor allem bei jüngeren oder selbstunsicheren Spielern dahingehend auswirken, dass sie sich weniger anstrengen oder ihr technisches Können nur unvollständig ausschöpfen.

1.5.5 Richtung des Zusammenhangs von Kohäsion und Leistung

Es wird immer wieder die Frage gestellt: „Führt der Mannschaftszusammenhalt zur Leistung oder führt die Leistung zum Mannschaftszusammenhalt?"

Es ist schwierig, die Richtung des Zusammenhangs festzustellen, da viele unkontrollierbare Faktoren, wie frühere Erfolge oder Trainerverhalten mit hineinspielen (Weinberg/Gould 1995 u.a.). Mehrere Untersuchungen weisen unterschiedliche Ergebnisse auf, doch scheint der Zusammenhang zwischen Mannschaftszusammenhalt und Leistung ein zirkulärer zu sein (Abb. 7).

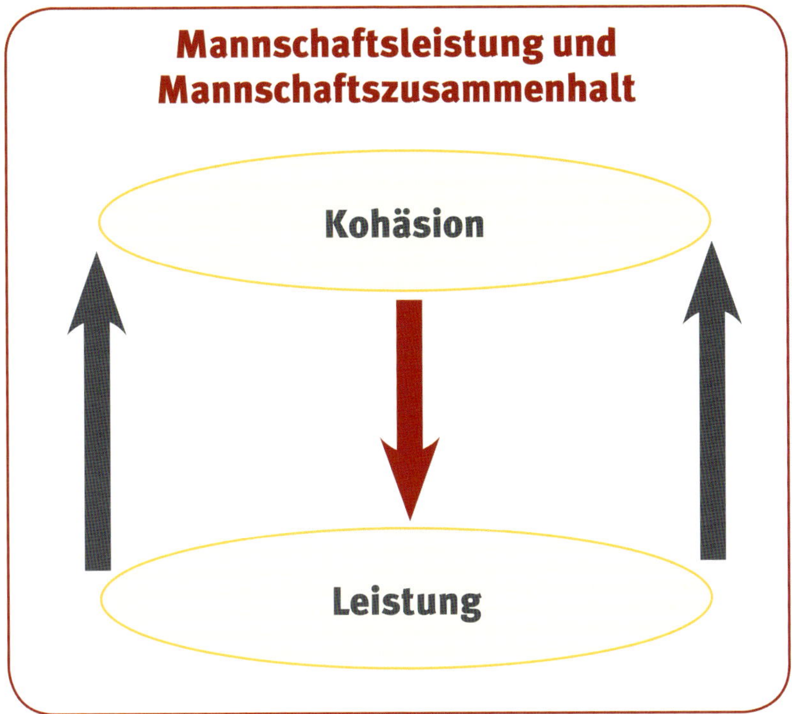

Abb. 7: Leistung und Kohäsion

Leistung scheint den späteren Zusammenhalt zu stärken und diese Veränderungen im Zusammenhalt beeinflussen dann die weitere Leistung (Landers u.a.1982).

Zusammenfassend können die wesentlichsten Erkenntnisse genannt werden.

Im Allgemeinen ist ein positiver Zusammenhang zwischen Zusammenhalt und Leistung bei interaktiven Sportarten zu finden:

- Keinen oder sogar negativen Zusammenhang hat man bei koaktiven Sportarten (additiv oder summativ) gefunden.
- Positive Zusammenhänge kann man eher zwischen Aufgabenzusammenhalt und Leistung als zwischen sozialem Zusammenhalt und Leistung feststellen.
- Leistung scheint eine stärkere Wirkung auf den Zusammenhalt zu haben als Zusammenhalt auf Leistung.
- Die Beziehung zwischen Zusammenhalt und Leistung ist wechselseitig, d. h., Leistung stärkt den Zusammenhalt, dieser wiederum führt zu verbesserter Leistung.

1.5.6 Homogene und heterogene Mannschaften

Leistungsfähigkeit und Zusammengehörigkeitsgefühl können sich unabhängig voneinander entwickeln, je nachdem, ob in einer Mannschaft Mitglieder ungleicher, d. h. heterogener Leistungsfähigkeit vorhanden sind, oder ob die Mitglieder ähnliche oder gleiche Leistungsfähigkeiten haben.

Bei ungleicher Leistungsfähigkeit, so zeigt eine allgemeine Erfahrung, stellt sich relativ bald eine Norm ein, auf die hin sich die Leistungen der Mitglieder ausgleichen (siehe Hellpachsches Phänomen).

Der überdurchschnittliche Spieler wird gebremst, der Schwache oder der „Faulpelz" angespornt. Je nach Mannschaftstyp kann die Zugehörigkeit zur Leistungssteigerung anspornen, es kann aber auch der Fall sein, dass der Einzelne unter seiner möglichen Leistung bleibt.

Im Hinblick auf Heterogenität oder Homogenität konnte Seashore schon 1954 zeigen, dass in Gruppen mit stärkerem inneren Zusammenhalt (Kohäsion) die Leistungen der Einzelmitglieder sehr nahe beieinander lagen. Bei Gruppen mit geringem inneren Zusammenhalt zeigt sich eine weitaus größere Streuung der Einzelleistungen. Es hat sich auch gezeigt, dass Gruppen mit hohem Zusammenhalt (kohäsive Gruppen) sich deutlich von anderen kohäsiven Gruppen distanzieren (nach Hofstätter 1986).

Im Hinblick auf das Zusammengehörigkeitsgefühl gibt es also bei homogenen bzw. heterogenen Gruppen deutliche Unterschiede. Je stärker das Zusammengehörigkeitsgefühl innerhalb einer Gruppe ist, desto mehr grenzt sie sich von anderen Gruppen ab, d. h., es bildet sich eine deutliche „Individualität'" der Gruppe heraus.

Beispiel (Abb. 8)
Man bildet vier Gruppen mit starker Kohäsion (A bis D) und vier Gruppen mit schwacher Kohäsion. Jede Gruppe besteht aus Mitgliedern, deren Leistungsmaße unterschiedlich zwischen elf und 20 Leistungspunkten schwanken. In der Gesamtleistung unterscheiden sich die 20 Angehörigen der weniger kohäsiven Gruppe nicht von der Leistung der homogenen Gruppe (M = 15,5) (Hofstätter 1986). Nicht berücksichtigt wurden dabei emotionale Aspekte.

Es ist anzunehmen, dass im Sport Synergieeffekte bei Mannschaften mit hohem Zusammenhaltsgefühl eher auftreten als bei Mannschaften geringerer Kohäsion.

Im Hinblick auf den inneren Zusammenhalt wurde deutlich, dass er bei heterogenen Gruppen deutlich geringer ausfiel als bei homogenen Gruppen. Dies wurde durch Befragung der Mitglieder ermittelt.

Zusammenhalt von Gruppen

	Homogen				Heterogen			
Leistung:	**Zusammenhalt: stark**				**Zusammenhalt: gering**			
↓	**A**	**B**	**C**	**D**	**E**	**F**	**G**	**H**
11	●					●		
12	●	●			●		●	
13	●	●			●			●
14	●	●			●	●		
15	●	●	●			●	●	●
16		●	●	●		●	●	●
17			●	●	●		●	
18			●	●	●			●
19			●	●		●		●
20				●			●	
M	13	14	17	18	14,8	15	16	16,2
M		15,5				15,5		

Abb. 8: Zusammenhalt – Tabelle

Fazit

Wir finden dieses Phänomen bei den Ligeneinteilungen im Sport. In den unterschiedlichen Ligen werden Mannschaften zusammengefasst, die durch relativ gleiche Leistungsfähigkeit gekennzeichnet sind. In der Regel bedingt die Zugehörigkeit zu einer bestimmten Liga auch eine relativ hohe Homogenität der Leistungsfähigkeit der Einzelmitglieder innerhalb der Mannschaft.

Schwache Mannschaften mit großer Homogenität, d. h. mit geringem Leistungsgefälle, zeigen häufig ein ausgeprägtes **„Wir-Gefühl"**. Für Neuzugänge bedeutet dieser innere Zusammenhalt manchmal ein bedeutsames Hindernis auf dem Weg zur Integration, da der Zusammenhalt durchbrochen werden muss, bevor man Eingang in die Mannschaft findet.

Ist die Streuung der Leistungsfähigkeit der Einzelmitglieder sehr groß, wird die Aufnahme neuer Mitglieder erleichtert. Das Zusammengehörigkeitsgefühl bleibt jedoch gering.

Gefahr

Sofern eine Mannschaft verbindliche Normen erstellt, an denen sich die Mitglieder orientieren und die auch für die Homogenität den Maßstab setzen, kann sich daraus eine Leistungserstarrung ergeben, die verhindert, dass neue Impulse gesetzt oder Methoden und Ziele überdacht werden.

Die Zufriedenheit der Einzelmitglieder kann das Erfolgsstreben in den Hintergrund schieben. Vor allem bei schwächeren Mannschaften ist das häufig der Fall, die z. B. die Aufnahme leistungsstärkerer Spieler ablehnen, da diese die Norm gefährden könnten.

1.5.7 Das Hellpachsche Nivellierungsphänomen

Durch Aufnahme eines starken Spielers erhoffen sich häufig schwächere Mannschaften eine Leistungssteigerung. Doch nach einiger Zeit stellen sie fest, dass der so hoch eingeschätzte Spieler kaum noch in Erscheinung tritt, er ist sozusagen im Mittelmaß der Mannschaft untergegangen. Schon Aristoteles hat davon gesprochen, dass der Zug zur Mitte Extreme auszugleichen sucht.

Auch bei Mannschaften und Gruppen ist der Zug zur Mitte zu beobachten, d. h., sie versuchen, Extreme auszugleichen. Man nennt dies **Konvergenz**.

Die Angleichung an die Mannschaftsnorm kann der Grund für Nivellierung und die Ursache für das Verschwinden individueller Impulse sein. Das betrifft sowohl den Außenseiter, den Extremisten als auch den Star.

Gemäß dem aristotelischen „Zug zur Mitte" versucht auch eine Sportmannschaft, Extreme auszugleichen.
Das *Hellpachsche Nivellierungsphänomen* sagt aus, dass leistungsstarke Spieler schwächer werden und sich dem Mittelmaß der Mannschaft angleichen. Leistungsschwächere streben ebenfalls zur Mitte, d. h., sie steigern sich in ihrer Leistung (Abb. 9).

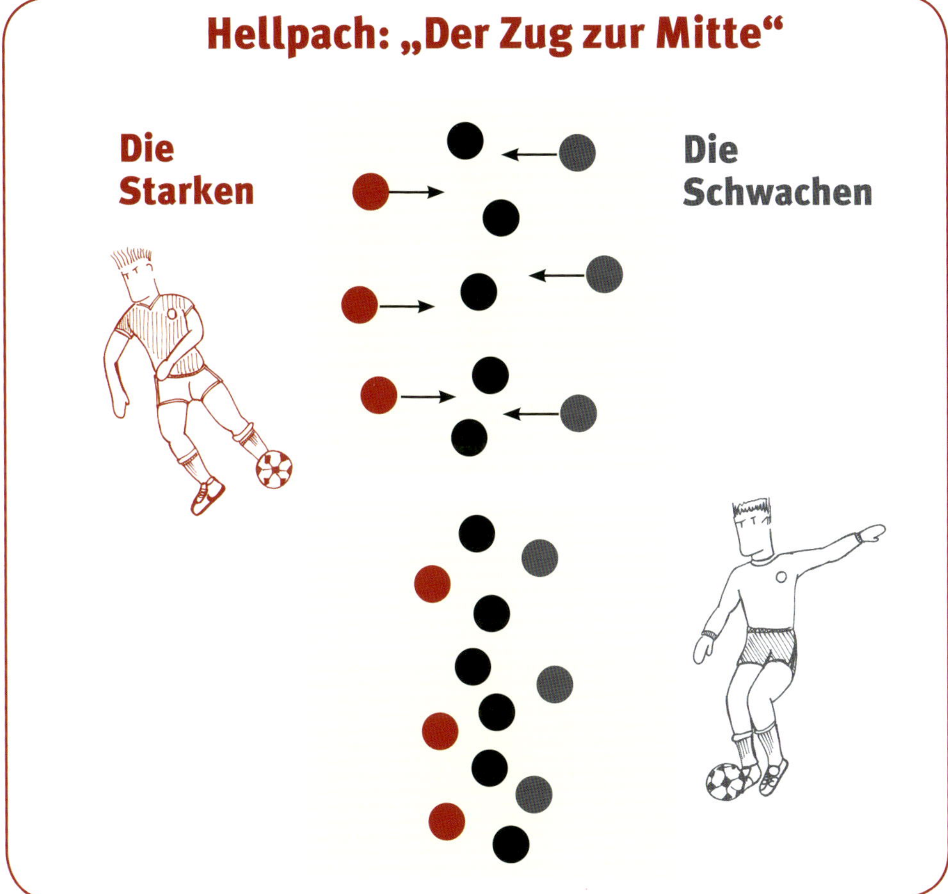

Abb. 9: Hellpachsches Nivellierungsphänomen

Beispielsweise hoffen Mannschaften der Mittelklasse, ihre Gesamtleistung dadurch zu heben, dass sie einen Spieler der höheren Spielklasse aufnehmen. Die Tendenz, sich der Mannschaftsnorm anzugleichen, führt dann dazu, dass nicht das Mannschaftsniveau angehoben wird, sondern dass der gute Spieler nach einiger Zeit ebenfalls nur noch mittelklassige Leistungen vollbringt.

Umgekehrt können schwächere Spieler sich in ihren Leistungen steigern und sich der höheren Mannschaftsnorm annähern.

Die Mannschaft versucht also, die Unterschiede innerhalb der Mitglieder möglichst klein zu halten und ein ihr gemäßes Mittelmaß zu erreichen.

Wie kann man die Leistungsminderung des Starken verhindern, d. h., wie gelingt es, die Leistungsfähigkeit der Mannschaft durch den leistungsstarken Spieler anzuheben, um dem Hellpachschen Phänomen entgegenzuwirken?

Dafür stehen im Wesentlichen zwei Wege zur Verfügung: Belohnung oder überzeugende Argumente.

I. Stachanoff-Methode

Sie wurde zum ersten Mal bei russischen Arbeitern angewendet. Um zu verhindern, dass der Star, d. h. der über der Norm liegende Leistungsfähige, sich der Durchschnittsnorm angleicht, wurden seine Leistungen und die dadurch erreichten Vorteile gesondert hervorgehoben, z. B. durch Auszeichnungen, Geschenke, Hervorhebungen, finanzielle Sonderprämien u.a. Dieses Vorgehen wird im Sport häufig, vor allem im Profibereich, angewendet, um die positive Wirkung teurer Zukäufe für die Mannschaft zu erreichen. Dadurch wird versucht, der Konvergenz-tendenz entgegenzuwirken.

II. Gemeinsamer Entschluss zur Hebung der Gemeinschaftsleistung

Günstiger ist es, wenn Trainer und Mannschaftsmitglieder durch gemeinsame Diskussion und gemeinsame Entscheidung Wege finden, auf welche Art und Weise der größtmögliche Vorteil für die Mannschaft durch die Integration des leistungsstarken Neuen zu erreichen ist.

Die Mannschaftsmitglieder müssen erkennen, dass auch sie nur von der Leistungsstärke des neuen Spielers profitieren können, wenn sie ihn so weit unterstützen, dass er seine

Stärken mannschaftsdienlich einbringen kann. Durch gemeinsame Festlegung der Möglichkeiten, den neuen Spieler zu unterstützen, kann eine Anhebung des Mannschaftsniveaus erreicht werden. Dabei spielt auch die Berücksichtigung des Phänomens der „sozialen Faulheit" und der „Trittbrettfahrer" (s. S. 52) eine Rolle.

Verhaltensänderungen durch Mannschaftsgespräche sind der Stachanoffschen Belohnungsmethode vorzuziehen, da der gemeinsame Entschluss auch zur gemeinsamen Verantwortung führt.

Auch die Struktur der Mannschaft spielt eine Rolle. Bei manchen koagierenden Mannschaften kann die unterstützende Funktion der schwächeren Mitglieder eindeutiger festgelegt werden als bei interaktiven. Beispielsweise fällt die Aufgabe der „Wasserträger" beim Mannschaftsfahren der Radfahrer dem Schwächeren zu, ohne dessen Hilfe jedoch auch die Starken nicht zum Erfolg kämen.

Ganz allgemein kann man sagen, dass durch eine klare Aufgaben- und Rollenverteilung innerhalb der Mannschaft, die von allen akzeptiert wird, das Hellpachsche Phänomen zu verhindern ist.

1.5.8 Die tatsächliche und die potenzielle Leistungsfähigkeit einer Mannschaft

Mannschaften erbringen nicht immer die Leistung, zu der sie eigentlich fähig wären. Erst wenn Motivation, Kooperation und äußere Bedingungen optimal vorhanden sind, gelingt es der Mannschaft, alle ihr zur Verfügung stehenden Ressourcen auszuschöpfen. Die tatsächlich gezeigte Leistungsfähigkeit bleibt meist hinter der möglichen, d. h. potenziellen Leistungsfähigkeit zurück. Nur wenn eine Mannschaft ihre Ressourcen optimal nützt, wird die tatsächliche gleich der potenziellen Leistungsfähigkeit sein (Abb.10).

Steiner hat dafür folgende Formel aufgestellt.

Tatsächliche Leistungsfähigkeit einer Mannschaft =
Motivationsverluste + Koordinationsverluste

(Steiner 1972)

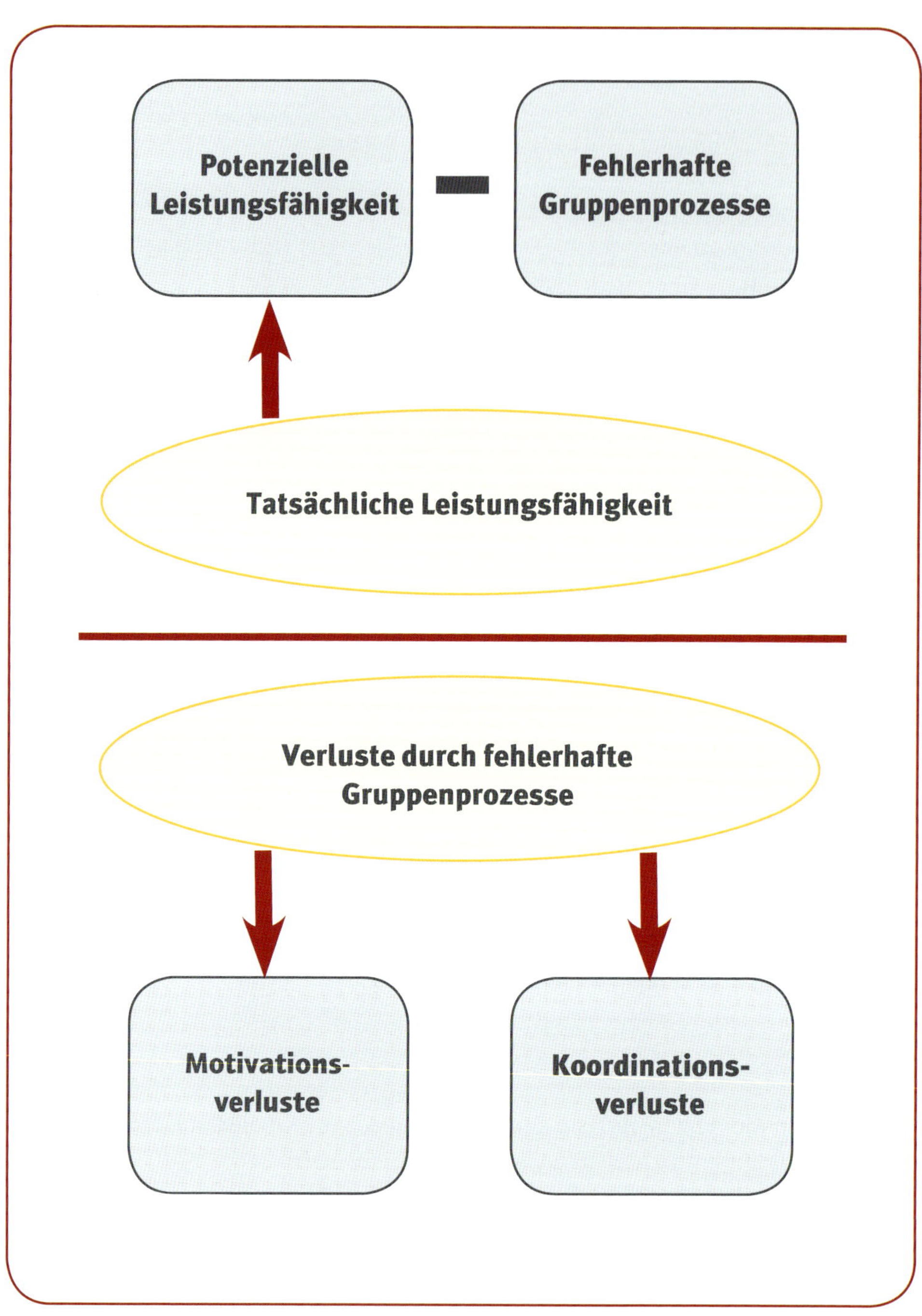

Abb. 10: Gruppe – Leistung

Die Bereiche **„Motivationsverluste"** oder **„Koordinationsverluste"** geben vor allem erste Orientierungen zur Steigerung der Leistungsfähigkeit oder zur Behebung von Krisen.

1.5.8.1 Motivationsverluste

Motivationsverluste können sowohl bewusst als auch unbewusst entstehen.

Unbewusst spielen dabei das Hellpachsche Syndrom oder das „Trittbrettfahrerverhalten" („soziale Faulheit") oder mentale Sperren eine Rolle. Auch innere Widerstände und unbewusste Protestreaktionen können die Ursache für nachlassende Leistung sein.

Entscheidend für die gemeinsame Anstrengung ist die Bereitschaft jedes Mannschaftsmitglieds, seine Kräfte bewusst für das gemeinsame Ziel einzusetzen.

Klaffen individuelle Ziele und Mannschaftsziele zu weit auseinander, kommt es ebenfalls zu mannschaftsschwächenden Motivationsverlusten. Insbesondere in Krisensituationen treten Unterschiede zwischen den Mitgliedern in der Art und Weise auf, wie sie mit der Problemsituation fertig werden. Selbstunsichere, ängstliche oder pessimistische Mitglieder müssen ermuntert und verstärkt werden, während die stabilen, selbstsicheren Spieler an Bedeutung gewinnen.

Motivationsverluste können sich bei koagierenden Mannschaften, bei denen die Leistung summativ erstellt wird, stärker auswirken als bei interaktiven.

1.5.8.2 Koordinationsverluste

Koordinationsverluste entstehen, wenn das räumliche und das zeitliche Zusammenwirken zwischen den Teammitgliedern nicht klappt oder wenn ineffektive Taktiken und Strategien angewendet werden. Insbesondere bei interagierenden Mannschaften, z. B. bei allen Ballspielmannschaften, kommt dem gegenseitigen Wechselspiel der Aktionen, dem Aufeinanderabstimmen der Handlungen und der gegenseitigen Unterstützung entscheidende Bedeutung zu.

Zwar können Motivationsverluste einzelner Mitglieder durch die anderen bis zu einem gewissen Grad überbrückt werden, letztlich bedingen Motivationsverluste auch eine Minderung der Koordinationsleistung. Untersuchungen haben gezeigt, dass man den Erfolg von zwei Spielern am besten voraussagen kann, wenn man deren jeweilige Leistungsfähigkeiten addiert. Haben die beiden ähnliche Leis-tungsfähigkeiten, lässt sich der Erfolg ziemlich genau voraussagen, bestehen jedoch große Unterschiede, fällt die Leistung deutlich geringer aus (Gill 1979).

Je ähnlicher die Leistungen von Mannschaftsmitgliedern sind, desto wahrscheinlicher ist es, dass sie sie auch voll ausnützen.

Dies spielt eine nicht zu unterschätzende Rolle bei Doppelspielern, z. B. im Tennis, Tischtennis oder bei Mannschaften mit geringer Spielerzahl.

Wenn ein besserer Spieler mit einem schlechteren zusammen ein Team bildet, kommt es häufig vor, dass der bessere Spieler zu viel macht, d. h., er spielt über seine Fähigkeiten hinaus. Daraus resultieren Fehler, während der Schwächere riskanter spielt, um nicht als der „Schuldige" dazustehen. Er greift deshalb zu Aktionen, die er nicht beherrscht.

Weltklassedoppel im Tennis bestehen meist aus zwei sehr guten Spielern, aber nicht aus einem Starspieler und aus einem zweiten guten Spieler, da diese Schwierigkeiten haben, ihre Aktionen zu harmonisieren.

Entscheidend für die Annäherung der tatsächlichen an die potenzielle Leistungsfähigkeit ist die Abstimmung von Motivation und Koordination der Teammitglieder. Zu hohe Einsatzbereitschaft der Einzelnen kann sich ebenso störend auf das Zusammenspiel auswirken, wie unmotivierte oder abweichende Verhaltensweisen.

1.5.8.3 Mannschaftsleistung und Einzelleistung

Man kann nicht verallgemeinernd feststellen, dass die Leistungsfähigkeit einer Mannschaft größer sei als die Summe der Einzelleistungen.

Es gibt Mannschaften, die sich aus Spitzenspielern zusammensetzen und die gegen vermeintlich schwächer aufgestellte Mannschaften verlieren. Es kommt aber auch vor, dass schwache Mannschaften „über sich hinauswachsen" und eine Leistung vollbringen, die über die Summe der objektivierbaren Einzelleistungen hinausgeht.

Die Ursache dieser unterschiedlichen Erscheinungen liegt in den mehr oder weniger bewussten psychischen Antriebsfaktoren, die den einzelnen Spieler veranlassen, sein Potenzial entweder voll auszuschöpfen, es nur teilweise zu aktivieren oder es gar über seine individuelle Leistungsgrenze hinaus zu mobilisieren. Als Erklärung können zwei Phänomene angeführt werden, deren Kenntnis für Trainer wertvoll sein kann, wenn es darum geht, die potenzielle Leistungsfähigkeit einer Mannschaft zu entfalten.

Leistungseinbußen können auf dem Ringelmann-Effekt beruhen, Leistungsoptimierung wird durch Synergieeffekte erzielt.

Der Ringelmann-Effekt – „soziale Faulheit"

Unter bestimmten Bedingungen kann man feststellen, dass die durchschnittliche Einzelleistung nachlässt, wenn Personen in Gruppen oder Mannschaften zusammenwirken. Ringelmann hat schon vor 100 Jahren in einer Studie beobachtet, dass beim Tauziehen große Unterschiede zwischen der Einzel- und der Mannschaftsleistung feststellbar waren. Er beobachtete einzelne Personen und Mannschaften von zwei, drei und acht Leuten beim Tauziehen.

Wenn es keine Leistungsverluste durch fehlerhafte Gruppenprozesse gäbe, dann könnte man, wenn jede Person 100 Pfund ziehen kann, daraus schließen, dass Mannschaften von zwei, drei und acht Leuten jeweils 200, 300 und 800 Pfund ziehen könnten. Trotzdem ließ die relative Leistung jedes Mitglieds zunehmend nach, je mehr Mitglieder die Mannschaft bekam, d. h., eine Gruppe von zwei Personen zog nur noch 93% ihres individuellen Leistungspotenzials, eine Mannschaft von drei Personen nur noch 85% und acht Personen zogen noch 49%.

Ingham et al. hat 1974 diese Untersuchungen wiederholt und herausgefunden, dass sich der Anteil der Einzelleistungen ab sechs Mitglieder bei 78% einpendelte (nach Weinberg/Gould 1995) (Abb. 11).

Der Ringelmann-Effekt

Beziehung zwischen Gruppengröße und Leistung (Tauziehen)

Prozent der potenziellen Leistungsfähigkeit bei Mannschaften mit unterschiedlicher Mitgliederzahl

Mitgliederzahl:	1	2	3	4	5	6	7	8
RINGELMANN-Studie	100	93	85					49
INGHAM (Studie I)	100	91	82	78	78	78		
INGHAM (Studie II)	100	90	85	86	84	85		

– **Soziale Faulheit** (Herkner)
– **Trittbrettfahrerverhalten** (Weinberg/Gould 1995)

Abb. 11: Ringelmann-Studie

Um herauszufinden, ob die Leistungsverluste bei steigender Mitgliederzahl in der Mannschaft auf mangelnde Koordination oder geringere Motivation zurückzuführen seien, hat man die Koordination als Faktor herausgenommen. Man verband den Einzelnen die Augen und ließ sie in dem Glauben, dass die übrigen Mitglieder ebenfalls mitziehen würden, was diese aber nicht taten. Auch unter diesen Bedingungen fiel die Leistung bis zu einer Gruppenstärke von drei Mitgliedern ab.

Dieses Experiment zeigt, dass der Leistungsrückgang auf Motivationsverluste zurückzuführen war und die Neigung, sich weniger anzustrengen, mit steigender Mitgliederzahl zunahm.

Einige Psychologen bezeichnen das Phänomen, dass sich Einzelne in der Mannschaft weniger als 100% anstrengen als „Trittbrettfahrerverhalten". Gründe hierfür werden in unbewussten Motivationsverlusten gesehen (Weinberg/Gould 1995/Herkner 1991).

1.5.8.4 Wann entsteht „soziale Faulheit"?

Man hat festgestellt, dass die durchschnittliche Einzelleistung nachlässt, wenn Mitglieder in Gruppen zusammenarbeiten und dabei ihre eigene Leistung nicht klar beurteilen können, wie es z. B. beim Tauziehen oder in Rudermannschaften der Fall ist. Dieser als „soziale Faulheit" bezeichnete Leistungsabfall ist ebenfalls feststellbar, wenn die Leistung des Einzelnen auch von Außenstehenden nicht klar beurteilt werden kann. Zum Beispiel ist die individuelle Leistung eines Spielers in einer Mannschaft meist nicht eindeutig feststellbar, es sei denn, er sticht durch besonders brillante Einzelaktionen hervor. Wenn eine Mannschaft eine geschlossene Mannschaftsleistung zeigt, fällt es schwer, den Beitrag des Einzelnen zu erkennen und zu bewerten.

Die Neigung, sein volles Leistungspotenzial in der Mannschaft nicht auszuschöpfen, wird also begünstigt, wenn Vergleichsprozesse mit anderen fehlen oder der Sportler in einer gewissen Anonymität des Kollektivs untergeht.

Nach Weinberg/Gould (1995) können folgende Gründe für das Entstehen „sozialer Faulheit" genannt werden:

- Sportler glauben, dass die Mannschaftskameraden weniger motiviert sind als sie selbst und strengen sich weniger an, weil sie nicht die Rolle des Trottels übernehmen wollen.
- Sportler meinen, dass sie sich nicht wirklich anstrengen müssen, da die Teammitglieder ihren Part sowieso übernehmen.

- Sportler haben den Eindruck, dass sich Anstrengung nicht lohnt, da sie sowieso in der Menge untergehen.
- Sportler versuchen, sich in der Menge zu verstecken, um so die negativen Folgen des Faulenzens zu vermeiden („Trittbrettfahrerverhalten").

Vermeiden „sozialer Faulheit" – Synergie

- **„Soziale Faulheit"** wird verhindert, wenn es dem Einzelnen möglich ist, Selbstdarstellungsmotive innerhalb der Mannschaft oder nach außen hin zum Ausdruck zu bringen.

Für den Trainer bedeutet das:
- Stelle die Leistung des Teams in den Vordergrund, zeige aber den Spielern den Wert ihres **eigenen Beitrags** zur Teamleistung auf. Man sollte alle Teammitglieder auffordern, darüber nachzudenken, worin ihre Verantwortung gegen-über dem Team besteht, welchen Beitrag sie leisten und wie sie ihre eigene Leistung zum Nutzen des Teams verbessern können.
- Mannschaftsmitglieder sollen ihren **Beitrag zur Gemeinschaftsleistung erkennen**. Indem die Trainer z. B. dem Spieler ein Feedback über seine Leistung geben, zeigen sie, dass sie sich um ihn kümmern, dass er nicht einer unter vielen ist.
- Das Aufzeigen von Situationen, in denen **„soziale Faulheit"** auftritt. Durch Beobachtungen und Videoaufnahmen kann der Trainer Situationen feststellen, in denen „Trittbrettfahrerverhalten" auftritt und diese Situation mit den Mitgliedern diskutieren.

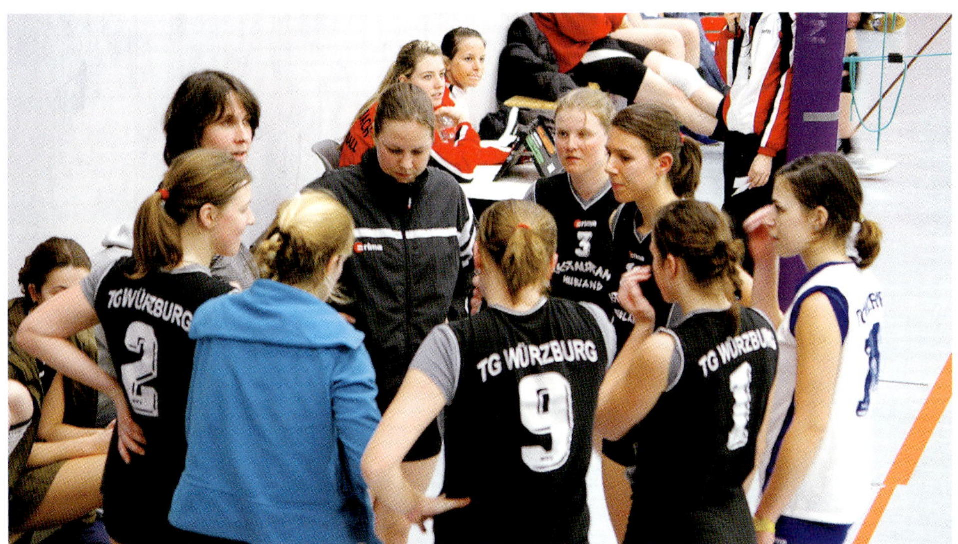

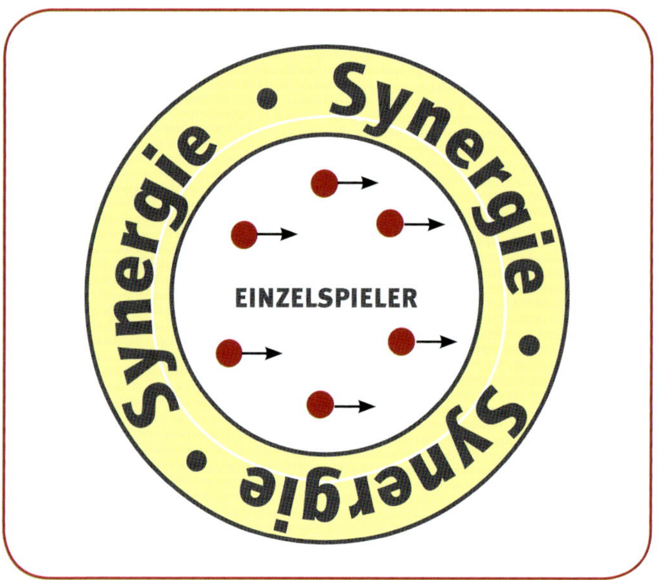

Abb. 12:
Synergie:
Die Mannschaftsleistung ist mehr als die Summe der Einzelleistungen.

- Individuelle Begegnung herbeiführen. Es ist notwendig, „Trittbrettfahrerverhalten" bzw. Erscheinungen „sozialer Faulheit", mit jedem Spieler einzeln zu diskutieren. Ein **offenes Gespräch** ist die Grundlage dafür, herauszufinden, warum ein Sportler sich nicht hundertprozentig anstrengt. Es könnte z. B. sein, dass er andere Sorgen oder stressige Verpflichtungen hat, die ihn veranlassen, mit seinen Kräften hauszuhalten und sich nicht voll einzusetzen.
- **„Soziale Faulheit"** verschwindet auch, wenn die Mannschaftsleistung deutlich mit einer **anderen Mannschaftsleistung vergleichbar** ist. In diesem Fall können Synergieeffekte freigesetzt werden.
- **Synergieeffekte:**
  Unter Synergieeffekten ist die emotionale Kraftquelle zu verstehen, die eine Mannschaft für den Einzelnen bedeuten kann. Die Übertragung von Gefühlen, die gemeinsame Begeisterung, die erlebte Harmonie in der Mannschaft oder der gemeinsame Siegeswille können den Einzelnen „über sich hinauswachsen lassen" (siehe Kap. 1.3).

Synergie stellt das Gegenteil „sozialer Faulheit" dar. Synergieeffekte bewirken, dass die Mannschaftsleistung größer ist als die Summe der Einzelleistungen (Abb. 12).

1.6 Bedingungen der Gruppenbildung

Es wurde bereits ausgeführt, dass der Entstehungsprozess einer Mannschaft durch vier Phasen gekennzeichnet ist. Doch wie kommt dieser Mannschaftsbildungsprozess zustande? Sozialpsychologische Untersuchungen über allgemein gültige Faktoren der Gruppenbildung können auch als Hinweise zur Bildung von Sportmannschaften dienen. Einige wesentliche Bedingungen werden im Folgenden aufgezeigt (Abb. 13).

Möglichkeiten der Mannschaftsbildung

Gemeinsames Ziel

- **Vergleich mit anderen**
- **Gemeinsamer Gegner**
- **Gemeinsamer Vorteil**
- **Gemeinsame Not**
- **Gemeinsame Freude**
- **Strukturierung**
- **Mannschaftszusammenkünfte**
- **Gespräche (Konflikte)**
- **Trainerkontakt**

Abb. 13: Möglichkeiten der Mannschaftsformung

1.6.1 Das Ferienlagerexperiment von Sherif

Sherif hat in einem mehrmonatigen Ferienlagerexperiment aufgezeigt, wie aus Jugendlichen, die sich vorher kaum kannten, durch Änderung der inneren Zusammensetzung und der äußeren Bedingungen Gruppenzusammenhalt erreicht bzw. durch gezielte Einflussnahme auch wieder zerstört werden konnte (Sherif 1969).

In diesem Zeltlagerexperiment wurden zwei Gruppen gebildet. Die Zusammensetzung der Gruppen erfolgte jedoch entgegen der vorher befragten Sympathiekundgabe. Die Betreuungspersonen bestanden aus Psychologen und Sozialarbeitern. Dies war den Jugendlichen nicht bekannt.

Im Verlauf des über einen Sommer währenden Zeltlagers wurden die inneren und äußeren Lebensbedingungen gezielt verändert, ohne dass dies den Jugendlichen mitgeteilt wurde. Dabei konnte systematisch beobachtet werden, wie sich in Abhängigkeit der Maßnahmen Gruppenstruktur, Leistungs- und Rollenhierarchie, Feindseligkeiten und freundschaftliche Beziehungen in vorhersehbarer Weise beeinflussen ließen.

Das Experiment lief in vier Phasen ab:

1. Im ersten Stadium lernten sich die Jugendlichen kennen und schlossen Freundschaftsbeziehungen.
2. Im zweiten Stadium erfolgte, entgegen der anfänglichen Sympathie, eine Aufteilung in zwei Untergruppen. Hierbei zeigte sich, dass die Jugendlichen in beiden Lagern schon nach wenigen Tagen ein deutliches **„Wir-Gefühl"** entwickelten.
3. In der dritten Phase wandte sich das jeweilige Interesse der anderen Gruppe zu. Es entstand eine deutliche Rivalität und eine strenge Abgrenzung zwischen beiden Gruppen. Sportliche Wettkämpfe endeten mit aggressiven Auseinandersetzungen, die einmal sogar in einer Rauferei eskalierten.
4. In der vierten Phase ging es um die Beilegung der Konflikte und um die Eingliederung der beiden befehdeten Untergruppen in eine gemeinsame Großgruppe.

Um dies zu erreichen, wurden vier äußere Bedingungen gezielt eingeführt bzw. verändert.

a. **„Der gemeinsame Gegner"**: Er wurde in einer benachbarten Schulmannschaft gefunden.

b. **„Der gemeinsame Vorteil"**: Dieser bestand im Ausleihen eines von allen begehrten Films, der nur durch die gemeinsamen Ersparnisse finanziert werden konnte.

c. „Die gemeinsame Not": Um deren gruppenbildende Wirkung zu untersuchen, wurde die Wasserzuleitung unterbrochen, angeblich wurde sie durch höhere Gewalt zerstört. Nur durch gemeinsame Leistung konnte der mühsame Wassertransport bewerkstelligt werden.

d. „Die gemeinsame Freude": Diese entstand durch einen gemeinsamen Ausflug in ein reizvolles Naturschutzgebiet.

Im Wesentlichen konnten zwei Einflussgrößen der Gruppenbildung und -strukturierung ermittelt werden:

- Druck von außen
- Integration von innen.

1.6.2 Der Vergleich mit anderen – gemeinsamer Gegner

Der Druck von außen wurde durch die Rivalität mit der Außengruppe oder den gemeinsamen Gegner erzeugt.

Die Ausbildung des **„Wir-Gefühls"** erfordert bei leistungsorientierten Mannschaften das Vorhandensein anderer, rivalisierender Mannschaften, von denen man sich deutlich abgrenzt. Aber auch in Schul- und Freizeitgruppen bzw. -mannschaften kann das Zusammengehörigkeitsgefühl durch Spiele gegen andere Mannschaften beschleunigt und intensiviert werden. Trainer können dies nutzen, um bei längeren Wettkampfpausen durch Freundschaftsspiele und Vergleichswettkämpfe den Mannschaftsgeist wachzuhalten.

Den gemeinsamen Gegner zu besiegen, stellt ein gemeinsames Ziel dar, das letztendlich in den Motiven gründet, die die Einzelsportler zusammenführen.

Als **„gemeinsame Gegner"** können aber auch äußere Kritiker, z. B. Vereinsvorstände, Presse oder Zuschauer fungieren. Eine Mannschaft, die sich zu Unrecht angegriffen fühlt, kann dann zu einer geschlossenen Leistung finden, nach dem Motto: „So schlecht sind wir nicht!", „Wir werden es ihnen zeigen!"

1.6.3 Gemeinsame Freude

Auf die wichtige Funktion des Erfolgserlebnisses wurde bereits hingewiesen. Aber nicht nur die Freude über den Erfolg als Ergebnis der Anstrengung kann das **„Wir-Gefühl"** stärken, sondern auch die Vorfreude auf ein Ereignis, das noch nicht eingetreten ist.

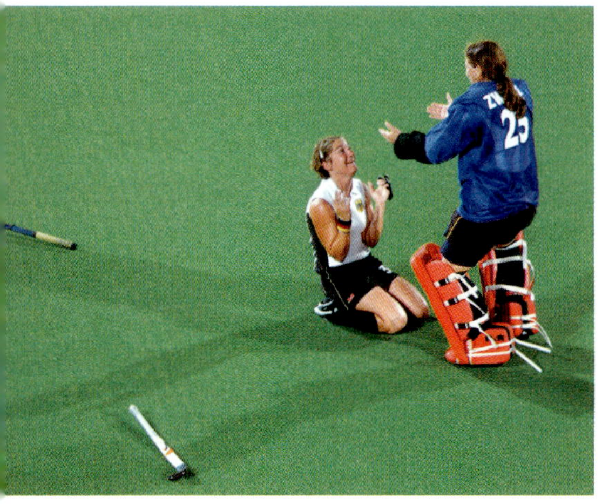

Hier sind keine Kräfte von außen wirksam. Die Integration der Gruppenmitglieder erfolgt durch die emotionale Gemeinsamkeit, ein von allen erwünschtes Erlebnis zu haben.

Gemeinsame Freude verbessert die gegenseitige Sympathie der Mitglieder und damit den sozialen Zusammenhalt. Das von allen erwünschte Ziel kann die Vorfreude jedes Einzelnen erhöhen, sodass Synergieeffekte zur Leistungssteigerung beitragen, nach dem Motto: „Gemeinsame Freude ist doppelte Freude".

1.6.4 Gemeinsame Not

Gemeinsame Not, deren Überwindung nur durch eine gemeinsame Anstrengung, durch gegenseitiges Unterstützen und Helfen gelingen kann, mobilisiert integrative Kräfte, d. h., die äußere Belastung verursacht gruppendynamische Veränderungen, die sowohl den Aufgaben- als auch den sozialen Zusammenhalt verbessern.

Dieses Phänomen finden wir z. B. bei Mannschaften, die gegen den Abstieg kämpfen, die aus finanzieller Not zusätzliche Aktivitäten planen müssen oder die in Unterzahl gegen einen überlegenen Gegner spielen.

Unter **„Not"** kann jede Situation verstanden werden, die den Wünschen und Zielen der Mitglieder entgegensteht und nur durch gemeinsame Anstrengung bewältigt werden kann.

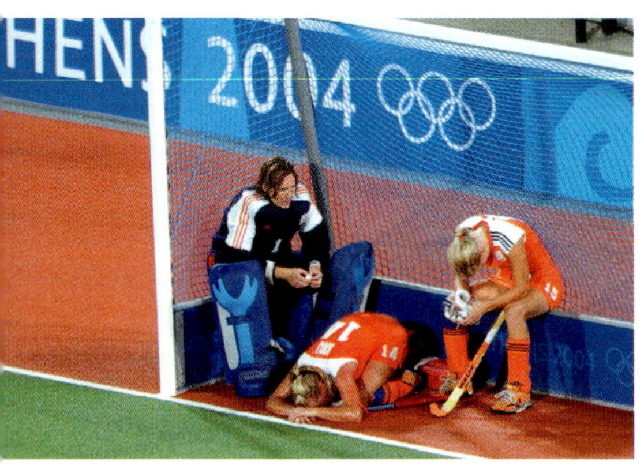

Ob sich **gemeinsame Not** tatsächlich im positiven Sinne auf die Gruppe auswirkt, hängt allerdings auch noch von anderen Faktoren ab, z. B. dem Ängstlichkeitsgrad, dem Selbstvertrauen, den Willensfähigkeiten oder auch vom Vorhandensein einer Führungspersönlichkeit, die es versteht, die Notwendigkeit der gemeinsamen Anstrengung bewusst zu machen und gemeinsame Energie freizusetzen.

1.6.5 Gemeinsamer Vorteil

Der **gemeinsame Vorteil** stellt einen extrinsischen, d. h. von außen wirkenden Motivierungsfaktor dar, der wirksam wird, wenn nur durch gemeinsame Aktionen ein Vorteil für alle erreicht werden kann.

Dieses Phänomen zeigt sich ebenfalls auf verschiedenen Ebenen des Sports. Ob es sich um Siegesprämien für Mannschaften, das Zusammenlegen von Ersparnissen von Schülern zum Besuch eines Ferienlagers oder um gemeinsame Arbeit zur Errichtung eines neuen Vereinsheims handelt, der gemeinsame Vorteil erweist sich für alle als zweckgerichtet und sinnvoll. Seine gruppenintegrative Funktion ist deshalb nicht nur aus pädagogischer Sicht zu sehen, er kann auch zu einer Stärkung des emotionalen und damit des sozialen Zusammenhalts führen.

Ein Erfolgserlebnis, das auf gemeinsamer Anstrengung und Zusammenarbeit beruht, stärkt das **Wir-Gefühl**, d. h., dass alle das Wort **„Wir"** im Bewusstsein verwenden, dass das gemeinsam Vollbrachte mehr ist als die Addition der Leistungen jedes Einzelnen.

Das Experiment von Sherif macht deutlich, dass durch Veränderung äußerer Bedingungen und Neugestaltung von Aufgaben, Gruppenentstehung und Gruppenstabilisierung erreicht werden kann, dass aber durch Fernbleiben äußerer Faktoren oder innerer Anziehungskräfte auch ein Zerfall der Gruppe möglich wird.

1.6.6 Das Schaffen von Teamzusammenhalt

In der Erkenntnis, dass zwei wesentliche Komponenten, nämlich der **soziale Zusammenhalt** und der **Aufgabenzusammenhalt**, in unterschiedlicher Weise am Gesamtzusammenhalt einer Mannschaft beteiligt sind, ruht die Begründung, dass Zusammenhalt nicht immer die Mannschaftsleistung steigert.

Ein stark emotional geprägter Zusammenhalt, bei dem es den Mitgliedern mehr um die gegenseitige Freundschaft als um die Leistung geht, kann sogar zu einer Minderung der Leistungsbereitschaft führen. Dies ist allerdings mehr bei Freizeit- und Hobbymannschaften als bei Mannschaften im Bereich des Wettkampfsports der Fall. Bedeutsam wird der Anteil des sozialen bzw. des Aufgabenzusammenhalts bei der Neuaufnahme und Integration von Neuankömmlingen (siehe dort).

Für Trainer muss es eine verbindliche Aufgabe sein, den Zusammenhalt des Teams möglichst zu stärken und zu festigen. Wenn es einer Leistungsmannschaft gelingt, Aufgabenzusammenhalt mit sozialem Zusammenhalt zu vereinen, kann eine optimale Gemeinschaftsleistung entstehen.

1.6.6.1 Teambildung innerhalb und außerhalb des Sports

Die Bildung einer Mannschaft, d. h. die Entwicklung von Teamzusammenhalt, Teamfähigkeit und Teamgeist, ist ein Prozess, der nie zum Stillstand kommt. Die Natur des jungen Menschen ist auf Veränderung angelegt. Neugier, neue, herausfordernde Ziele, die Eingliederung neuer Spieler oder Motivationseinbußen erfordern ein ständiges Beobachten, Einfühlen und Reagieren des Trainers. Es gibt zwei Bereiche, die für den Mannschaftsbildungsprozess verantwortlich sind:

- Teambildung im Sport
- Teambildung außerhalb des Sports.

Der niederländische Fußballtrainer Rinus Michels hat diese beiden Einflussgrößen insbesondere für das Fußballspiel hervorgehoben. Danach spielt sich der Mannschaftsbildungsprozess sowohl auf dem Rasen als auch außerhalb des Spielfelds ab. Beide Bereiche sind zwar zu unterscheiden, aber nicht voneinander zu trennen (Abb. 14).

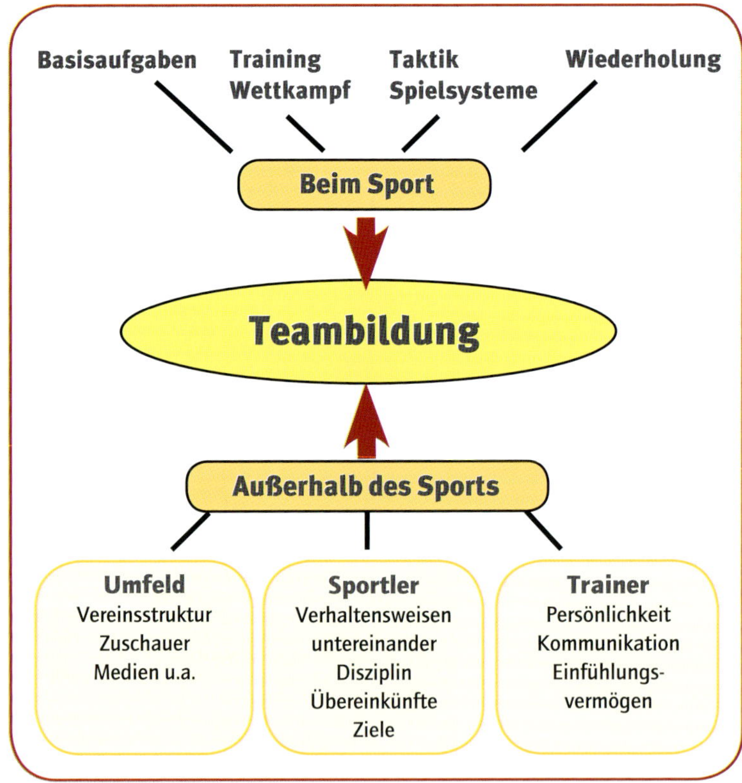

Abb. 14: Teambildung

Je nachdem, ob es sich um leistungsorientierte oder freizeitorientierte Mannschaften handelt, wird entweder der soziale oder der Aufgabenzusammenhalt verstärkt. Bei Spitzenmannschaften kann davon ausgegangen werden, dass die Prozesse auf dem Spielfeld am meisten zum Aufgabenzusammenhalt und damit zur Teambildung beitragen.

1.6.6.2 Teambildung beim Sport

Sowohl Fußballspieler als auch Mitglieder anderer Mannschaften haben immer bestimmte Basisaufgaben zu erfüllen.

Basisaufgaben

In Fußballmannschaften gilt das für Verteidiger, Mittelfeldspieler und Stürmer. Aber auch bei Radmannschaften, Rudermannschaften oder anderen interaktiven Mannschaften, z. B. beim Volleyball, hat jedes Mitglied Basisaufgaben zu verrichten, deren Vernachlässigung zu Lasten der Mannschaft und des Gesamtsystems gehen würde.

Beispielsweise stellt die Basisaufgabe des Verteidigers das Verteidigen dar. Zusätzlich darf er sich im geeigneten Moment in den Angriff einschalten.

Für den Mannschaftsbildungsprozess ist es wichtig, dass alle Mitglieder ihre Basisaufgaben zuverlässig verrichten. Dadurch entsteht Vertrauen untereinander und die Überzeugung, dass jeder seine Aufgabe für die Mannschaft erfüllt.

Nach Michels steckt der Hang, seine Basisaufgaben zu vernachlässigen, in jedem Spieler. Eine individuell schlechte Leistung darf vorkommen, aber nie aufgrund der Vernachlässigung der Basisaufgaben.

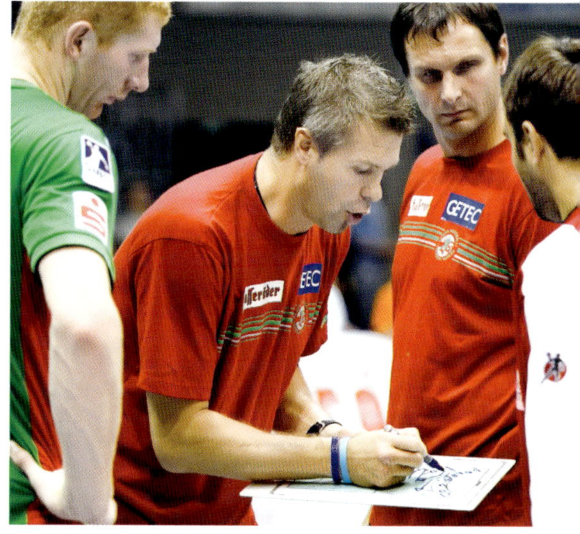

Taktik und Spielsystem

Taktische Einstellungen und Spielsysteme sollen sich stets nach den Qualitäten der Spieler richten. Man muss z. B. auf ein Konter- oder Schnellangriffskonzept verzichten, wenn die entsprechenden Spieler fehlen.

Haben die Mannschaftsmitglieder das Gefühl, dass sie in ein Konzept eingebunden sind, das ihnen die Möglichkeit gibt, sich zu entfalten, ihre Fähigkeiten auszuspielen, das sie von der Zielstellung her akzeptieren, trägt dies zum Aufgabenzusammenhalt bei, verbessert aber auch die Zufriedenheit und damit den sozialen Zusammenhalt. Jeder Spieler soll das Gefühl haben, mit einer Rolle betraut zu werden, die ihn zufrieden stellt und ihm das Bewusstsein vermittelt, dass er auf dieser Position der Mannschaft am besten dienen kann.

Training und Wettkampf

Dem Trainer kommt es zu, sowohl Trainings- als auch Wettkampfleistungen zu analysieren und Konsequenzen daraus abzuleiten. Schwerpunkte im Training, z. B. als Folge gezeigter Schwächen im Wettkampf, verstärken das Verständnis der Partner untereinander, wenn sie erleben, dass durch gemeinsames Training eine Verbesserung der gemeinsamen Leistung erreicht wird. Rivalitäten um die Rangordnung müssen vom Trainer aufmerksam beobachtet werden, um regulierend einzugreifen, wenn sich Änderungen aufgrund gezeigter Leistungen oder anderer Fähigkeiten anbieten.

Wiederholen

Der Prozess der Mannschaftsbildung auf dem Spielfeld ist in erster Linie eine Folge des Wiederholens. Technische und taktische Fähigkeiten der Einzelsportler entwickeln sich im Zusammenspiel mit den Partnern und schaffen dadurch emotionale Bindungen, die den Sportlern nicht unbedingt bewusst werden, die aber wirksam werden, wenn es um das **„Wir-Erlebnis"** in einer Belastungssituation geht.

1.6.6.3 Teambildung außerhalb des Sports

Der Mannschaftsbildungsprozess endet nicht auf der Sportstätte, auch die Bedingungen außerhalb tragen zur Vertiefung bei.

Das Umfeld

Dazu gehören der Verein, Management, Vorstand und andere Personen, die direkt oder indirekt mit der Mannschaft zu tun haben. Ein harmonisierendes Umfeld stellt eine sichere Basis für stabile Leistungen der Mannschaft dar. Vorstand, Trainer usw. müssen untereinander einig sein und auch nach außen demonstrieren, dass sie hinter der Mannschaft stehen.

Konflikte in diesem Bereich sollten angesprochen und in ihrer Bedeutung für die Mannschaft erhellt werden, keinesfalls sollte man sie „unter den Teppich kehren", da sie unbewusst zu fatalen Leistungseinbußen führen können.

Verhaltensregeln

Grundsätzlich sollten Mannschaftsmitglieder keine Konflikte und keine Kritik an anderen in der Öffentlichkeit austragen.

Auch auf Details kommt es an, z. B. Pünktlichkeit beim Training, im Umkleideraum Ordnung halten, aufeinander achten, z. B. keine Zeitung lesen, wenn der Partner anwesend ist. Was Spieler noch beitragen können, wird im nächsten Kapitel beleuchtet, ebenso die Möglichkeiten des Trainers, auch außerhalb der Trainingspraxis den Teamzusammenhalt zu festigen.

1.6.6.4 Was Mannschaftsmitglieder tun können (Abb. 15)

- **Das Bekenntnis zum gemeinsamen Ziel**

Der Trainer sollte keine Ziele nennen, ohne sich zu vergewissern, dass alle Mitglieder der Mannschaft diese Ziele akzeptieren. Sie müssen ihre Bereitschaft äußern, für das gemeinsame Ziel zu kämpfen und unter Umständen ihre eigenen Zielstellungen unterordnen, verändern oder aufschieben. Durch das offene Bekenntnis zur Bewältigung der gemeinsamen Aufgabe übernehmen die Mitglieder auch einen Teil der Verantwortung für die Aufgabenstellung. Im Falle des Misserfolgs ist dann nicht der Trainer der Alleinschuldige. Gemeinsame Verantwortung für eine Niederlage kann sich positiv auf den Teamzusammenhalt auswirken, um es dann beim nächsten Mal besser zu machen.

- **Effektive Verständigung**

Eine lebhafte und effektive Kommunikation innerhalb der Mannschaft gehört zu den wichtigsten Faktoren, um bei den Mitgliedern untereinander den Zusammenhalt zu stärken. Die Mannschaftsmitglieder sollen sowohl im Sport als auch außerhalb des Sports möglichst offen miteinander reden. Sie sollen sich zuhören, sich aufeinander konzentrieren und sich gegenseitig bei der Lösung von Problemen helfen. In dem Maß, wie die Kommunikation über Aufgaben und soziale Angelegenheiten anwächst, entwickelt sich auch der Zusammenhalt.

- **Sich untereinander kennen lernen**

Je besser die Teammitglieder einander kennen, desto einfacher ist es für sie, individuelle Unterschiede zu tolerieren. Vor allem bei Neuzugängen sollten sich die Teammitglieder genügend Zeit nehmen, um sie kennen zu lernen.

- **Einander helfen**

In einem Team sind die Mitglieder aufeinander angewiesen. Indem man sich gegenseitig hilft, stärkt man den Teamgeist und verbessert den Kontakt untereinander.

- **Sich gegenseitig unterstützen**

Teammitglieder, die eine Formkrise durchmachen, verletzt waren oder private Probleme haben, brauchen die Unterstützung der Teammitglieder. Deren Unterstützung trägt wesentlich mehr dazu bei, wieder Normalform zu erreichen, als negativ oder kritisch zu sein oder Ärger über deren Schwächen zu zeigen.

- **Verantwortung übernehmen**

Wenn sich Misserfolge oder Schwierigkeiten einstellen, sollten sich die Mitglieder nicht beschweren, sondern konstruktiv an der Veränderung zum Positiven mitwirken, um sich selbst wieder auf den richtigen Weg zu bringen. Jeder übernimmt eine ihm angemessene Verantwortung, keinesfalls darf man die Schuld bei anderen suchen.

Der Beitrag der Einzelnen zum Teamzusammenhalt

- **Sich untereinander kennen lernen**
- **Gemeinsame Ziele setzen**
- **Sich verstehen und miteinander reden**
- **Einander helfen und loben**
- **Sich gegenseitig unterstützen**
- **Verantwortung übernehmen**
- **Offen sein zum Trainer**
- **Sich 100%ig einsetzen**
- **Konflikte sofort ansprechen**

Abb. 15: Beitrag des Einzelnen zum Teamzusammenhalt

- **Offen sein zum Trainer**

Je offener und ehrlicher sich das Verhältnis zum Trainer gestaltet, desto größer sind die Chancen, ein erfolgreiches und harmonisches Team zu werden.

- **Konflikte sofort ansprechen**

Teammitglieder, die Beschwerden haben oder untereinander streiten, sollten unmittelbar Initiativen ergreifen, um die Situation zu klären und die Sache zu bereinigen. Es ist wichtig, Konflikte und Probleme möglichst rasch zu lösen, da sich sonst Konfliktpotenzial anstaut, das sich explosionsartig entladen und den Zusammenhalt gefährden kann.

- **Sich 100%ig einsetzen**

Wenn Spieler mit gutem Beispiel vorangehen, wirkt das ansteckend auf die anderen. Volle Einsatzbereitschaft, vor allem auch im Training, hilft mit, den anderen näher zu kommen. Wer sich anstrengt, beweist, dass er seine volle Kraft für die Mannschaft zur Verfügung stellt.

1.6.6.5 Was der Trainer tun kann

Solange die Kommunikation zwischen Trainer und Sportler offen und ehrlich bleibt, können Trainer den Teamzusammenhalt auf vielfältige Weise stärken. Hierzu einige Hinweise (Abb. 16).

- **Effektive Verständigung**

Die Bedeutung kommunikativer Prozesse wird an mehreren Stellen dieses Buches hervorgehoben (siehe Kap. 1.3 und 1.6.6.6).

- **Klarstellen des Beitrags jedes Einzelnen für den Teamerfolg**

Trainer sollen jedem Mannschaftsmitglied dessen individuelle Rolle aufzeigen und die Bedeutung für die Mannschaft und den Erfolg hervorheben.

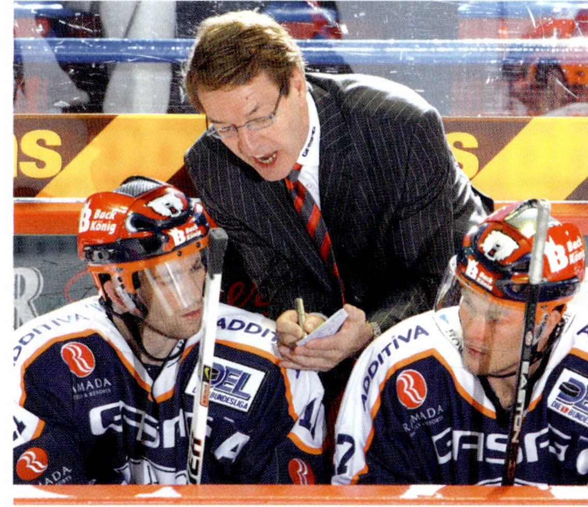

Je mehr Mannschaftsmitglieder ihre Rolle als unwichtig ansehen, desto apathischer und spannungsloser wird das Team. Der Trainer erläutert ihre Rolle für die Mannschaft und muss dafür sorgen, dass sie die Chance haben, sich in die Mannschaft einzubringen.

Spieler sollen auch das Rollenverständnis der anderen entwickeln. Dadurch verbessert sich das gegenseitige Verständnis, z. B. bei Fehlern oder Missverständnissen. Dem Trainer kommt es zu, dieses Verständnis zu erweitern. Spieler sollen aus Fehlern anderer lernen und die Schwierigkeiten anderer Rollen erkennen. Dadurch vertieft sich das Einfühlungsvermögen und die Bereitschaft zur gegenseitigen Unterstützung wird gestärkt.

Schaffen von Teamzusammenhalt

- **Effektive Verständigung**
- **Klarstellen der Rolle jedes Einzelnen für den Teamerfolg**
- **Förderung des Stolzes innerhalb der Mannschaftsteile**
- **Setzen von Teamzielen, die alle fordern**
- **Vertiefen der Teamidentität**
- **Verhinderung des Entstehens sozialer Cliquen**
- **Vermeidung zu häufigen Personalwechsels**
- **Ansetzung regelmäßiger Teamzusammenkünfte**
- **Sensibel bleiben für die Atmosphäre im Team**
- **Das Wissen um Persönliches**
- **Konflikte sofort zu lösen versuchen**
- **Vorbild sein**

Was der Trainer tun kann

Abb. 16: Das Schaffen von Teamzusammenhalt

- **Förderung des Stolzes innerhalb der Mannschaftsteile**

Sportler mit so genannten **„Wasserträgerfunktionen"** sollen stolz auf ihren Beitrag zum gemeinsamen Erfolg sein. Bei Sportarten mit hierarchischer Leistungsstruktur, z. B. bei Tischtennismannschaften, können auch die Spieler des hinteren Paarkreuzes stolz auf ihren Beitrag zum Gesamterfolg sein. „Ohne uns Underdogs seid auch ihr Stars machtlos!"

- **Setzen von Teamzielen, die alle fordern**

Ziele sollen so formuliert werden, dass von vornherein klar ist: Alle Mitglieder sind gefordert. Auch Ersatzspielern kann aufgezeigt werden, dass ihre Anwesenheit zum gemeinsamen Erfolg sehr wichtig ist.

Diese Ziele der Mannschaftsteile sollen sich mehr an den Fähigkeiten der Sportler orientieren und weniger an den Ergebnissen. Ein Führungsspieler sorgt beispielsweise für Ordnung und Ruhe in hektischen Situationen oder flexibel einsetzbare Spieler erfüllen Funktionen, die weniger spektakulär, aber für die Einheit des mannschaftlichen Geschehens notwendig sind.

- **Vertiefen der Teamidentität**

Mannschaften entwickeln ihre Identität durch die Abgrenzung und den Vergleich mit anderen Mannschaften.

Als soziale Einheit unterscheiden sich Mannschaften voneinander durch zwei Hauptkriterien:

a. durch äußere Merkmale und
b. durch die Identifikation der Mitglieder mit ihrem Team.

Gemeinsame Kleidung, gemeinsame Rituale, gemeinsames Auftreten im Training, bei den Mahlzeiten oder in der Öffentlichkeit demonstrieren nach außen die unverwechselbare Einheit einer Mannschaft.

Neben den äußeren Identitätsmerkmalen sind es vor allem innere Faktoren, die die Identitätsentwicklung und Identitätsfindung fördern.

- **Das Verhalten der Teammitglieder untereinander**

Das Verhalten der Teammitglieder untereinander ist besonders für den sozialen Zusammenhalt einer Mannschaft von Bedeutung. Gegenseitiger Respekt, Hilfsbereitschaft, freundlicher Umgangston, Anteilnahme an Schwierigkeiten anderer Mitglieder oder die Weitergabe von Informationen, die für alle hilfreich sind, vertiefen die Identifikation der Mitglieder mit ihrem Team.

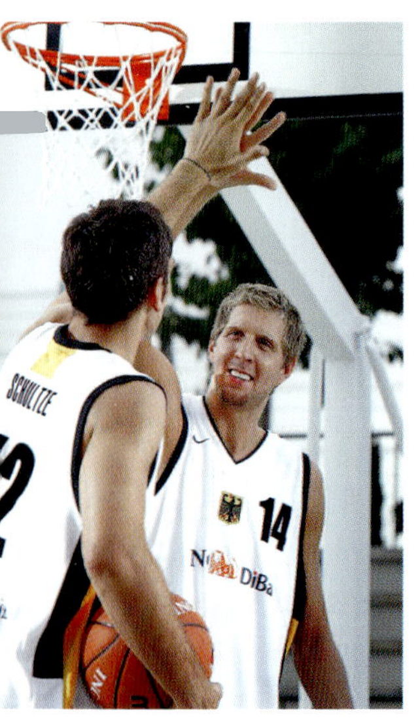

Auch die gemeinsame Behebung von Unzufriedenheit einzelner Mitglieder oder die Beseitigung von Konflikten und Missverständnissen verstärken die Solidarität der Spieler untereinander und damit die Teamidentität.

- **Gemeinsames Können**

Was können wir, was andere nicht können?
Wo liegen unsere Stärken? Was zeichnet uns besonders aus?
Wo liegen die Gründe für unsere gemeinsamen Erfolge?

Die ermittelten Stärken können auf ein Plakat geschrieben werden und dadurch den Spielern dauerhaft ins Bewusstsein gerückt werden.

Aber auch das Bewusstsein der Schwächen trägt zur Vertiefung der Identität bei.

Die Mannschaft erkennt z. B.: Wir haben Schwächen in der Abwehr, uns fehlt ein Spielmacher, wir verlieren phasenweise die Konzentration, manchmal fehlt es an der Rollenabstimmung u .a. m.

Solch bewusst erkannten Schwachstellen können die Spieler zusätzlich motivieren, ihre Kräfte im Sinne des gemeinsamen Ziels noch stärker zu mobilisieren.

- **Gemeinsame Einstellungen und Werte**

Weiterhin sollte eine Mannschaft herausfinden, welche Einstellungen und Werte von den Teammitgliedern geteilt werden.

Dabei geht es weniger um ethisch-moralische Werte, sondern um solche, die sich im Trainings- und Wettkampfalltag leben lassen.

Beispiele:

„Wir lassen uns nicht provozieren." „Wir setzen uns stets 100%ig ein." „Wir gehen fair miteinander um. Wir sprechen Konflikte sofort an, aber wir beschimpfen uns nicht." „Wir sind pünktlich und zuverlässig. In unserer Mannschaft kann sich einer auf den anderen verlassen. Wenn jemand ein Problem hat, helfen wir ihm."

- **Verhinderung sozialer Cliquen**

Während der Stolz der Mannschaftsteile oder der Untergruppen, z. B. in der Leichtathletik die Werfer oder die Springer, wesentlich zum Zusammenhalt beiträgt, kann sich die Bildung von Cliquen innerhalb der Mannschaft negativ auswirken.

Spielercliquen bilden sich, wenn das Team verliert, wenn Erwartungen nicht erfüllt werden und Frustrationen entstehen oder wenn der Trainer Sportler unterschiedlich beachtet, sodass sich die falsch behandelten Spieler zusammenschließen und sich von den anderen entfernen. Cliquenbildung wirkt sich meist störend auf das Team aus. Deshalb sollte der Trainer frühzeitig den Grund herausfinden, um weitere Cliquenbildung zu vermeiden. Dies kann z. B. dadurch geschehen, dass auf Reisen die Zimmerverteilung wechselt oder Spieler mit anderen Aufgaben betraut werden.

- **Häufigen Personalwechsel vermeiden**

Häufiger Personalwechsel verhindert, dass sich die Spieler untereinander kennen lernen und gegenseitig Kontakt aufbauen. Die Einordnung in die Hierarchie oder das Rollenverständnis für die eigene Aufgabe und die Funktion der anderen wird erschwert. Lässt sich der Wechsel nicht vermeiden, werden z. B. neue Spieler aufgenommen, sollten ältere oder erfahrene Spieler mithelfen, die Neuen im Team zu integrieren. Neuankömmlinge sollten in offener und ehrlicher Art erfahren, welche Erwartungen die Mannschaft an sie und ihre Aufgabe stellt.

- **Regelmäßige Teamzusammenkünfte**

Die Teammitglieder sollten Gelegenheit erhalten, über Probleme und Konflikte zu diskutieren, bevor diese zu ernsten Störungen heranwachsen. Ein Team kann seine internen Konflikte nur lösen, seine Reserven nur mobilisieren und innovative Handlungen vollbringen, wenn es die Möglichkeit hat, seine Erfahrungen immer wieder neu zu bewerten. Nur so kann man aus Fehlern lernen, neue Ziele finden, andere Wege einschlagen oder das Beibehalten des Bewährten diskutieren.

Zuweilen kann es für die Offenheit der Kommunikation günstig sein, wenn sich der Trainer zurückzieht und die Mitglieder sich selbst überlässt, um sich im Anschluss daran über das Ergebnis informieren zu lassen.

- **Sensibel bleiben für die Atmosphäre im Team**

Das Klima in der Mannschaft, die Atmosphäre und die Stimmung, lässt sich häufig nur intuitiv erfühlen. Ein Trainer sollte ein feines Gespür entwickeln, ob die Spieler offen miteinander umgehen oder ob versteckte Animositäten, Missstimmungen, Streitbereitschaften oder schwelende Konflikte den Zusammenhalt bedrohen.

Es ist schwierig, auf Probleme der Spieler angemessen zu reagieren, wenn man sie nicht kennt.

Teammitglieder mit höherem Status können als Verbindung zwischen Trainer und Mannschaft wirken und so dem Trainer helfen, Gefühle, Einstellungen und Bewertungen der Mitglieder zu erfahren. Ein guter, emotionaler Kontakt zwischen Trainer und

Mitgliedern ermöglicht es, Ideen, Meinungen und Gefühle, d. h. all das, was im Team vor sich geht, zu erkennen und für weitere Aufgabenstellungen zu berücksichtigen.

- **Das Wissen um Persönliches**

Teammitglieder schätzen es, wenn sich der Trainer auch für Dinge ihres Lebens außerhalb des Teams interessiert. Kleine Ereignisse, z. B. zum Geburtstag gratulieren oder das Interesse für familiäre Veränderungen, zeigen den Mitgliedern, dass sich der Trainer mit ihnen beschäftigt.

Der Trainer sollte auch über negative persönliche Ereignisse wie Scheidung, das Auseinanderbrechen von Beziehungen, Probleme in der Schule oder im Beruf, unterrichtet sein und sich Zeit nehmen, zuzuhören.

- **Konflikte möglichst sofort lösen**

Ein gelöster Konflikt bietet die Chance für neue gemeinsame Maßnahmen. Je früher Konflikte erkannt und bereinigt werden, desto geringer ist die Gefahr, dass sie sich schließlich explosionsartig entladen.

- **Vorbild sein**

Der Trainer hat eine Vorbildfunktion zu erfüllen. Er kann z. B. nur Disziplin verlangen, wenn er sich auch selbst diszipliniert verhält. Man kann die Spieler nicht zur Ruhe ermahnen, wenn man selbst aufgeregt herumgestikuliert.

Auch das Eingestehen von Fehleinschätzungen oder Fehlern gehört zur Vorbildfunktion eines Trainers. Dadurch erfahren die Spieler, dass der Trainer aufrichtig ist und versucht, seine Arbeit für das Team stets als neue Herausforderung zu erfassen.

1.6.6.6 Mannschaftsgespräche

Mannschaftsgespräche dienen der Erhaltung und Vertiefung des Teamgeists, dem Austausch von Informationen, der Planung, der Korrektur, der Verbesserung der Beziehung zum Trainer oder zur Aufmunterung und Motivierung in schwierigen Situationen (Syer/Connolly 1987).

Sie geben die Möglichkeit, Probleme oder Missverständnisse zwischen den Spielern auszuräumen, Erwartungen der Spieler und des Trainers aufeinander abzustimmen und zu überprüfen, ob die Einzelziele der Spieler noch mit der Mannschaftszielstellung übereinstimmen.

Mannschaftstreffen und Mannschaftsgespräche sollen zeitlich, inhaltlich und organisatorisch geplant sein. Im Wesentlichen kann man drei Gesprächsformen unterscheiden, je nachdem, ob es sich mehr um die Beziehung Trainer-Spieler oder um das Verhältnis der Spieler untereinander handelt (Abb. 17).

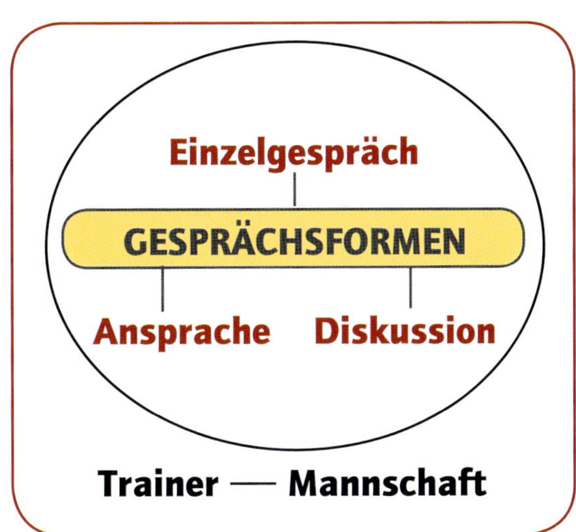

Abb. 17: Gesprächsformen

1.6.6.7 Die Ansprache

Bei der Ansprache hat nur der Trainer das Wort. Diskussionen sind abgeschlossen (Abb. 18).

Organisationsform: Die Organisationsform ist frontal, d. h., die Spieler sitzen in der Regel nebeneinander und der Trainer steht vor ihnen.

Zeitpunkt: Die Ansprache erfolgt direkt vor dem Spiel oder am Ende der Pause.

Inhalt: Der Trainer nimmt Bezug auf gemeinsame Erkenntnisse oder Beschlüsse, die im Vorfeld, z. B. im Lauf der Woche, gefasst wurden. Die Informationen sind kurz und gedrängt und beziehen sich auf bereits bekannte Informationen. Neue Informationen, die unter Umständen notwendig sind, sollen klar und direkt angegeben werden. Die Ansprache sollte auch psychologische Auswirkungen haben, indem

- **unsicheren Spielern die Ängstlichkeit genommen wird.**
- **aufgeregte Spieler beruhigt werden.**
- **apathische oder zu ruhige Spieler motiviert werden.**
- **allen Spielern noch einmal bewusst wird, dass sie eine Einheit bilden und durch gemeinsame Anstrengung mehr erreicht werden kann, als sie für sich selbst glauben.**

Ansprache

Trainer ⟷ Spieler

Organisation:	Frontal: • vor dem Spiel • vor der Mannschaft • in der Pause
Inhalt:	taktisch – konstruktiv – motivierend
Form:	klar – verständlich – zusammenfassend
Vorteil:	• Präzise Informationen • Stärkung des Mannschaftsbewusstseins • Optimismus, Sicherheit
Nachteil bei zu häufiger Anwendung:	• Passivität der Spieler • Abnahme der Verantwortung • „Verlassen auf die Mannschaft" • Keine Rückmeldung

Abb. 18: Ansprache

Wichtig: Die Wirkung der Ansprache hängt auch von der Reihenfolge der Inhalte ab:

a) Erst die taktischen und strategischen Gesichtspunkte darlegen.
b) Anschließend durch aufmunternde, motivierende Worte die Spieler emotional anregen und in Stimmung versetzen („Auf geht's!", „Ihr seid gut drauf!").

Die umgekehrte Reihenfolge kann dazu führen, dass die Spieler durch die nüchterne Darbietung taktischer Richtlinien emotional abbauen und sich vielleicht wieder Zweifel einstellen.

Vorteil der Ansprache: Klare Richtlinien, jeder Spieler fühlt sich angesprochen, gemeinsame Stärke wird betont.

Nachteil der Ansprache: Trainer, die sich nur über Vorträge und Ansprache an die Spieler wenden, laufen Gefahr, dass die Spieler zu passiven Zuhörern werden und ihre persönliche Verantwortung zurückschrauben. Sie verlassen sich auf die Mannschaft, ohne ihre Individualität zu entfalten und diese in den Dienst der Mannschaft zu stellen.

1.6.6.8 Die Diskussion

Eine Mannschaft kann nur funktionieren, wenn alle Mitglieder das gleiche Ziel haben, wenn das Verständnis der Mitglieder untereinander möglichst gut ist, wenn eine positive Stimmung herrscht und alle Spieler wissen, welche taktischen und strategischen Aufgaben sie selbst und die Partner zu vollbringen haben. Dieses innere Verständnis kann am besten durch gemeinsame Diskussion erreicht werden (Abb. 19).

Der Trainer sollte dafür sorgen, dass Diskussionen sowohl über das Verhältnis der Spieler untereinander stattfinden als auch aufgabenbezogene Gespräche geführt werden. Die Aufteilung in kleinere Gruppen hat gegenüber der Ansprache vor der Mannschaft Vorteile sowohl im sozialen als auch im Leistungsbereich.

In Bezug auf den Teamgeist haben kleinere Gruppen mehrere Vorteile:

- Die einzelnen Spieler können ihre Erwartungen deutlich machen und erfahren, was die anderen von ihnen erwarten. Dadurch können Missverständnisse konstruktiv beseitigt werden.
- Spieler vertiefen ihre persönlichen Bindungen, vor allem mit den Spielern, mit denen sie im Spiel zusammen agieren.
- Das Verständnis sowohl mit Spielern gleicher Aufgabenstellung, z. B. die Verteidiger untereinander, als auch mit Spielern, mit denen man zusammenarbeiten muss, z. B. die Verteidiger mit den Mittelfeldspielern, wird vertieft.

Diskussion

Spieler ⟷ Spieler ⟷ Trainer

Organisation:

Kreisform

Zusammensetzung:

- Dreier-/Vierer-/Fünfergruppen
- Willkürlich
- Erfahrene – Unerfahrene
- Mannschaftsteile – untereinander
- Mannschaftsteile – miteinander

Inhalt:

Aufgabe – Teamgeist

- „Was haben wir gut gemacht?"
- „Was haben wir schlecht gemacht?"
- „Was können wir besser machen?"
- Konflikte – Taktik – Strategien

Was kann jeder Einzelne tun, um der Mannschaft zu helfen?

Abb. 19: Diskussion

- Spieler kommen in kleineren Gruppen leichter zu Wort. Auch zurückhaltende und gehemmte Spieler können ihre Meinung äußern. Spieler, die ihre Meinung äußern dürfen, fühlen sich der Mannschaft stärker zugehörig, sie empfinden sich mehr als Teil der Mannschaft.
- Das Selbstvertrauen der Spieler wird verstärkt, wenn Sie erleben, dass ihnen die anderen zuhören und ihre Meinung ernst genommen wird.

Nachteile können entstehen, wenn Diskussionen in persönliche Auseinandersetzungen oder aggressive Vorwürfe ausarten.

Deshalb muss von vornherein klargestellt sein, dass der Sinn in der Verbesserung des gemeinsamen Verständnisses, des Verstehens untereinander und dem Ausfindigmachen bestmöglicher, gemeinsamer Lösungen besteht.

Der Trainer kann die thematischen Inhalte vorgeben, z. B.: „Was kann jeder Einzelne tun, um die Kommunikation untereinander zu verbessern"? oder: „Welche Fehler sind aufgetreten und was können wir tun, um das nächste Mal erfolgreicher zu sein?"

Bei der Einteilung in Gruppen sollte man darauf achten, dass die Spieler mit möglichst vielen Mitspielern Kontakt aufnehmen können. Auf der anderen Seite ist es für Spieler wichtig, sich Mannschaftsteilen zugehörig zu fühlen. Diskussionen in Untereinheiten können ein spezifisches Zugehörigkeitsgefühl zu dieser kleinen Gruppe stärken und damit in den gesamten Mannschaftsgeist einfließen.

Deshalb ist es wichtig, die Gruppen nach der Diskussion wieder zusammenzuführen. Jede Gruppe teilt im Anschluss an die interne Diskussion mit, womit sie sich beschäftigt hat und ob sie zu Lösungen gelangt ist. Dies kann zu neuen Diskussionen mit anderen Mannschaftsteilen führen und zum Thema weiterer Aussprachen gemacht werden.

- **Willkürliche Zusammensetzung**

Spieler erhalten Gelegenheit, Einfallsreichtum und Fantasie zu entwickeln. Jede Idee ist willkommen, auch wenn sie vielleicht nicht unmittelbar realisierbar ist. Wer sich nicht traut, seine individuelle Meinung außerhalb des Spielfelds zu äußern, wird auch auf dem Spielfeld keine Ideenvielfalt und Flexibilität hervorbringen.

Gelegentlich sollten alle Mannschaftsmitglieder, einschließlich der Ersatzspieler und der Verletzten, über ein Thema oder das letzte Spiel diskutieren. Dadurch wird das Zusammengehörigkeitsgefühl aller diskutiert, die nichtaktiven Spieler erfahren und erleben, dass sie Teil dieser Mannschaft sind und bleiben.

- **Einteilung in Dreier-, Vierer- oder Fünfergruppen**

Die Einteilung in kleinere Diskussionsgruppen erfolgt durch den Trainer. Günstig ist es, Teilnehmer zusammenzustellen, die auch auf dem sportlichen Feld zusammenarbeiten. Neben den fachlichen Inhalten bildet sich in Untergruppen ein eigenes Zusammengehörigkeitsgefühl innerhalb der Mannschaft. Dies bedeutet keine negative Cliquenbildung, da sich diese Gruppen ihrer gemeinsamen Aufgabe bewusst sind und ihre Zugehörigkeit zur Mannschaft besonders betonen.

Bei der Zusammensetzung von kleinen Diskussionsgruppen sind die anstehenden Probleme zu beachten:

- Konfliktparteien sollen sich ohne Trainer über ihre unterschiedlichen Meinungen unterhalten, ihre Standpunkte deutlich machen und positive Lösungen für die Mannschaft finden.
- Spieler, die auf dem Spielfeld zusammenarbeiten, können ihr Verhalten noch besser aufeinander abstimmen.
- Die Zusammenführung von erfahrenen und unerfahrenen, von älteren und jüngeren Spielern dient sowohl sportlichen Zielen als auch der Einbindung der Jüngeren und der Stärkung ihres Selbstvertrauens.
- Wortkarge und gehemmte Spieler kommen zu Wort und verlieren Unsicherheiten und Ängste durch die freie Aussprache, ohne negative Konsequenzen befürchten zu müssen.

Die Inhalte bei Diskussionen sollten mit positiven Erläuterungen beginnen. Die Gruppen stellen z. B. klar: „Was haben wir besonders gut gemacht?", „Was haben wir falsch gemacht?" Im Anschluss erfolgt die Diskussion. „Was können wir daraus lernen?", „Was können wir tun, um das taktische Konzept am besten zu verwirklichen?" Besonders bedeutsam sollte auch die Frage sein: „Was können wir tun, um den anderen zu helfen?" Aber auch: „Was erwarten wir von den anderen?" Die Zeitspanne der Diskussionen wird von vornherein festgelegt, z. B. 15-20 Minuten. Im Anschluss an die interne Diskussion berichtet jede Gruppe über ihr Ergebnis.

- **Organisation**

Bei Diskussionen in kleinen Gruppen wird nach dem **„Prinzip des runden Tisches"** verfahren. Stühle können im Kreis aufgestellt sein oder man sitzt an einem Tisch, sodass jeder jeden sehen kann. Die Form eines Kreises gilt als Symbol für Einheit, deshalb sollte bei Diskussionen auch der Trainer im Kreis sitzen. Bei einer Ansprache, wo sich jeder Spieler betroffen fühlen soll, steht der Trainer vor der Mannschaft.

1.6.6.9 Das Einzelgespräch

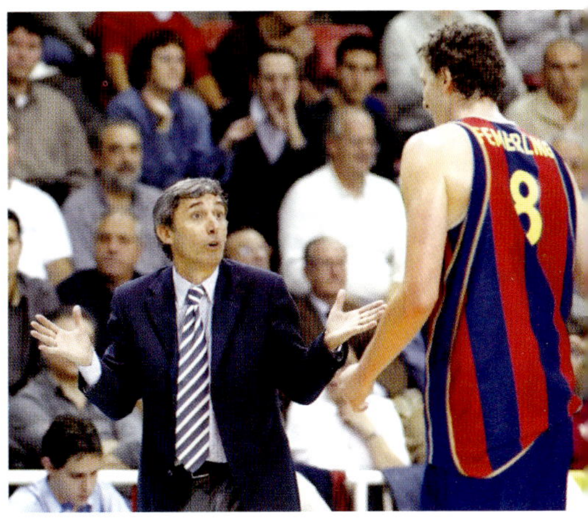

Die Bedeutung des Einzelgesprächs soll eine kleine Begebenheit deutlich machen.
Ein Spieler fällt durch seine gedrückte Stimmung auf. Ein Mitspieler erhält auf seine Frage: „Fehlt dir was?", zur Antwort: „Nein! Aber der Trainer hat seit Tagen nicht mehr mit mir gesprochen!"

Zwei Tage später kommt er in deutlich gelöster Stimmung zum Training. Auf die launische Frage, ob er denn Geburtstag habe, antwortet er: „Nein, aber ich habe heute mit dem Trainer ein Gespräch geführt! Das hat mir ziemlich gut getan!" „Worüber habt ihr euch unterhalten?", „Über das Wetter und ob ich gut geschlafen habe."

Das wichtigste Kommunikationsmittel zwischen Spieler und Trainer ist das Gespräch. Häufige Gespräche fördern Verständnis und Sympathie, seltene Gespräche erzeugen Unsicherheit und Distanz.

Das Gespräch hat dreierlei Funktionen:

- **Vertiefung der menschlichen Beziehung**
- **Vermitteln von Informationen**
- **Sicherung des Selbstvertrauens** (Abb. 20).

Obiges Beispiel soll deutlich machen, dass ein Gespräch, auch ohne Fachbezogenheit, dem Spieler aufzeigt, dass der Trainer ihn als Persönlichkeit achtet, ihn als Gesprächspartner schätzt und bereit ist, sich mit dem Spieler auszutauschen.

Im Einzelgespräch kann der Trainer gezielt auf jeden Spieler eingehen. Dabei können sowohl sportliche Fragen als auch private und menschliche Probleme zur Sprache kommen.

- **Vermitteln von Informationen**
- **Vertiefen menschlicher Beziehungen**
- **Stabilisieren des Selbstvertrauens**

Einzelgespräch
Trainer ↔ Spieler

- **Ermutigung:** **„Versuche es!" „Du kannst es!"**
- **Information:** **„Achte besonders auf ...!"**
- **Verstärkung:** **„Das hast du gut gemacht!"**
- **Bestätigung:** **„Weiter so!"**
- **Drohung:** **„Verhalte dich so ..., sonst ...!"**

Abb. 20: Einzelgespräch

Als Ort und Zeit eignet sich die Phase vor dem Training, nach der Aufwärmphase oder auch auf dem Spielfeld während gelegentlicher Trainingspausen.

Einzelgespräche sollen mit Bedacht geführt werden und sich nach der Verfassung, dem Problem und der Aufgabe richten, die für den Einzelspieler zutreffen.

- Selbstunsichere Spieler, die sich überfordert fühlen, aber aus der Sicht des Trainers der Aufgabe gewachsen sind, werden **ermutigt** und in ihrem Selbstbewusstsein gestärkt. Der Trainer verweist auf ihre Stärken und erläutert noch einmal die Aufgabe.

  Dabei ist allerdings darauf zu achten, dass der Trainer den Spieler nicht unter zusätzlichen Erwartungsdruck setzt und damit das mangelnde Selbstvertrauen noch mehr verstärkt.
- Zuverlässige Spieler werden in ihrer Aufgabe bestätigt. Das Gespräch mit dem Trainer wirkt motivierend und macht den Spielern ihre Bedeutung für die Mannschaftsleistung bewusst.
- Eine wichtige Funktion des Einzelgesprächs stellt die **Information** dar. Spieler verlangen variables Verhalten. Je nach Taktik und Gegner haben Spieler besondere Aufgaben zu verrichten. Der Trainer verdeutlicht die Anforderungen und gibt dem Spieler das Gefühl, die Aufgabe bewältigen zu können, wenn er sich an die Absprache hält.

  Auch hier gilt: Die Aufgabe kann schwierig sein, muss aber aus der Sicht des Spielers lösbar erscheinen. Nur dann hat sie den Charakter der Herausforderung. Erscheint sie als zu schwierig, stellt sich Angst ein. Diese Gefahr kann durch eine offene Aussprache zwischen Trainer und Sportler vermieden werden.
- Spieler, die im Training oder im Wettkampf erfolgreiche Handlungen abgeschlossen haben, sollen vom Trainer eine **unmittelbare positive Rückmeldung** erhalten. „Das hat hervorragend geklappt!", „Stelle dir diese Situation noch einmal vor!" Durch Verstärkung des erfolgreichen und erwünschten Verhaltens steigt die Wahrscheinlichkeit, dass der Spieler in ähnlichen Situationen die erfolgreiche Handlung wiederholt. Weiterhin steigt durch die Bewusstmachung der gelungenen Aktion das Selbstvertrauen und die innere Sicherheit.
- Spieler, die durch Unbeherrschtheit und Disziplinlosigkeit das Mannschaftsziel gefährden, sollen im Einzelgespräch eindringlich auf **mannschaftsdienliches Verhalten** hingewiesen werden. Dazu ist häufig ein längeres Gespräch notwendig, bei dem der Trainer den Spieler auffordert, sich die Situation, in der er sich nicht unter Kontrolle hatte, noch einmal vorzustellen. Im weiteren Fortgang dieser Vorstellungsarbeit wird der Spieler aufgefordert, sich vorzustellen, wie er sich kontrolliert verhält, sich nicht provozieren lässt und sein Verhalten nach dem Mannschaftsziel ausrichtet. Gelingt es ihm, sich dieses positive Verhalten mental zu vergegenwärtigen, wird er auch in der Realsituation seine aggressiven Impulse leichter unter Kontrolle halten können.

1.7 Krisensituationen

In Krisensituationen kommt es zu Leistungsschwankungen, zu Unsicherheiten der Mannschaftsmitglieder in Technik und Taktik, zu Verunsicherungen im Hinblick auf die tatsächliche eigene Leistungsfähigkeit und damit zu Zweifeln, ob die gesetzten Ziele noch erreicht werden können.

Unerwartete Niederlagen und eine negative Berichterstattung durch die Medien erhöhen den Leistungsdruck und verstärken die innere Verunsicherung bis hin zu zaudernder Ängstlichkeit.

Die Ursachen von Krisensituationen können sehr komplexer Natur sein. Sowohl konditionelle, spielerische, technische und taktische als auch psychische Faktoren spielen eine Rolle (siehe Kap. 1.8 „Formkrisen").

Wesentlicher Einfluss zur Behebung der Krise kommt dem Trainerverhalten und den führenden Mannschaftsmitgliedern zu. Gerade in Krisenzeiten bedürfen jüngere oder ängstlichere Sportler bzw. Spieler der Unterstützung starker, erfahrener Persönlichkeiten. Klare Aufgabenstellungen sind erforderlich und realistische Zielsetzungen sollen Richtlinien des Handelns sein.

Krisenzeiten sind dadurch gekennzeichnet, dass z. B. die Spieler nicht mehr davon überzeugt sind, mit den ihnen zur Verfügung stehenden Mitteln die gewünschten Ziele zu erreichen.

Ein probates Mittel stellt häufig die Auswechslung des Trainers dar. Stellen sich anschließend wieder Erfolge ein, hängt es meist weniger am fachlichen Können des neuen Trainers, der nach Amtsantritt kaum Zeit und Gelegenheit hatte, effektiv auf die Mannschaft einzuwirken. Häufig ist die Freisetzung des Leistungspotenzials auf das Aufbrechen eingefahrener, mentaler Blockaden, die sich im Lauf der Zeit durch die Person des scheidenden Trainers ausgebildet haben, zurückzuführen.

Kreativität, Spielfantasie und Synergieeffekte können durch länger anhaltende, gleichartige Spiel- und Trainingskonzepte auf der Strecke bleiben.

Der „Reiz des Neuen", der dem neuen Trainer anhaftet, ist dann der eigentliche Grund für die neu motivierte Mannschaft und für die Freisetzung unterdrückter oder nicht abgeforderter Kräfte.

Ursachen der Krise

- Ein Trainer soll sich zunächst selbst hinterfragen, ob die Krise in der **„Abnützung" seiner Person** oder seiner **Trainingsmaßnahmen** zu sehen ist. Er muss sich darüber klar sein, dass Gewohnheitshandlungen und Routinemaßnahmen verhindern, dass die Spieler persönliche Impulse einbringen und dadurch die Mannschaftsdynamik langsam erstarrt.
- Die Gründe für das Entstehen der Krise sollte der Trainer gemeinsam mit den Spielern aufdecken, um sie mit in die Verantwortung und in Lösungen einzubeziehen. **„Benenne das Problem"**, sollte die Devise lauten, denn das Erkennen der Ursachen der gegenwärtigen unerfreulichen Situation bietet die bestmögliche Aussicht für konstruktive Maßnahmen.
- Die Mannschaft sollte nicht dauernd über ihr Problem nachgrübeln. Dies führt nur zur weiteren Verunsicherung und begründet das Entstehen emotionaler Blockaden, z. B. bildet sich die Einstellung: „Da kommen wir sowieso nicht mehr heraus" oder: „Wir sind einfach nicht gut genug!"

Krisenbewältigung

Um das Entstehen mentaler Blockaden zu verhindern, ist es sinnvoll, sich mit anderen Tätigkeiten zu beschäftigen, um die Gedanken zu lösen und sich emotional zeitweise zu entlasten.

Darin liegt auch der Sinn begründet, z. B. andere Trainingsorte aufzusuchen, andere Spiele oder Spielformen auszuprobieren, andere Sportarten zu betreiben, jedoch stets unter der Voraussetzung, dass die Spieler an diesen Tätigkeiten Freude haben.

Schlechte Laune, Missstimmungen oder Zwang zum Mitmachen sind strikt zu vermeiden. Auch wenn es schwer fällt, sollte in Krisenzeiten versucht werden, Tätigkeiten zu finden, die Spaß machen, Freude bereiten, gute Laune verbreiten. Positive Gefühle können die Wegbereiter der Zuversicht sein, die Krise bald zu bewältigen.

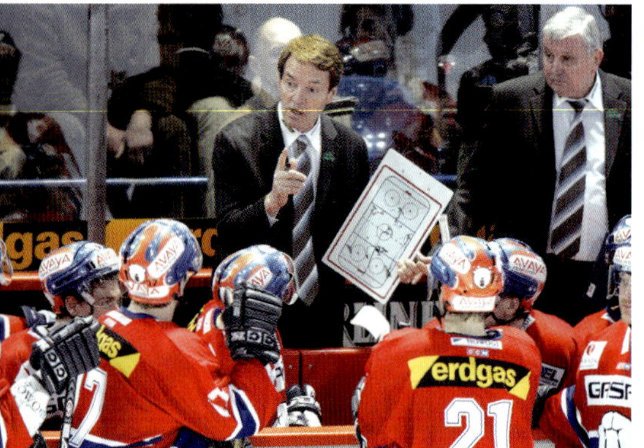

Von entscheidender Bedeutung kann es sein, sich aus der gewohnheitsmäßigen Routine zu lösen und neuartige Ziele zu formulieren, die im Training und im Wettkampf er-reicht werden können. Neuartige Zielstellungen schaffen Neugier und Spannung. Sie motivieren die Spieler, es noch einmal mit allen Kräften zu versuchen.

Krisensituationen

Vermeidungsanweisungen

1. „Wir dürfen das nächste Spiel nicht verlieren!"
2. „Wir dürfen nichts riskieren!"
3. „Wir müssen vermeiden, ein Gegentor zu kassieren!"
4. „Wir dürfen keine gelben Karten provozieren!"
5. „Es darf nicht so oft gewechselt werden!"
6. „Lasst dem Gegner nicht so viel Raum!"
7. „Lasst euch nicht provozieren!"

POSITIV!

Handlungsziele

1. „Wir werden das nächste Spiel gewinnen!"
2. „Wir spielen sicher und konzentriert!"
3. „Wir greifen die gegnerischen Stürmer konsequent an!"
4. „Wir spielen hart, aber fair!"
5. „Die Mannschaftsaufstellung bleibt bestehen!"
6. „Greift früh an, deckt so nah wie möglich!"
7. „Bleibt beherrscht und souverän, auch wenn der Gegner euch provoziert!"

Abb. 21: Krisensituationen

Ziele sollen als **Handlungsziele** und **nicht als Vermeidungsziele** formuliert werden (Abb. 21). Selbstvertrauen und Erfolgszuversicht sind an konkrete Ziele gebunden, die eine Sogwirkung ausüben, die zu Anstrengung und Einsatz motivieren, Halt und Selbstvertrauen geben.

Manche Trainer verfallen in Krisenzeiten in falsches Sicherheitsdenken und formulieren ihre Absichten als Vermeidungsziele, z. B.: „Nicht zu weit nach vorn aufrücken!", „Kein Risiko eingehen!", „Keine groben Fouls begehen!" oder: „Lasst dem Gegner keinen Raum!" Für jüngere, unerfahrene Spieler sind solche Aussagen wenig hilfreich, da sie ihnen nicht aufzeigen, wie sie sich tatsächlich verhalten sollten. Vermeidungsanweisungen erhöhen die Unsicherheit, vor allem dann, wenn die Spieler keinen Fortschritt erkennen. Positive Handlungsziele wirken weiterhin motivierend, da sie dem Spieler das offensive Bewusstsein vermitteln: „Noch haben wir es nicht erreicht, aber wir können es schaffen!"

Negative Formulierungen wie: „Nicht nach vorne aufrücken!", „Bleib nicht links stehen!" oder: „Kein Risiko eingehen!", werden in eine zielorientierte, handlungswirksame Fassung gebracht: „Konzentriere dich auf deine Aufgabe im Rückraum!", „Geh mit nach vorn!" oder: „Spielt sicher und konzentriert!"

Je einfacher verbale Anweisungen in Handlungen übersetzt werden können, desto wirksamer sind sie und desto unmittelbarer können die Spieler reagieren.

1.8 Formkrisen

Von einer **Formkrise** wird häufig gesprochen, wenn eine Mannschaft nach längerer erfolgreicher Phase, ohne äußerlich erkennbare Gründe, plötzlich mehrere Niederlagen hinnehmen muss.

Grundsätzlich ist jedoch zu beachten, ob es sich um eine objektive oder um eine relative Verschlechterung der Leistungen handelt. Bei koagierenden Mannschaften, bei denen die Leistung der Einzelnen objektiv feststellbar ist, z. B. bei einer Skispringermannschaft oder einer Turnmannschaft, kann man erst von einer Krise sprechen, wenn die bisher geleisteten Punktzahlen nicht mehr erreicht werden.

Bei interagierenden Mannschaften, z. B. im Fußball oder Handball, sollte von einer Formkrise erst gesprochen werden, wenn die Ursache der Niederlagen nicht in der Stärke des Gegners zu suchen ist, sondern wenn deutlich zu erkennen ist, dass die Mannschaft, unabhängig vom negativen Ergebnis, in ihrer Handlungsqualität nicht mehr das bisherige Niveau erreicht.

Wenn äußere Faktoren, z. B. Verletzungen, Vereinskonflikte oder Trainingsausfall, nicht in Frage kommen, die Mannschaft im Grunde genommen unter den gleichen Bedingungen trainiert und spielt wie in ihrer erfolgreichen Zeit, bedarf es der Aufklärung innerer, d. h. psychischer Ursachen (Abb. 22).

Formkrise

Erscheinung	**Abnahme**	**Zunahme**
	• Kreativität	• Ablenkbarkeit
	• Risikobereitschaft	• Begrenzendes Denken
	• Ideenreichtum	• Sicherheitsdenken
	• Spielfreudigkeit	• Ideenlosigkeit
	• Konzentration	• Selbstbezogenheit
	• Selbstvertrauen	

Ursachen?

- Motivationsverluste?
- Spielerischer Abfall?
- Verbesserte Anpassung der Gegner?
- Zeitpunkt? Wann?
- Verlauf vorher? Entwicklung? Wie?
- Wodurch? (Konflikte, Trainer, Gegner, Ziele u.a.?)

Behebung

- Aussprache (Spieler ↔ Spieler)
- Problem benennen
- Ziele überdenken
- Methoden und Inhalte abstimmen
- Neue Reize setzen
- Eingefahrene Denkweisen durchbrechen
- Erfolgserlebnisse organisieren
- Wir-Gefühl stärken

Abb. 22: Formkrise

1.8.1 Erscheinung

Es gibt einige Anhaltspunkte, die auf eine Formkrise schließen lassen. Dabei geht die Abnahme wünschenswerter Merkmale einher mit der Zunahme negativer Phänomene.

Abnahme

- **Kreativität:** Die Spieler beschränken sich auf bewährte Spielzüge und scheuen sich davor, neue oder unerwartete Spielzüge auszuprobieren.
- **Risikobereitschaft:** Die Risikobereitschaft, z. B. einen langen Pass zu spielen oder einen Gegenspieler in eigener Initiative selbstbewusst zu umspielen, lässt deutlich nach.
- **Spielfreude:** Die Mannschaft verliert die Gelöstheit im Umgang mit dem Ball und die Leichtigkeit im Zusammenspiel mit den Mitspielern. Die Abnahme der Spielfreude zeigt sich in langsamerer Reaktionsbereitschaft, Kraft raubendem, körperlichem Einsatz und übergroßer Ernsthaftigkeit.
- **Konzentration:** Der Wille, sich zu konzentrieren, ist zwar vorhanden, Unsicherheiten und Ängstlichkeiten verhindern jedoch, dass sich die Konzentration auf offensive Spielzüge richtet. Die Spieler sind merklich abgelenkt, Fehlpässe und Fehlhandlungen häufen sich.
- **Selbstvertrauen:** Das Selbstvertrauen sinkt mit jeder Fehlleistung, insbesondere, wenn die Krise andauert.

Zunahme

Mit den erwähnten Faktoren geht die Zunahme negativer Verhaltensbedingungen und -weisen einher.

- **Ablenkung**
  Die Spieler lassen sich leicht ablenken und suchen häufig in äußeren Faktoren eine Entschuldigung. Platzverhältnisse, Zuschauerreaktionen oder eine falsche Aufstellung wird dann als Entschuldigung für schlechte Leistung genannt.

- **Begrenzendes Denken**
  Die Gedanken der Spieler drehen sich nur noch um das anstehende Problem. Je länger dieser Prozess anhält, desto eingeengter werden die Gedanken bis hin zu ernsthaften mentalen Sperren, die jegliche Kreativität unterdrücken.

- **Sicherheitsdenken, Ideenlosigkeit**
  Die Spieler konzentrieren sich mehr darauf, keine Fehler zu machen. Risikoreiches Verhalten oder Ideen, die unter Umständen fehlschlagen, werden aus Angst vor Schuldzuweisungen vermieden.

- **Selbstbezogenheit**
  Sofern es dem Trainer nicht gelingt, den mannschaftlichen Zusammenhalt zu gewährleisten, nimmt die Selbstbezogenheit der Spieler zu. Spieler denken dann weniger an die gemeinschaftliche Leistung als vielmehr daran, sich selbst aus der Verantwortung für den Misserfolg herauszunehmen.

1.8.2 Ursachen der Formkrise

Um die Ursachen der Formkrise zu ergründen, sollten folgende Fragen gestellt werden:

1.8.2.1 Zeitpunkt und Dauer

- Zeitpunkt der Krise: Wann begann sie? Sind besondere Umstände als Auslöser erkennbar?
- Vorausgehende Entwicklung: Wodurch wurde der frühere Erfolg maßgeblich erzielt? Durch spezielle Methoden, neue Spieler, höchste Motivation und Einsatzbereitschaft, durch sorgfältige Planung und Zielsetzungen?
- Zeitdauer und Verlauf der erfolgreichen Phase: War es mehr ein Strohfeuereffekt, eine kontinuierliche Aufwärtsentwicklung oder ein Prozess mit Höhen und Tiefen?
- Verhältnis zum Trainer: Wie war das Verhältnis zum Trainer in der erfolgreichen Phase, gab es Veränderungen, als die Krise begann?
- Konflikte: Gab es zu Beginn der Krise Konflikte in der Mannschaft, bei oder zwischen einzelnen Spielern?

Weiterhin sollte man folgende Ursachen in Erwägung ziehen.

1.8.2.2 Motivationsverluste

Motivationsverluste können auf unbewusste und bewusste Faktoren zurückzuführen sein.

Spieler

Man sollte z. B. fragen, ob es motivationsbedingte Veränderungen beim Training gegeben hat. Hat das Training noch so viel Spaß gemacht wie zu Beginn? Sind die Ziele der Mannschaft noch attraktiv für alle Spieler? Gibt es Anzeichen dafür, dass sich die Einstellung einzelner Spieler angesichts des Erfolgs verändert hat?

Die Mannschaft

Hat sich die Hierarchie der Mannschaft verändert? Herrscht bei einzelnen Spielern Unzufriedenheit über die Rolle oder ihren Status? Soll der Individualitätsgrad einzelner Spieler erhöht oder eingeengt werden?

Unbewusste Faktoren

Es gibt Ursachen der Formkrise, die zunächst unbewusst wirksam sein können und erst durch Ansprechen und Aufhellung bewusst und damit beseitigt werden können.

- **„Trittbrettfahrerverhalten", „soziale Faulheit"**

In Krisensituationen kann sich bei unsicheren, ängstlichen und schwächeren Spielern unbewusst die Tendenz verstärken, den höherrangigen Spielern die Verantwortung zu überlassen und sich verstärkt anzupassen (siehe Kap. 1.5.8.4 „Soziale Faulheit").

- **Gewohnheit**

Eine Mannschaft, die längere Zeit erfolgreich war und ohne äußeren Anlass ihre Leistungsfähigkeit verringert, kann Opfer von Gewohnheitsphänomenen sein.

Gewohnheitsmäßiger Erfolg der Mannschaft, aber auch erfolgreiche Handlungen von Einzelspielern, führen unter Umständen bis zum automatischen, mechanischen Vollzug, d. h. bis zur Routinehandlung. Dabei tritt das Erlebnis und die Erwartung, die mit der Ausführung der Handlung verbunden ist, immer mehr zurück.

Gewohnheitshandlungen sind **voraussagbar** und für die betreffende Mannschaft oder die Spieler **typisch**.

Die Gefahr von Gewohnheitshandlungen liegt in ihrer Vorhersehbarkeit, ihrer Verfestigung und in der Abnahme des emotionalen Erlebnisses. Bei Spielern lassen sich Tricks, Finten und Techniken vorhersagen, ihre Umstellbarkeit und Anpassung an neue Situationen ist gering.

Verfestigte Techniken oder taktische Konzepte wirken oft als Hindernis zur Einsicht und Aufnahme neuer Maßnahmen bzw. Lerninhalte.

1.8.2.3 Spielerischer Abfall

Zeigt die Mannschaft spielerische Defizite, können diese auf Motivationsverlusten beruhen, es kann aber auch der Zustand der **Überbeanspruchung** bzw. von **Übertraining** vorliegen.

Da einer Formkrise stets eine längere Belastungsphase vorausgeht, ist zu fragen, ob die Krise nicht eine Folge falscher körperlicher und psychischer Beanspruchung ist. Ursprünglich motivierende Übungsbedingungen können nach einiger Zeit langweilig werden, es kann sich Überdruss einstellen, die Mannschaft kann unter/oder durch zu intensives Training oder andere Umstände überfordert bzw. übertrainiert sein. Folgende psychische Zustände mit körperlichen, leistungsbeeinträchtigenden Folgen sind möglich (Abb. 23):

Monotonie

„Monotonie" bedeutet einen Zustand herabgesetzter psychischer Aktivität. In seiner Folge vermindert sich die Reaktionsbereitschaft und die Konzentrationsfähigkeit; Leistungsschwankungen stellen sich verstärkt ein.

Monotonie kann unter folgenden Bedingungen auftreten:

- **Wiederholungscharakter des Trainings, z. B. stets das gleiche Aufwärmprogramm, sich wiederholende Trainingsinhalte.**
- **Zu geringer Schwierigkeitsgrad, d. h., dass vor allem Jugendliche keinen herausfordernden Anreiz erleben.**
- **Kontaktarmut, z. B. Trainingsaktivitäten ohne soziale Rückmeldung durch Betreuer. Auch die Abwesenheit anderer Personen kann zu herabgesetzter Aktivität führen.**
- **Fehlen von Tätigkeitsanreizen. Neugiermotive bleiben unberücksichtigt, das Training verläuft ohne Spannung, man weiß vorher schon, was kommt.**

Die Symptome der Monotonie zeigen sich in Unlust, Müdigkeit, geringer Aufnahmebereitschaft, die Spieler stehen gelangweilt herum, die Gesamtleistung sinkt.

Behebung

Monotonieerscheinungen können vermieden werden, wenn im Training das Gleichgewicht zwischen der Wiederholung bekannter und bewährter Inhalte und neuen, reizvollen und damit spannenden Aufgaben gefunden wird.

Spielerischer Abfall durch

	URSACHE	SYMPTOME	BEHEBUNG
Monotonie	Einförmigkeit Geringe Schwierigkeit Kontaktarmut	Langeweile Herabgesetzte Aktivität	Neue Anreize Neue und höhere Anforderungen
Psychische Sättigung	Kein Fortschritt „Auf der Stelle treten"	Erregung Überdruss Widerwille	Umstellung Veränderungen Erfolgserlebnisse
Psychische Überforderung	Körperlich Außersportliche Faktoren Mehrfachanforderungen	Resignation Aggression Desorganisation	Erholung Reduzierung der Belastung
Übertraining	Zu kurze Erholung Summe der Belastungen	Müdigkeit Apathie Verkrampfung	Verringern des Belastungsumfangs Einfache Aufgaben

Abb. 23: Spielerischer Abfall

Auch ein neuer Trainer kann aktivitätsfördernd wirken, da seine Person noch unbekannt ist und Neugier stets aktivitätsfördernd wirkt.

Psychische Sättigung

Wenn Spieler das Gefühl haben, „Seit Wochen zu trainieren, die gleichen Übungsformen zu wiederholen und keinen Fortschritt zu erzielen", kommt es zu Monotonieerscheinungen, die jedoch stark emotional begleitet werden. Wenn ein Sportler erlebt, trotz Bemühens nicht mehr weiterzukommen, „auf der Stelle zu treten", der Trainer auf individuelle Fähigkeiten nicht eingeht und sein Trainingsprogramm stur durchzieht, entsteht Überdruss und Widerwille. Der Zustand der Gereiztheit lässt Aggressionen entstehen, die Konzentrationsfähigkeit wird vermindert, die Gesamtleistung nimmt ab.

Behebung

Da Sportler auch im Zustand psychischer Sättigung nach wie vor motiviert sind, ist es ratsam, sie in die Trainingsplanung bzw. -organisation mit einzubeziehen.

Die wesentliche Erkenntnis besteht darin, dass psychische Sättigung durch Umstellung auf andere Tätigkeiten verhindert werden kann. Abwechslung im Training und neue, herausfordernde Aufgaben, auch wenn sie risikobelastet sind, wirken dem Entstehen des psychischen Sättigungszustands entgegen.

Häufig wendet sich die Gereiztheit der Spieler gegen den Trainer, wenn er die Signale sich aufbauender Emotionen nicht erkennt und nicht flexibel darauf zu reagieren vermag.

Die Organisation von Erfolgserlebnissen, z. B. auch gegen schwächere Gegner, bewirkt eine Ableitung der Überdrusspotenziale.

Psychische Überforderung

„Von Überforderung sprechen wir dann, wenn die Gesamtbelastung des Sportlers durch Training, Beruf, Studium, Schule usw. seine Leistungs- und Belastungsfähigkeit übersteigt"

(Harre 1986).

Bei der psychischen Überforderung wird die Leistungsfähigkeit des Sportlers nach dem Training nicht mehr hergestellt. Übersteigen die Anforderungen im Training oder im Wettkampf die subjektive Belastbarkeit, so treten Koordinations-, Wahrnehmungs- und Konzentrationsstörungen auf, Denkprozesse werden blockiert und soziale Beziehungen verändern sich durch Aggressivität, Rücksichtslosigkeit oder Distanzlosigkeit.

Auch familiäre Sorgen, berufliche und finanzielle Probleme oder gestörte soziale Beziehungen können zur psychischen Überforderung beitragen.

Deshalb ist es unerlässlich, nach den Ursachen zu forschen, um sie mit psychologischen und pädagogischen Mitteln zu regulieren.

Behebung
Psychische Überforderungen können durch Verringerung der Belastungseinflüsse, durch Erholungspausen und Entspannung überwunden werden.

Vor allem ist die Häufung von Misserfolgen und Enttäuschungen zu vermeiden. Da psychische Überforderung auch eine erhöhte psychische Ermüdung zur Folge hat, können Erholungs- und Entspannungsphasen zur Regeneration des psychischen Gleichgewichts beitragen.

Lösbare und einfache Aufgaben, die erfolgreich bewältigt werden können, sind vor allem notwendig, wenn private Probleme als Ursache der Überforderung wirken. In diesem Fall sollten sportliche Aufgaben der Kompensation, freudvoller Entspannung und der Hinlenkung zu einer optimistischen Denkweise dienen.

Übertraining

Training und Wettkampf müssen so aufeinander abgestimmt sein, dass die Trainingsbelastungen nicht zu einer Schwächung der Leistungsfähigkeit im Wettkampf führen. Spieler können nicht monatelang höchsten Belastungen unterzogen werden. Der Zustand des Übertrainings stellt einen Schutz vor körperlicher Überforderung dar. Der Körper reagiert auf zu hohe Belastungen mit der Abnahme der Leistungsfähigkeit. Appetit- und Schlaflosigkeit können sich einstellen.

Hohe Motivation und der Reiz der gesetzten Ziele bewirken vorübergehend, dass die Spieler „die letzten Reserven mobilisieren". Längerfristig wird der Körper seine Erholungsansprüche durchsetzen. Motivationsabfall, Unlust, Ruhebedürfnis treten dann verstärkt auf.

Behebung
Stellen sich Anzeichen von Übertraining ein, sinkt die Leistung der Mannschaft trotz bestehender Motivation, ist eine Veränderung der Trainingsbedingungen und -inhalte erforderlich.

Folgende Möglichkeiten bieten sich an:

- Verringern der Trainingsintensität.
- Abnahme des Trainingsumfangs.
- Vereinfachung der Trainingsanforderungen.
- Betonung freudvoller Aufgaben. Die Inhalte sollen so gewählt werden, dass sie einfach zu bewältigen sind und freudvolle Anreize bieten.
- Positive und entspannte Trainingsatmosphäre. Die Spieler sollen Spaß am Training haben, der Trainer geht auf sie ein und versucht, selbst für positive Stimmung zu sorgen.
- Vermeidung eines zu hohen Erwartungsdrucks. Gesetzte Ziele sind neu zu überdenken und zu überprüfen, ob sie noch erreichbar erscheinen. Erforderlichenfalls sollen neue Zwischenziele gesetzt werden, die auch mit den augenblicklich zur Verfügung stehenden Mitteln erreicht werden können.

1.8.3 Behebung der Formkrise

Neben den bereits genannten Behebungsmöglichkeiten können gemeinsam mit den Spielern weitere Lösungen diskutiert und angestrebt werden.

- **Erkenne das Problem!**

Je klarer das Problem erkannt wird, desto wichtiger wird es, ihm einen Namen zu geben. Klar definierte Probleme sind konkreter anzugehen als unklare und diffuse. Ist das Problem bekannt, sollte eine umfangreiche Ideensammlung durchgeführt werden, aus der diejenigen Vorschläge ausgewählt werden, die am ehesten eine positive Entwicklung versprechen.

Es ist zu klären, ob die Maßnahmen zur momentanen Gesamtsituation passen und ob der Aufwand im richtigen Verhältnis zum erwarteten Nutzen steht.

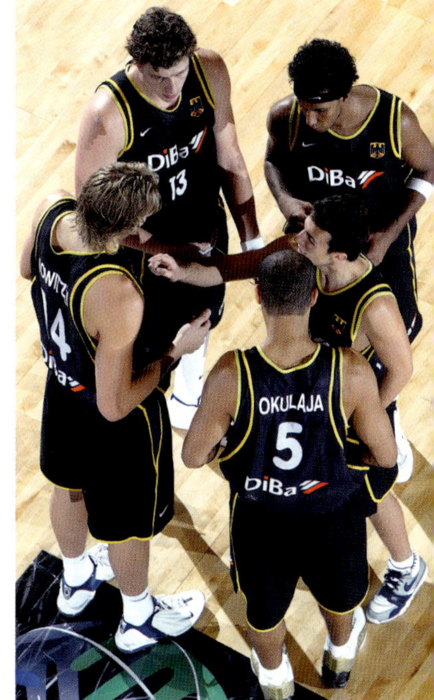

1.8.3.1 Aussprache

Die Spieler erhalten Gelegenheit, ihre Meinung und ihre Vorschläge darzulegen. Es muss von Anfang an klargemacht werden, dass der Sinn in einer konstruktiven Aussprache liegt, dass die Krise nur gemeinsam durch eine positive Auseinandersetzung bewältigt werden kann.

Gegenseitige Vorwürfe, Schuldzuweisungen, aggressives Argumentieren dienen diesem Ziel nicht.

1.8.3.2 Denkbarrieren durchbrechen

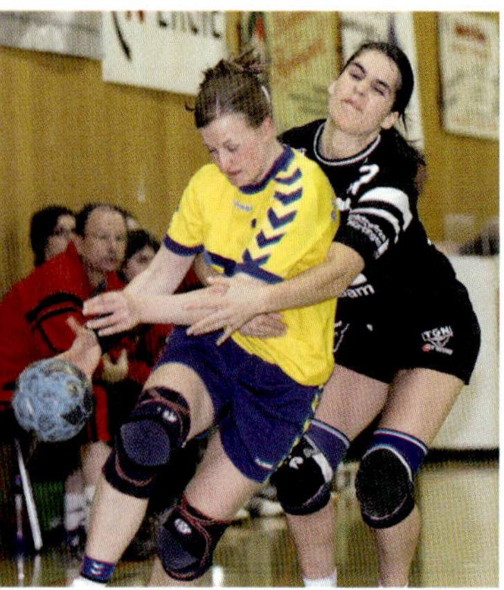

Bei länger andauernden Krisen beginnen die Gedanken des Trainers und der Spieler, zunehmend um das Problem zu kreisen. Daraus entwickeln sich mentale Sperren, die verhindern, dass sich die Spieler mit neuartigen oder kreativen Lösungsmöglichkeiten beschäftigen.

Wenn ein Spieler sagt: „Ich denke Tag und Nacht über unser Problem nach", ist er auf dem besten Weg, eine leistungsbegrenzende, mentale Sperre aufzubauen.

Im vorangehenden Kapitel wurde bereits auf die Möglichkeiten hingewiesen, wie mentale Sperren zu durchbrechen sind. Voraussetzung zur Behebung der Sperre ist es, herauszufinden, ob eine Sperre vorliegt. Dazu ist es notwendig, seine Gedanken zu analysieren, am besten aufzuschreiben. Negative Gedanken, von denen sich der Sportler nicht lösen kann, deuten auf eine Sperre als begrenzende Denkbarriere hin.

Beispiel:

- „Wir spielen viel zu nervös."
- „Wir machen doch immer die gleichen Fehler."
- „Ich kann machen, was ich will, es klappt ja doch nicht."
- „Wir haben einfach abgebaut, da kann man nichts machen."
- „Der nächste Gegner wird noch schwerer, wie sollen wir das schaffen?"

Derartige Gedanken sollten ausgesprochen und am besten im Kreis der Mitspieler geäußert werden.

Dem Trainer kommt es zu, die negativen Gedanken aufzugreifen und sie gemeinsam in positive Formulierungen umzuwandeln, nach dem Motto:

„Welchen Zustand wünscht ihr euch?"
„Wir werden entschlossen und selbstbewusst auftreten!"
„Jeder Spieler darf Fehler machen!"
„Wir sind stärker als es gegenwärtig scheint!"
„Wir haben die Mittel, auch gegen einen starken Gegner zu bestehen!"

1.8.3.3 Allgemeine Hinweise zur Behebung mentaler Blockaden

Es werden einige weitere Möglichkeiten angeführt, die geeignet sind, mentale Sperren und begrenzende Denkweisen zu durchbrechen:

- Schlechte Leistungen bzw. Spiele als Chance nützen.
- Der Trainer bleibt aktiv und motivierend!
- Schweigen und Passivität vermeiden!
- Konstruktive Kritik üben, negative vermeiden.
- Sich gegenseitig aufmuntern und unterstützen.
- Aktivität und Kreativität steigern das Wohlbefinden.
- Übergroße Ernsthaftigkeit vermeiden.
- Neugier wecken!
- Zusatzaktivitäten, die Spaß machen, aufgreifen.
- Auch das Unmögliche denken!

1.8.3.4 Das Unbewusste

Leistungseinbußen beruhen manchmal auf unbewussten mentalen Blockaden, auf unbewusster Einengung der Gedanken oder auf unbewussten Verdrängungen von Ängsten. Auch bei Formkrisen können die eigentlichen Ursachen in unbewussten Verhaltensbedingungen liegen. Deshalb wird im Folgenden ein Exkurs über das Verhältnis von Unbewusstem und Bewusstem gegeben.

Der Einklang von Unbewusstem und Bewusstem stellt die Voraussetzung für selbstvertrauendes Handeln dar. Vor allem in Belastungssituationen gründet das stabile Selbstvertrauen auf der Übereinstimmung unbewusster und bewusster Motive.

Die Unterstützung des bewussten Handelns durch die Übereinstimmung mit unbewussten Antrieben kann bei labileren Sportlern in Belastungssituationen negativ beeinflusst werden. Beispielsweise kann der Gedanke an den Sieg: „Wir müssen gewinnen!", gleichzeitig eine unbewusste Gegenreaktion: „Wir dürfen nicht verlieren!", auslösen. Verlieren bedeutet Blamage, Abstieg, Verlust von Anerkennung oder materiellen Gütern. Bei manchen Spielern löst die Erwartung eines erhofften Erfolgs unbewusst die Angst aus, dass sich der Erfolg vielleicht doch nicht einstellen wird.

Je höher die Erfolgserwartung, desto größer wird die Frustration und Niedergeschlagenheit bei einer Niederlage sein, desto stärker können die unbewussten Ängste vor dem Misserfolg ansteigen. Selbstsichere Spieler, die auch bei einer Niederlage nicht in Selbstzweifel verfallen, die erfahren und akzeptiert haben, dass Niederlagen Teil des sportlichen Geschehens sind, bleiben von derartigen Ängsten verschont. Unbewusste Ängste und unbewusste Trotz- und Gegenreaktionen machen sich als geistige oder emotionale Sperren bemerkbar, sie unterbinden Kreativität, Offensivgeist und wahres Selbstvertrauen.

Ein Sportler sollte über eine klare Einschätzung seiner Fähigkeiten und seiner Leistungsmöglichkeiten verfügen. Er weiß, was es bedeutet, „sein Bestes zu geben" und kann sich darauf konzentrieren.

Der Gedanke an „Sieg" oder „Nichtabsteigen!" beschäftigt sich mehr mit den **Folgen** und den **Ergebnissen** des Handelns und mit den möglichen **fatalen Konsequenzen**. Diese Vorwegnahme des Ergebnisses provoziert bei labilen Spielern unbewusste Ängste. Deshalb sollen sich die Gedanken und die Konzentration auf das bevorstehende Spiel, die anstehenden Aufgaben, auf das spielerische Können und die Fähigkeiten jedes Einzelnen und der Mannschaft richten.

Dem Trainer kommt die Aufgabe zu, den Spielern zu vermitteln, dass der Gedanke: „Was ist, wenn wir verlieren?", „Was ist, wenn ...?", keinen positiven Beitrag zur bevorstehenden Bewältigung leistet.

Wer sich schon im Voraus selbst in Frage stellt oder verurteilt, vergrößert die Diskrepanz zwischen bewusstem Wollen und unbewussten Ängsten. Unerklärliche Leistungseinbußen können die Folge sein.

Um solche unbewussten Reaktionen zu verhindern, sollte man Kenntnisse über deren Entstehungsbedingungen besitzen. Inhalte und Ursachen des Unbewussten können aus mehreren Quellen stammen. Oftmals lassen sie sich nicht mehr ins Bewusstsein holen, sodass man versuchen muss, am Symptom, d. h., am Handeln selbst, anzusetzen (siehe Kap. 1.9.5.5 „Angst").

Unbewusste Leistungseinbußen

Unbewusste Ängste, aber auch unbewusste Voraussetzungen für Selbstvertrauen und stabiles Selbstbewusstsein lassen sich auf mehrere Quellen zurückführen (Abb. 24).

1. Das Vergessen vergangener Erlebnisse

Negative oder positive Erlebnisse in der Vergangenheit können vergessen werden, d. h., das konkrete Erlebnis tritt nicht mehr ins Bewusstsein. Die mit dem Ereignis verknüpften Gefühle bleiben jedoch unbewusst erhalten. „Ein gebranntes Kind scheut das Feuer!" Wer in der Kindheit Freude oder Ängste im Sport erlebt hat, kann sich in späteren Jahren an Einzelereignisse nicht mehr erinnern, geblieben ist jedoch die unbewusste positive oder abwehrende innere Haltung.

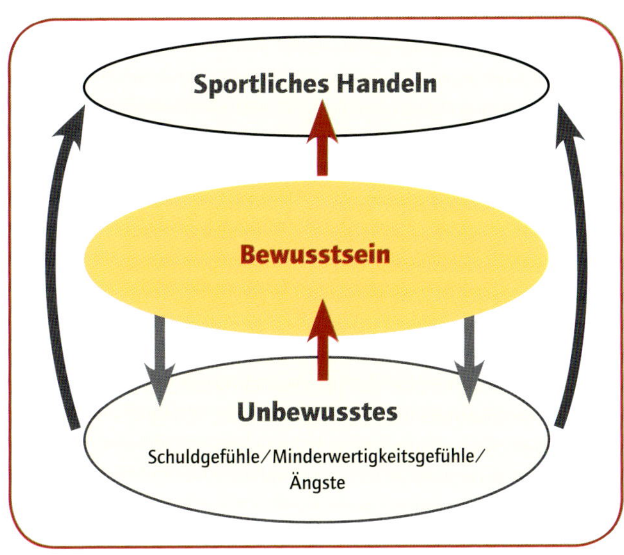

Abb. 24:
Unbewusstes

Erfolgserlebnisse in der Kindheit sind beispielsweise unbewusste Vorläufer späteren Selbstvertrauens, wohingegen z. B. negative Erlebnisse im Umgang mit Trainern, Mitspielern oder Zuschauern zu unbewussten Vermeidungsreaktionen in späteren Jahren führen können.

2. Abwehr gegen die Wiederbelebung von Ängsten oder von Schuldgefühlen

Bewusstsein und Unbewusstes stehen in einer immer währenden Auseinandersetzung. Erlebnisse der Angst, der sozialen Blamage oder von Schuldgefühlen können vom Bewusstsein abgewehrt werden und im Unbewussten weiterwirken. Insbesondere, wenn Erlebnisse mit dem Selbstkonzept nicht übereinstimmen, werden sie verdrängt oder umgedeutet. Das Selbstkonzept beinhaltet alle Urteile und Stellungnahmen, die ein Sportler sich selbst gegenüber hat.

Es ist für die Beantwortung der an sich selbst gerichteten Fragen verantwortlich, z. B.: „Wer bin ich?", „Wo liegen meine Stärken, wo meine Schwächen?", „Wozu bin ich fähig?", „Was traue ich mir zu?" Wenn z. B. ein Spieler ein Tor verschuldet und er diesen Fehler mit seinem Selbstkonzept („So etwas kann mir nicht passieren!") nicht in Einklang bringen kann, wird er versuchen, den Fehler anderen zuzuschieben oder eine falsche Taktik dafür verantwortlich machen.

So werden unbewusste Versagensängste vom Bewusstsein abgewehrt, da sie nicht in das bestehende Selbstkonzept passen, z. B.: „Wir führen zwar, aber wir können nicht gewinnen, weil wir nicht so gut sind!"

3. Unzureichendes Selbstverstehen aktueller Motive

Es gibt Sportler, die sich weigern, auf einer bestimmten Position zu spielen, mit jemand das Zimmer zu teilen oder eine Aufgabe zu übernehmen, ohne sich über die Gründe der Ablehnung im Klaren zu sein. Wem z. B. die Erfahrungsbegriffe Neid, Eifersucht oder Enttäuschung nicht zur Verfügung stehen, registriert bei sich vielleicht Gefühle der Abneigung oder der Verstimmtheit. Er ist außer Stande, den entsprechenden Prozess als Neidgefühl oder Enttäuschung zu identifizieren. Je besser deshalb das sprachliche Rüstzeug eines Spielers oder Trainers ist und je deutlicher die psychischen Probleme formuliert werden, desto größer ist die Aussicht, sie in das Bewusstsein zu rücken, sie zu verstehen und zu verändern.

Vor allem bei Konfliktsituationen oder Krisenzeiten können solch unbewusste Impulse durch Gespräche mit dem Trainer oder in kleineren Gruppen erhellt werden, um dann die Chance zu nutzen, sie zu beheben.

4. Das Unterdrücken von aktuellen Gefühlen oder Wünschen, die im Widerspruch zum idealen Selbstkonzept stehen

Das Selbstkonzept beinhaltet alle Wahrnehmungen, Gefühle und Fähigkeiten in Bezug auf die eigene Person, die für das Bewusstsein zulassungsfähig sind. Bei einem normalen Selbstkonzept können Erfahrungen angstfrei aufgenommen und verarbeitet werden. Störungen im Selbstkonzept führen dazu, dass manche Wahrnehmungen bzw. Ereignisse nicht bewusst werden. Bestimmte Reize werden vom Bewusstsein abgewehrt, da sie unangenehm besetzt sind und ihr Bewusstwerden den Verlust der positiven Selbsteinschätzung zur Folge hätte.

Beispielsweise begeht ein Spieler ein grobes Foul und verletzt dabei seinen Gegner. Da er sich für einen fairen Sportler hält, kann er das unfaire Verhalten mit seinem Selbstkonzept nicht vereinbaren. Er wird deshalb versuchen, die Schuld dem rutschigen Boden oder dem unberechenbaren Verhalten des Gegenspielers zuzuschreiben. Nur im Gespräch kann er zur Erkenntnis gelangen, dass auch er nicht davor gefeit ist, sich in emotional aufgeladenen Erregungssituationen zu unfairem Verhalten hinreißen zu lassen, ohne dass dabei seine Grundeinstellung des sportlichen Verhaltens beeinträchtigt wird.

1.8.4 Der Favorit – der Außenseiter

Der organisierte Sportbetrieb lebt von der Einteilung in Leistungsklassen, Gewichtsklassen oder in Ligenzugehörigkeit, je nach erbrachter Leistung. Häufig kommt es vor, dass Mannschaften unterer Ligen gegen höherklassige Mannschaften gewinnen oder ein objektiv stärkerer Sportler einem schwächeren unterliegt.

Konzentration:	**Ablenkbar**
Einsatzbereitschaft:	**Gering**
allg. Motivation:	**Gering**
Einstellung:	**Cool bis überheblich**

Der Favorit

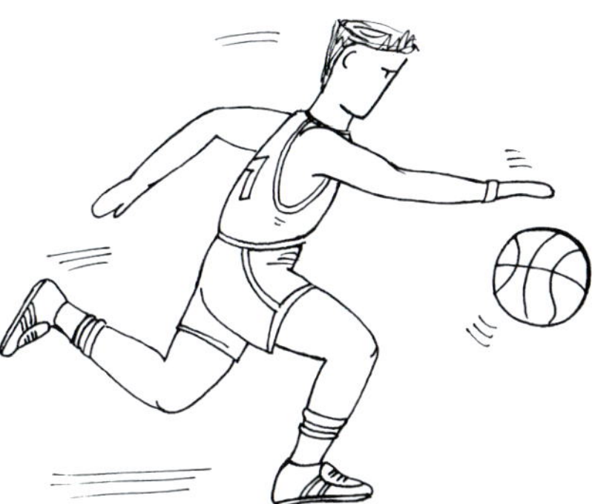

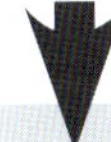

Der Außenseiter

Einstellung:	Kämpferisch
allg. Motivation:	Hoch bis übermotiviert
Einsatzbereitschaft:	Maximal
Konzentration:	Vollkommen

Abb. 25: Der Favorit – der Außenseiter

Auf der Seite des Favoriten spricht man dann von „Unterschätzung", die Schwächeren „sind über sich hinausgewachsen".

Es handelt sich hier offensichtlich nicht um körperliche Unterlegenheit, vielmehr spielen unbewusste, psychische Faktoren eine entscheidende Rolle. Im Folgenden werden einige Gründe genannt, die als Erklärung herangezogen werden können (Abb. 25).

Die Einteilung in Leistungsklassen oder Ligen führt zu einer Art Schubladendenken, d. h., es entstehen begrenzende Denkkategorien. Sie können die Ursache dafür sein, dass die tatsächliche Spielstärke eines Gegners unterschätzt wird, da er ja objektiv einer unteren Leistungsklasse angehört.

Es können sich aber auch die psychologischen Leistungsvoraussetzungen so ändern, dass der Außenseiter ein Übergewicht erhält, während der Favorit mit verminderten psychischen Ressourcen ins Spiel geht. So erkennt der Höherklassige eine gute Leistung der unterklassigen Mannschaft zwar an, doch bleibt der Gegner trotzdem „der Schwächere".

Für den Trainer stellt sich die Aufgabe, das Urteil der Spieler aus den begrenzenden Denkkategorien der Ligenzugehörigkeit zu lösen, um die tatsächliche Leistungsfähigkeit des vermeintlich schwächeren Gegners zu erkennen, um dadurch zu verhindern, dass es zur Unterschätzung und zur Reduzierung der erforderlichen psychischen Leistungsbereitschaft kommt. In der Regel stellt sich die psychische Situation des Favoriten folgendermaßen dar.

1.8.4.1 Der Favorit

Psychologische Ursachen

Die Einstellung

Je länger die Einstellung wirksam wird, dass man gegen einen Schwächeren spielen wird, desto schwieriger gestaltet sich eine eventuell notwendige Umstellung, z. B. bei einem frühen Gegentor. Wenn einer Mannschaft z. B. längere Zeit vorher bekannt ist, dass sie im Pokal gegen eine unterklassige Mannschaft spielen wird, kann sich die Einstellung verfestigen: „Das kriegen wir schon hin, auch wenn's mal schlecht läuft, die Besseren sind wir allemal!"

Die Motivation

Die Mannschaft ist nur mäßig motiviert. Es fehlt die Herausforderung. Angst vor Misserfolg ist nicht vorhanden, der Erfolg wird als selbstverständlich erwartet. Deshalb bedeutet auch ein Sieg über den Schwächeren für den Favoriten nur ein geringes Erfolgserlebnis.

Große Einsatzbereitschaft und innere Spannung sind nicht erforderlich. Wesentliche psychische Leistungsfaktoren werden nicht aktiviert.

Die Konzentration vor dem Spiel und während des Spiels erfolgt in mäßiger Ausprägung. Man lässt sich leicht durch spielfremde Faktoren ablenken. Abschalten oder sich erholen und neu konzentrieren, wird als überflüssig erachtet. Die Konzentration verbleibt ungerichtet, da spezifische Aufgaben und Ziele wenig Bedeutung haben.

Maßnahmen zur Favoritenrolle

Wie kann man verhindern, dass eine starke Mannschaft mit arroganter, überheblicher Einstellung gegen eine schwächere Mannschaft ins Spiel geht und verliert?

Auch wenn der Favorit äußert: „Wir unterschätzen den Gegner nicht!", spielt das Unbewusste: „Wir sind sowieso stärker, also gewinnen wir!", eine dominierende Rolle.

Verändern der Einstellung

„Nach dem Spiel ist vor dem Spiel!" Dieser bekannte Satz von Sepp Herberger wird auch heute vielfach von Trainern zitiert, um deutlich zu machen, dass dem nächsten Spiel volle Aufmerksamkeit zuteil werden muss.

„Konzentriere dich auf die nächstfolgende Handlung und nicht darauf, was danach kommt!" Sportler, die sich auf das konzentrieren, was sie gerade tun, können ihre volle Leistung entfalten. Allerdings nur, wenn sie mit völliger Konzentration bei der Sache sind. Die Konzentration ist auch eine Folge der Einstellung, mit der eine Mannschaft ins Spiel geht. Die unbewusste Einstellung: „Der nächste Gegner ist schwach, da brauchen wir uns nicht voll anzustrengen!", bewirkt auch eine Zunahme der Ablenkbarkeit der Spieler.

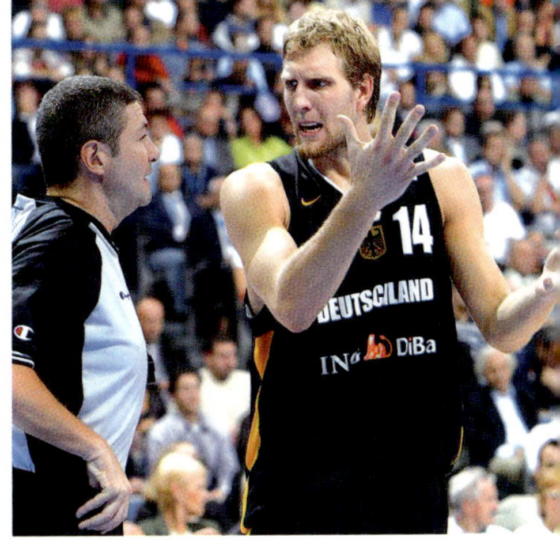

Deshalb sollten die Spieler eine Einstellung finden, die sich über mehrere Spiele hinweg erstreckt. Beispielsweise sollte sich der feste Vorsatz ausbilden: „Wir wollen die nächsten vier Spiele gewinnen und spielen in jedem Spiel mit vollem Einsatz, egal, ob es schwache oder starke Gegner sind."

Einstellungen sollen sich stabilisieren. Wenn man bei mehreren Spielen mit jeweils unterschiedlicher Spielstärke des Gegners nur von Spiel zu Spiel denkt, ändert sich auch die Einstellung von Spiel zu Spiel. So kommt es zustande, dass gegen Schwächere unbewusst auf die Bremse getreten wird, um sich gegen Stärkere zu schonen. Erfolg versprechend ist deshalb ein stabile Einstellung, die sich am Endziel ausrichtet und, unabhängig von verschiedenen Gegnern, gleich wirksam bleibt.

Dem nächsten Spiel muss die volle Konzentration gelten, getragen wird sie von der Einstellung, die über das Spiel hinausreicht.

Appell an die gesamte Mannschaft

Der Trainer erläutert an Beispielen die Gefährlichkeit des Außenseiters. Er stellt die Ziele der Mannschaft dar und lässt die Spieler zu Wort kommen, um sich zu versichern, dass auch sie diese Zielstellungen akzeptieren und mit allem Einsatz anstreben.

Sehr wichtig ist es, möglichst frühzeitig, d. h. vom Moment des Bekanntwerdens des Wettspiels an, eine entsprechende leistungsbereite Einstellung zu erzeugen.

Hilfreich kann es auch sein, Ergebnisziele zu formulieren, z. B. „ein zu-null-Spiel", oder Prämien nach dem dritten Tor auszusetzen.

Appell an Einzelspieler

Wirksamer sind meist Einzelgespräche. Der Spieler muss sich persönlich betroffen fühlen, um unbewusste Barrieren abzulegen, z. B. das Denken in der Ligazugehörigkeit zu überwinden oder um persönliche, mannschaftsdienliche Ziele zu finden.

1.8.4.2 Der Außenseiter

Die psychologische Situation

Auch unterklassige Spieler unterliegen dem begrenzenden Denken, als Folge der Klassenzugehörigkeit. Es gelingt ihnen jedoch leichter, die obere Grenze zu durchbrechen, da eine Niederlage nicht als Misserfolg empfunden wird, wohingegen ein Sieg, der nicht erwartet wird, als tiefes Erfolgserlebnis zählt.

Die Einstellung

Die Einstellung: „Wir haben nichts zu verlieren, können aber alles gewinnen!", kann dazu führen, dass die Mannschaft Synergieeffekte entwickelt, d. h. ungeahnte Leistungsreserven mobilisiert, da emotionale Barrieren außer Kraft gesetzt werden. Der „Angst vor dem Sieg" wirkt der Trainer entgegen, indem er immer wieder beteuert, jede Chance zu nutzen und auf Schwächen des Gegners verweist. Die längerfristige Vorbereitung einer kämpferischen Einstellung, z. B.: „Ich werde alles geben!", kann auch unsichere Spieler erfassen, da sie bei Fehlversuchen keine Sanktionen zu erwarten haben.

Die Motivation ist hoch. Auch wenn der Sieg nicht wahrscheinlich ist, kann durch Teilziele, z. B.: „Ein Unentschieden packen wir!", eine wirksame Motivation erzeugt werden.

Die Einsatzbereitschaft
Der Trainer soll sich in Gesprächen davon überzeugen, dass die Spieler über Selbstvertrauen verfügen und nicht nur vordergründige Zustimmung signalisieren, die nur als Deckmantel innerer Ängste fungiert.

Die Konzentration
Es ist sehr wichtig, dass die Konzentration jedes einzelnen Spielers auf seine spezielle Aufgabe hin ausgerichtet wird und konzentrative Umstellungen vorbereitet werden, z. B. das blitzschnelle Umstellen von Angriff auf Abwehr oder typische Spielzüge auf spezifischen Positionen, z. B. schnelles Spiel in die Tiefe, Ball in den Reihen halten, Flankenläufe, hautnahe Deckung u. Ä.

1.8.5 Der Problemspieler

Manche Spieler werden als **„Problemspieler"** bezeichnet. Die Ursachen können sehr unterschiedlicher Art sein. Verallgemeinernd kann man davon ausgehen, dass bei Spielern, die Schwierigkeiten haben, sich in die Mannschaft einzufügen, eine Konfliktsituation gegeben ist. Persönliche Konflikte können sich zu sozialen Konflikten ausweiten, sie können unbewusst vorhanden sein oder bewusst hervorgerufen werden.

1.8.5.1 Kennzeichen

Häufig handelt es sich um einen leistungsstarken Spieler, der aber nicht in die Mannschaft passt. Andere Spieler wirken isoliert und agieren oft unglücklich. Sie bemühen sich, „treten aber immer wieder ins Fettnäpfchen". Es ist nicht immer leicht, festzustellen, ob und auf welche Weise der Problemspieler als Mitglied der Mannschaft wichtig ist. Der Begriff **„problematischer Spieler"** ist meist emotional besetzt und oft kommt es vor, dass er die Rolle des Prügelknaben oder des Sündenbocks einnimmt. Seine Anwesenheit in der Mannschaft hat dann die Funktion der Gleichgewichtserhaltung. Scheidet er aus der Mannschaft aus, muss ein anderer seine Rolle einnehmen.

Ist dem Spieler die Rolle durch bestimmte Umstände zugefallen oder will er sie einnehmen? Es gibt Spieler, die erst zu ihrer vollen Leistungsfähigkeit gelangen, wenn sie sich provoziert fühlen und sich ihrer Problemsituation bewusst sind und sie vielleicht sogar genießen.

Der Problemspieler

Kennzeichen

- Der „Prügelknabe“, der „Sündenbock“
- „Star“
- Eigene Maßstäbe dominieren
- Unterschiedliche Einstellung
- Fühlt sich unterfordert
- Persönlicher Erfolg vor Mannschaftserfolg

Maßnahmen

Verhaltensänderung

PRIMÄR:
Veränderung der sozialen Einstellung und Verantwortung

- Erwartung der Mitspieler
- Gemeinsame Motive klarstellen
- Einsatz der Mitspieler verdeutlichen
- Einstellungsdifferenzen aufzeigen
- Appell an Verantwortungsbewusstsein gegenüber der Mannschaft
- Verpflichtung auf gemeinsame Ziele (Mannschaft und Verein) betonen
- Leistung anerkennen

Suspendierung

- Herausnahme für ein oder zwei Spiele
- Weitere Gesprächskontakte
- Überlegung auf endgültigen Verzicht

Abb. 26: Der Problemspieler

Als Problemspieler erweisen sich im Allgemeinen Spieler, die nicht bereit oder nicht befähigt sind, ihre eigentlich möglichen Leistungen in die Mannschaft einzubringen, sei es aus persönlichen Gründen oder durch gestörte Beziehungen zu Mitspielern oder zum Trainer.

Weitere Ursachen für das Erscheinungsbild des Problemspielers können sein (Abb. 26):

- Die persönlichen Ziele des Spielers und die mannschaftlichen Zielsetzungen stimmen nicht überein.
- Der Spieler fällt durch nichtmannschaftliche Einstellungen auf, z. B. geringer Trainingseinsatz, mangelnde Unterstützungsbereitschaft für andere Mitspieler oder andere Dinge sind wichtiger, wodurch die Einsatzbereitschaft der Mitspieler entwertet wird.
- Persönliche Antipathie oder materielle Überlegungen des Problemspielers führen zur gegenseitigen Ablehnung, obwohl das Motiv, für die Mannschaft etwas zu leisten, noch vorhanden ist.
- Motive nach außersportlichen Kontakten, die Einstellung zur Leistung, zum Spielen, das Streben nach sozialer Anerkennung oder materiellem Vorteil weichen zu sehr von der Mannschaft ab.
- Der Spieler fühlt sich unter- oder überfordert.
- Das Selbstkonzept des Spielers steht nicht im Einklang zur Meinung des Trainers, d. h., er fühlt sich ungerecht bzw. nicht leistungsgerecht behandelt.
- Der Problemspieler versucht, durch auffälliges, provozierendes Verhalten die Aufmerksamkeit auf sich zu ziehen. „Auffallen um jeden Preis!", deutet meist auf ein überzogenes Anerkennungsbedürfnis hin, dessen eigentliche Ursache in einem starken, unbewussten Minderwertigkeitsgefühl zu finden sein kann.

- **Der „Star"**
  Nach Klante (1994) spielt er in der Mannschaft eine Sonderrolle, da er durch Talent und Leistungsfähigkeit über das Mittelmaß der Mannschaft hinausragt. Bei unreifen Persönlichkeiten, aber talentierten Spielern, können folgende Verhaltensweisen bzw. -bedingungen auftreten:
  - Mangelnde Trainingsbereitschaft.
  - Eigene Gütemaßstäbe dominieren: „Spielt für die Galerie!"
  - Geringe Disziplin: „Manche Dinge habe ich nicht nötig!"
  - Er fühlt sich unterfordert, da: „Er ja eigentlich auf höherem Niveau spielen könnte."
  - Er schätzt seinen persönlichen Erfolg in der Mannschaft so hoch ein, dass die Leistungen der anderen eine untergeordnete Rolle spielen.
  - Zusatztraining betrachtet er als Zumutung und überflüssig.

- Er gibt sich mit wenigen guten Aktionen zufrieden, nach dem Motto: „Seht her, ich kann es doch!"
- Insgesamt gesehen ist er weniger motiviert als die übrigen Mannschaftsmitglieder.
- Er hält sich für unersetzbar, da er glaubt, dass die Mannschaft auf ihn angewiesen ist.
- Sein „inflationäres Selbstvertrauen" (siehe Kap. 4.1 „Selbstvertrauen") führt zu persönlicher Fehleinschätzung seiner Leistungsfähigkeit, d. h., er neigt zur Überschätzung seiner Fähigkeiten bzw. seiner Wirkung.

Welche Möglichkeiten hat der Trainer, um auf den Problemspieler einzuwirken? Wie kann man ihn ändern?

1.8.5.2 Verhaltensänderung

Im Vordergrund steht das Bemühen, die Ursachen der Konflikte aufzudecken. Welche Art persönlicher Konflikte liegt vor? Wie treten die Konflikte mit den Mitspielern oder dem Trainer in Erscheinung? Welche Verhaltensweise ist besonders auffällig? Um diese Fragen anzugehen, sollte der Trainer über ein fundamentales Wissen bezüglich Konflikterkennung, Konfliktlösung verfügen.

Bei starähnlichen Verhaltensweisen sollte vorrangig die Änderung der Einstellung im Hinblick auf soziale Verantwortung und die Integration in die Mannschaft angestrebt werden. Dafür stehen folgende Alternativen zur Verfügung:

- Verdeutlichen, welche Erwartungen die Mannschaft an ihn stellt, besonders im Hinblick auf Mannschaftseinordnung, emotionales Beziehungsverhalten, z. B. Vorbildfunktion, Unterstützung und Hilfe für unsichere Spieler oder in Bezug auf die Leistungsbereitschaft.
- Gegenüberstellung der Einstellungen der Mannschaft und derjenigen des Problemspielers. Negative Effekte aufzeigen.
- Verantwortung gegenüber der Mannschaft hervorheben.
- Versuchen, das Verhalten des Problemspielers in kleinen Schritten und nicht durch einschneidende Maßnahmen zu verändern.
- Verständnis zeigen für die Konflikte und Probleme des Spielers. Lösungen finden, die auch ihn zufrieden stellen.
- Seine Leistung anerkennen, aber deutlich machen, dass auch sie nur durch Unterstützung der Mitspieler möglich ist.
- Suspendierung:
  Stellt sich heraus, dass zwischen Trainer und Spieler oder zwischen den Spielern keine Einigung möglich ist, sodass die Konflikte fortbestehen, sind Überlegungen

zur Herausnahme aus der Mannschaft erforderlich. Der Spieler sollte zunächst für ein oder zwei Spiele herausgenommen werden. Die Mannschaft wird reagieren, je nachdem, ob sie versucht, auf den Spieler positiv einzuwirken, da seine Vorzüge geschätzt werden, oder ob sich eine gemeinsame Front gegen den Spieler bildet.

Zeigt der Spieler trotz aller Bemühungen keine Einsicht und die Störungen der Mannschaftsharmonie bleiben bestehen bzw. werden gravierender, sollte der Spieler für längere Zeit aus der Mannschaft genommen werden. Manche Spieler brauchen Zeit, um erkannte Konflikte und Probleme zu akzeptieren und sich mit den Lösungen, die nicht mit ihren ursprünglichen Wünschen übereinstimmen, anzufreunden.

1.8.6 Die Integration des „Neuen"

Es gibt verschiedene Typen von Neulingen, die in die Mannschaft integriert werden können. Ob dies gelingt, hängt sowohl von den besonderen Merkmalen des Neulings ab als auch von den mannschaftlichen Voraussetzungen und Bedingungen.

1.8.6.1 Typen

Die folgenden als **„Typen"** bezeichneten Neulinge treten selten in der beschriebenen Form auf. Es ist jedoch hilfreich, eine Klassifikation vorzunehmen, da jeder Neuling über mehr oder weniger ausgeprägte Merkmale verfügt, die dem jeweiligen Extremtyp zugeordnet werden können. Auch bei Neuankömmlingen mit mehreren Besonderheiten der Persönlichkeit oder des Verhaltens können hervorstechende Merkmale die Typenzuordnung erlauben, um daraus Folgerungen für die mögliche Integration zu ziehen (Abb. 27).

- **Der Außenseiter**
- **Der Extremist**
- **Der Ähnliche**
- **Der Ergänzende**
- **Der Polarist**

Der Außenseiter

Der Außenseiter fällt vor allem durch Merkmale auf, die deutlich von denjenigen der anderen Mannschaftsmitglieder abweichen. Dies betrifft sowohl Merkmale, die über den Sport hinausreichen, als auch sportspezifische Aspekte. Als Beispiele können genannt werden: der Lebensstil, Einstellungen gegenüber Autorität, andersartige Einstellungen gegenüber Lebenswerten, z. B. Religion oder kulturelle Zugehörigkeit.

Integration des Neuen

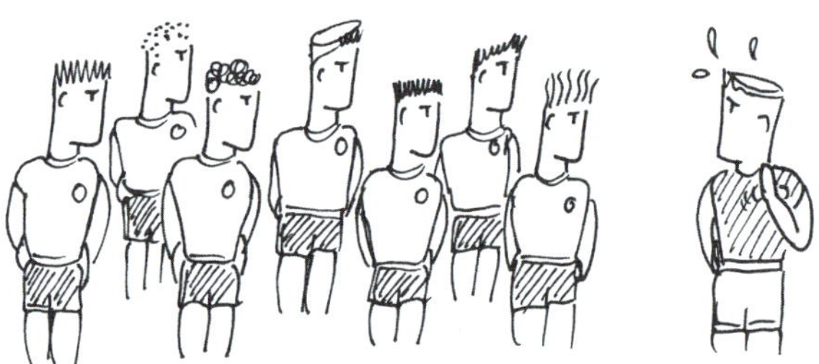

Typen:

- Der Außenseiter („Ich sehe das anders!“)
- Der Extremist („Entweder so oder gar nicht!“)
- Der Ähnliche („Gleich und gleich gesellt sich gern!“)
- Der Ergänzende („Du kommst gerade recht!“)
- Der Polarist („Gegensätze ziehen sich an!“)

Integrationsfördernde bzw. integrationshemmende Faktoren:

- Mannschaftstyp (interaktiv – koaktiv – additiv)
- Zusammenhalt (Kohäsion)
- Formell – informell
- Ziel – Einstellungen
- Sympathie – Antipathie
- Kompensation von Defiziten und Lücken

Abb. 27: Integration des Neuen

Der Außenseiter hat Probleme, sich in die Mannschaft zu integrieren, da seine Einstellung nicht mit den Normen und Übereinkünften der Mannschaft übereinstimmt. Er begreift beispielsweise festgesetzte Trainingszeiten als Eingriff in seine Lebensführung, es gibt Probleme im Hinblick auf Disziplin und Zuverlässigkeit, er nimmt ungern an Mannschaftsveranstaltungen teil und sondert sich außerhalb der Trainingszeiten von den Mitgliedern ab.

Der Außenseiter wird vor allem von Gruppen abgelehnt, die einen starken inneren Zusammenhalt aufweisen und die von ihren Werten und Einstellungen fest überzeugt sind und jede Störung ablehnen.

Er gibt Mannschaften, die auch in Notsituationen ihre Überzeugungen nach außen hin betonen, um den Zusammenhalt nicht zu verlieren. „Wir halten durch, bis zum Abstieg. Wichtig ist, dass wir uns gegenseitig achten!" Diese Meinung kann nach außen hin vertreten werden, „um das Gesicht nicht zu verlieren". Tatsächlich bestehen schon beträchtliche innere Störungen und Konflikte. Der Außenseiter wird in dieser Situation als zusätzlicher Störfaktor aufgefasst, woraus eine verstärkte Ablehnungstendenz resultiert.

Verallgemeinernd kann man sagen, dass die Ablehnung des Außenseiters umso deutlicher wird, je intensiver der Zusammenhalt der Gruppe ist. Dieses Phänomen beruht auf evolutionären Relikten des Menschen als sozialem Wesen. Der unbekannte Außenseiter könnte eine Gefahr für die Gruppe darstellen, deshalb wird er zunächst abgelehnt, vielleicht sogar vertrieben.

Aus dieser Sicht leistet der Außenseiter sogar einen positiven Beitrag zum inneren Zusammenhalt der Gruppe, da die gemeinsame Ablehnung zu einer Stärkung der Kohäsion führt.

Es ist eine Frage der Erziehung zu Toleranz und Einsicht, ob der Mensch derartige „primitive" Verhaltensmechanismen überwindet.

Kenntnisse über die Hintergründe des Verhaltens von Neuankömmlingen, Einfühlungsvermögen in Probleme anderer, der bewusste Abbau von Vorurteilen in gemeinsamen Gesprächen sind Mittel und Möglichkeiten, die Integration des Außenseiters zu erleichtern und zu bewerkstelligen.

Der Extremist

Er wird als unsympathischer Mensch abgelehnt. Seine Ansichten sind rigoros, z. B. nur die Leistung zählt, menschliche Werte sind ohne Belang. Er stellt das Gegenteil des Konformisten dar, der sich stets der allgemeinen Gruppenmeinung beugt.

Die Ablehnung des Extremisten ist in stark kohärenten Gruppen oder in sozial ausgerichteten informellen Gruppen stärker als in schwach kohärenten Gruppen, d. h. in Gruppen, bei denen der Einzelne geringere Zugehörigkeitsmotivation aufweist.

Vorteil
Der Extremist belebt die Gruppe, gibt Anlass zu Diskussion und Meinungsaustausch.

Aspekt
Steht eine Gruppe unter Druck, z. B. Abstieg, Geldnot, Mitgliederdezimierung oder Krankheit, wird der Extremist mehr beachtet, da neue Lösungsmöglichkeiten gesucht werden. Der Meinungsaustausch kann zu verstärkter Konvergenz führen, aber auch den Zerfall der Gruppe zur Folge haben. Manchmal wird der Extremist auch „kaltgestellt". Geht er von seiner Meinung nicht ab, entschließen sich die anderen Mitglieder, ihn nicht mehr zu beachten. In stark kohärenten Gruppen wird er „totgeschwiegen".

Der Ähnliche

„Gleich und gleich gesellt sich gern."

Personen gleicher Wertrichtung und gleicher Einstellung ziehen sich an. Wenn diese nicht übereinstimmen, entstehen Spannungen. Wenn der Neuling Ähnlichkeit aufweist, z. B. gleiche Zielsetzungen, gleiche Motivation, Gleichaltrigkeit, Intelligenz, Interessen, ähnliche Spielstärke, Technik oder taktisches Verständnis, wird die Aufnahme erleichtert. Insbesondere bei informellen Gruppen ist dies ausgeprägt.

„Er passt zu uns!"

Der Ergänzende

Bringt der Neuling das mit, was die Mannschaft braucht?
Bringt dies dem Einzelnen und der Mannschaft Vorteile?

Beispiel:
Die Mannschaft bedarf eines dominierenden Spielmachers. Auf dieser Position ist ein deutlicher Bedarf vorhanden, der durch einen entsprechenden Neuling ausgeglichen wird. Der Ergänzungsneuling füllt also bestehende Lücken aus und vervollständigt die Mannschaftsharmonie und -struktur.

Der Polarist

Theorien über den Polaristen beruhen auf Untersuchungen zur Partnerwahl. Doch auch für eine Mannschaft kann es notwendig sein, Spieler zu integrieren, die ergänzende

Gegensätze aufweisen.

„Gegensätze ziehen sich an!"

Beispiele:

- Selbstunsichere Spieler brauchen den selbstbewussten Führer.
- Der kreative Künstler bereichert eine fantasielose Systemmannschaft.
- Ein groß gewachsener Kopfballspieler verstärkt einen „kleinen" Sturm.

Wenn der eine das mitbringt, was der andere braucht, in diesem Fall eine extreme Fähigkeit oder Eigenschaft, entsteht daraus ein Ganzes, eine mannschaftsdienliche Steigerung.

1.8.6.2 Bedingungen der Integration

Der Mannschaftstyp spielt bei der Neuaufnahme von Mitgliedern eine wesentliche Rolle. Bei interaktiven Mannschaften, wie z. B. im Fußball oder Volleyball, stellt die Integration des Neulings einen komplexen Vorgang dar, der Auswirkungen auf das gesamte Mannschaftsgefüge hat. Einfacher ist dies bei koaktiven Mannschaften, da hier die Rollenzuweisung und die Eingliederung in die gemeinsame Aufgabe leichter fällt.

Wie bereits mehrmals erwähnt, hängt die Integration des Neulings auch vom inneren Zusammenhalt der Gruppe (Kohäsion) ab. Je stärker der innere Zusammenhalt, desto schwieriger wird es für Neulinge, diese Barriere zu überwinden.

Bei formellen Gruppen, d. h. Mannschaften mit leistungsorientierter Zielsetzung und austauschbaren Positionen, kann die Aufnahme des Neulings durch die Zielstellung erleichtert werden. Wenn der Neuling einen Beitrag zur Bewältigung der gemeinsamen Aufgabe zu leisten verspricht, gelingt die Integration meist ohne Probleme.

Bei informellen Freizeitgruppen können sowohl Abwehrhaltungen als auch freundliche Aufnahmebereitschaft vorhanden sein. Gruppen, die schon über längere Zeiträume bestehen, z. B. Seniorenmannschaften, zeigen häufig Abwehrreaktionen, da manche Mitglieder ihre Stellung durch Neulinge bedroht fühlen.

Andere Gruppen erkennen die belebende Wirkung von Neulingen und bieten ihnen bereitwillig die Gelegenheit zur Integration.

Sowohl bei formellen als auch bei informellen Gruppen und Mannschaften wird die Aufnahme von Neulingen erleichtert, wenn sie bestehende Lücken, Defizite oder Schwächen zu kompensieren versprechen.

1.8.7 Auswechselspieler – Stammspieler

Mannschaften bestehen in der Regel aus Stammspielern und Auswechsel- oder Ersatzspielern. Diese kommen zum Einsatz, wenn taktische Erwägungen oder Verletzungen von Stammspielern dies nahe legen.

Alle Spieler haben das gemeinsame Motiv „Spielen!". Die Nichtberücksichtigung der überzähligen Spieler bedeutet deshalb eine empfindliche Störung ihrer Erwartungshaltung, d. h., Gefühle der Frustration, Aggression oder auch der Resignation können sich einstellen.

Bei Freizeitmannschaften wird das Problem überzähliger Spieler dadurch gelöst, dass von vornherein ein Wechselmodus festgelegt wird, der jedem Spieler möglichst gleiche Anteile am Spiel gewährt.

Bei leistungsorientierten Mannschaften kann die Unzufriedenheit der nicht zum Einsatz kommenden Spieler zu Störungen der Mannschaftsharmonie führen. Deshalb sollte auch hier rechtzeitig Klarheit über die Verfahren geschaffen werden, ob und wann Auswechselspieler zum Zuge kommen.

Verhältnis Auswechselspieler – Stammspieler

Auswechsel- und Stammspieler sind auf der Ebene des Spieleinsatzes Konkurrenten (Abb. 28).

Als Mitglieder der gleichen Mannschaft sind sie aber auch gleichzeitig kooperative Partner.

Ersatz- und Stammspieler sind kooperative Partner und Rivalen zugleich.

Das Rivalisieren, das Streben, der Bessere zu sein, kommt letztendlich der Mannschaft zugute. Nur wenn die Zugehörigkeitsmotivation und das gemeinsame Ziel sehr stark ist, kann zwischen rivalisierenden Konkurrenten eine Wir-Beziehung, Kooperation und Sympathie entstehen. Es ist sehr selten, dass rivalisierende Mitglieder auch Freunde werden. Geht das gemeinsame Ziel verloren oder stellen die rivalisierenden Spieler ihre persönlichen Ziele über das Mannschaftsziel, kann es zum ernsthaften und folgenreichen Zerwürfnis kommen. Besonders bei interagierenden Mannschaften kann das gemeinsame Ziel nur durch größtmögliche Kooperation erreicht werden. Dieser Zusammenschluss kann sogar feindselige Gefühle von Rivalen überdecken und durch Sympathie ersetzen. Bei koagierenden Mannschaften mit additivem Leistungserfolg, z. B. beim Tischtennis, wirken sich Konflikte zwischen Ersatz- und Stammspielern weniger gravierend aus, da die individuelle Leistung messbar zum gemeinsamen Erfolg beiträgt.

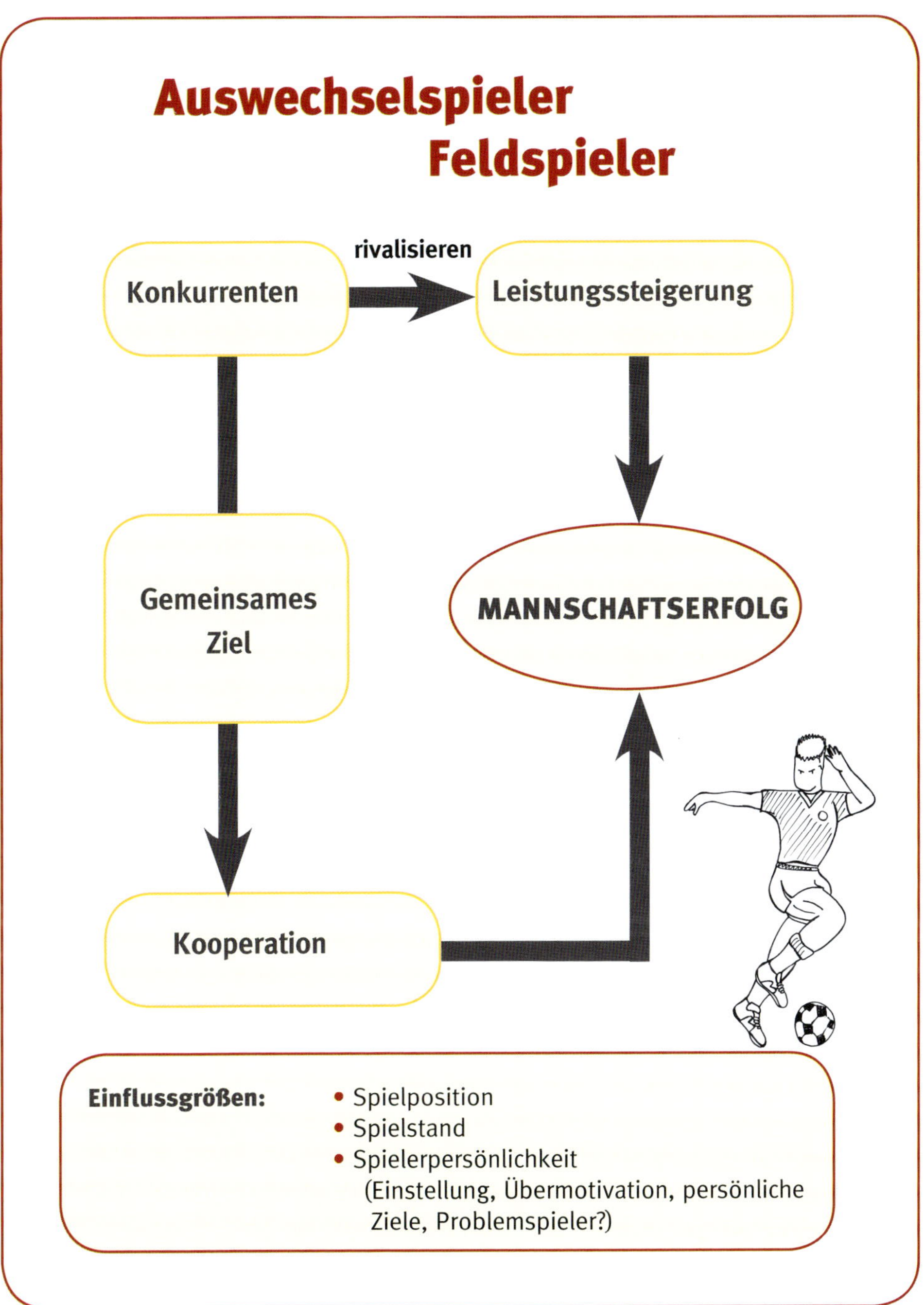

Abb. 28: Auswechselspieler – Feldspieler

Für eine gute Mannschaftsleistung ist der Respekt und die Achtung für die anderen Mitglieder unbedingte Voraussetzung. Auch die Rivalen müssen die grundsätzliche Einstellung mitbringen: „Wir sitzen alle in einem Boot! Wenn meine Leistung der Mannschaft dient, erreiche ich auch meine persönlichen Ziele!"

Respekt und Achtung für den Rivalen drückt sich auch durch Ehrlichkeit, Einsatzbereitschaft und gegenseitiges Unterstützen aus.

Es wurde schon darauf hingewiesen, dass die Rangordnung in einer Mannschaft flexibel bleiben muss. Jedes Mitglied soll seinen optimalen Beitrag für alle liefern. Deshalb sollten auch Auswechselspieler immer wieder die Chance haben, ihre Fortschritte beweisen zu können.

Erlebt ein Spieler, dass er keine Wirkung beim Trainer erzielt, ob er nun intensiv trainiert und sich verbessert, oder ob er mit mehr oder weniger Engagement am Training teilnimmt, kann sich der Zustand der **„erlernten Hilflosigkeit"** einstellen, nach dem Motto: „Egal, ob ich mich anstrenge oder nicht, ich komme ja doch nicht in die Mannschaft".

1.8.8 Spielerwechsel

1.8.8.1 Wechselhäufigkeit

Beim Spielerwechsel kann man zwei Aspekte erkennen:

a) Seltener Austausch von Spielern stärkt das „Wir-Gefühl" der Mannschaft, verbessert die Kommunikation und das gegenseitige Verstehen der Mitglieder untereinander.

b) Häufiger Wechsel und Rollentausch geht auf Kosten des „Wir-Gefühls", erweitert und vertieft jedoch das Verständnis für die Rolle und das Verhalten der anderen.

Letzterer Aspekt ist vor allem bei Jugendlichen zu beachten, da sie vielseitige Rollenerfahrung benötigen, um später eine spezifische Position und Rolle kompetent ausfüllen zu können.

Mannschaften mit einem großen Spielerkader wechseln häufiger aus. Dadurch erreicht man eine höhere Zufriedenheit bei den Spielern. Dieses Rotationsprinzip sollte jedoch nicht zur Gewohnheit werden, da sonst bei weniger leistungsmotivierten Spielern die Anstrengungsbereitschaft nachlassen kann, nach dem Motto: „Ich komme ja sowieso in die Mannschaft!"

Ob diese **Rotation** zur Abschwächung der Teamharmonie führt, hängt von mehreren Faktoren ab:

- Dem Rollenverständnis und dem Einfühlungsvermögen der eingewechselten Spieler.
- Vom Geist, dem gegenseitigen Kennen und Respektieren und dem Verständnis, dass die Spieler während des Trainings aufbringen.
- Von der Art der Motivation, d. h. überwiegt die Zugehörigkeitsmotivation, die Aufgabenmotivation oder die Selbstmotivation?
- Von der Wirkung auf das Mannschaftsgefüge, z. B., wenn die Position des eingewechselten Spielers eine andere ist als die des ausgewechselten. Ersetzt der eingewechselte Spieler einen Stammspieler auf der gleichen Position, sind die Wirkungen auf das Gesamtgefüge gering. Ist jedoch mit dem eingewechselten Spieler eine Verschiebung der Rollen anderer Spieler verknüpft, bedarf es eines neuen Rollen- und Aufgabenverständnisses der betroffenen Spieler.

  Dies ist z. B. der Fall, wenn ein Stürmer ausgewechselt wird und ein zusätzlicher Abwehrspieler in die Mannschaft kommt.

Spieler, die sich voll in den Dienst der Mannschaft stellen, ihre Rolle genau kennen und sie mit allen persönlichen Mitteln auszufüllen versuchen, werden auch bei häufigem Auswechseln den Teamzusammenhalt und die Teamharmonie stabil halten.

1.8.8.2 Funktionen des Spielerwechsels

Wozu werden Spieler ausgewechselt?

Es gibt mehrere Gründe, die den Trainer dazu veranlassen, Spieler auszutauschen. Entscheidend können situationale Vorkommnisse sein oder Ziele, die durch den Spielerwechsel erreichbarer werden (Abb. 29).

Folgende Funktionen des Spielerwechsels lassen sich verallgemeinernd nennen:

- **Austausch verletzter Spieler**

Dies stellt die ursprüngliche Funktion des Spieleraustauschs dar.

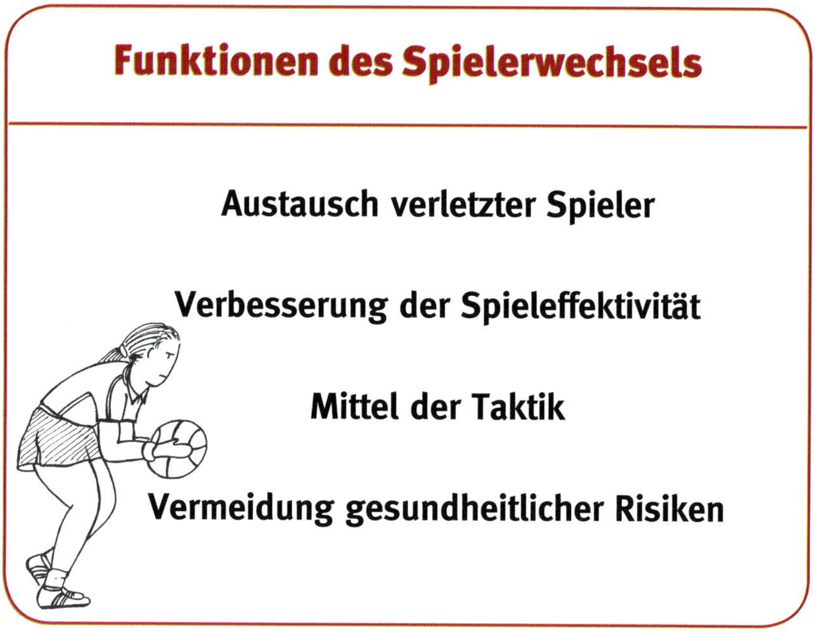

Funktionen des Spielerwechsels

Austausch verletzter Spieler

Verbesserung der Spieleffektivität

Mittel der Taktik

Vermeidung gesundheitlicher Risiken

Abb. 29: Funktionen des Spielerwechsels

- **Mittel der Taktik**

Bei Spitzenmannschaften besteht die Tendenz, positionsbezogene Wechsel durchzuführen, also z. B. ein Mittelstürmer als Auswechselspieler ersetzt den Mittelstürmer der Stammformation. Dadurch wird eine zusätzliche Verständigung erspart. „Der Spieler kennt seine Rolle." Weitere Aspekte, die zur Taktik zählen, ergeben sich aus dem Spielstand, z. B. Einwechseln eines defensiven Spielers, um den Vorsprung zu halten.

- **Vermeidung gesundheitlicher Risiken**

Durch Einwechseln ausgeruhter Spieler kann eine Überbeanspruchung der Stammspieler vermieden und damit die Verletzungsfaktoren verringert werden.

- **Verbesserung der Spieleffektivität**

Ausgeruhte Spieler können neue Impulse setzen oder für Überraschungseffekte sorgen, z. B. als „ Joker".

1.8.8.3 Wechselstrategien

Bei mehreren Untersuchungen konnten zwei wesentliche Gründe für Auswechslungen ermittelt werden:

- **Offensives Auswechseln**

Manche Trainer bevorzugen eine aktive Strategie der Auswechslung. Aggressiv-dynamisches Wechseln wird als taktisches Mittel verwendet. Im Basketball umfasst diese offensive Auswechselstrategie 10-16 Wechselmaßnahmen (Hagedorn 1979).

- **Abwartend-passives Wechseln**

Es wurde festgestellt, dass insbesondere in der Verteidigung ein abwartendes, passives, mehr reagierendes Auswechseln vorgenommen wird. Dabei erfolgen 7-12 Wechselmaßnahmen.

- Spielerwechsel erfolgen häufiger bei Rückstand als bei Führung („Never change a winning team."). Dabei spielen Erregungszustände, Erwartungshaltungen und Trainertyp eine wesentliche Rolle.

- In hohen Erregungszuständen, unter Entscheidungsdruck, neigen Trainer eher zum Spielerwechsel. Es scheint so, dass der Spielerwechsel für manche Trainer eine Ventilfunktion gegen den erhöhten Entscheidungsdruck besitzt.

  Emotional reagierende Trainer sollten deshalb kühlen Kopf bewahren und sich des Zusammenhangs von Erregung und Entscheidung bewusst werden. Entscheidungen sollen sich an tatsächlichen Erfordernissen der Spielsituation orientieren und nicht als emotionale Spontanreaktion ausgeführt werden. Dadurch wird meistens das Gegenteil des erwünschten Erfolgs erreicht.

Es konnte nicht bestätigt werden, dass die Wechselhäufigkeit oder der zeitliche Abstand des Wechselns für den Spielerfolg herangezogen werden kann.

Wechselstrategien, ob offensiv oder passiv-reagierend, scheinen allerdings dann erfolgreich zu sein, wenn sie in konsequenter Weise durchgeführt werden. Die Integration der eingewechselten Spieler, ihre Anpassung und Einbindung in das Spielgeschehen, wird durch konsequente Regelmäßigkeit sowohl für die Mannschaft als auch für sie selbst erlernbar.

Ein positiver Aspekt wird durch die hohe Motivation der eingewechselten Spieler erzeugt. Sie sind ausgeruht und versuchen, in der verbleibenden Spielzeit durch hohe Einsatzbereitschaft ihre Aufgaben zu erfüllen und ihre Leistungsbereitschaft unter Beweis zu stellen.

1.8.9 Wer spielt? – Leistungs- oder/und Gerechtigkeitsprinzip

Es wurde bereits deutlich gemacht, dass das Streben um den höheren Rang in der Mannschaft letztendlich der gemeinsamen Zielerreichung dient. Bei individuellen Leistungsunterschieden steigt der Stärkere in der Hierarchie nach oben. Die Belohnung für Leistung, der höhere Rang oder die Teilnahme an Entscheidungen bedeuten zugleich einen Vorteil für die Mannschaft. Leistung und Belohnung gehören zur inneren Logik einer leistungsbeogenen Mannschaft (Abb. 30).

Je mehr Bedeutung der Einzelne in der Mannschaft durch seine Bemühungen erwirbt, desto lustvoller und erfüllender wird er seine höhere Rangposition erleben, d. h., wer sich bemüht, soll auch belohnt werden.

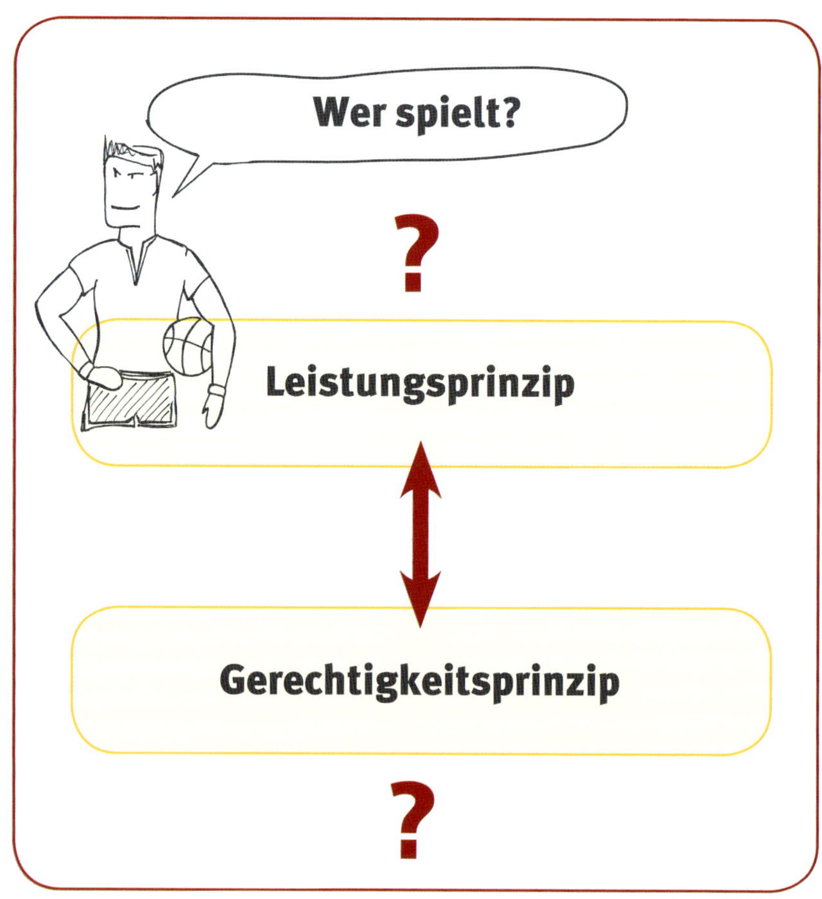

Abb. 30: Wer spielt?

Wir empfinden es in der Regel als ungerecht, wenn ein Leistungsschwächerer eine höhere Belohnung erhält als der Leistungsstärkere.

Der Zusammenhang von Leistung und Gerechtigkeit ist in unserer Gesellschaft durchgängig festzustellen, z. B. in der Schule erhält der Bessere die guten Noten, der beruflich Ehrgeizige wird mit Anerkennung und höherem Lohn ausgezeichnet.

Wenn man die leistungsbezogene Rangordnung einer Mannschaft einebnet, verstößt man gegen ein natürliches Gerechtigkeitsprinzip. Das Problem bei Sportmannschaften besteht in der unterschiedlichen Meinung darüber, was man unter Leistung verstehen soll. Orientiert man sich nur am Leistungsergebnis? Oder bewertet man auch die Anstrengungsbereitschaft, den Trainingsfleiß, die Erfahrung, Fähigkeiten der Kommunikation oder das Selbstvertrauen, in Belastungssituationen auch die Ängstlichen unterstützen zu können und nicht zu resignieren?

Um das Problem zu lösen, sollte man prinzipiell anerkennen, dass Gerechtigkeit ein Merkmal der inneren Struktur der Mannschaft darstellt und sich nicht nach Verhaltensmerkmalen einzelner Spieler richtet.

Bei Sportmannschaften gibt es noch weitere Aspekte im Hinblick auf Gerechtigkeit des Einsatzes von Mannschaftsmitgliedern. Es gibt Mannschaften, deren Ziele weniger im Leistungsbereich liegen, als vielmehr in der Freude der Mannschaftszugehörigkeit, dem Zusammensein mit sympathischen Menschen oder in der Lust, gemeinsam mit den anderen etwas zu leisten. Je weniger wichtig das Leistungsprinzip in einer Mannschaft ist, desto mehr ändert sich das Gerechtigkeitsprinzip zu Gunsten individueller und sozialer Bemühungen.

Wer z. B. zuverlässig am Training teilnimmt, jedoch nicht zu den Leistungsträgern zählt, erweist sich für das Training als wichtiger und zuverlässiger Spieler, der einen effektiven, konstruktiven Beitrag zum gemeinsamen Training liefert.

Folgende Aspekte spielen bei der Bewertung des Zusammenhangs von Leistung, Gerechtigkeit und dem Einsatz von Mitspielern eine wesentliche Rolle:

1. Welche Ziele werden verfolgt? Leistungsziele? Amateurbereich? Freizeit?
2. Gibt es eine eingespielte Stammformation?
3. Betrifft es eine Schüler- bzw. Jugendmannschaft?
4. Welche Altersstruktur liegt vor?
5. Sind Individualisierungstendenzen einzelner Spieler erkennbar? Problemspieler?
6. Verfügt ein Spieler neben der Spielstärke über besonders mannschaftsdienliche Fähigkeiten?
7. Welcher Trainertyp liegt vor? Humanistischer Trainer oder Verhaltenstrainer?

1.8.9.1 Der pädagogische Aspekt

Ein Trainer ist, ob er sich dessen bewusst ist oder nicht, immer auch Pädagoge. Besonders im Mannschaftssport erwerben Kinder und Jugendliche soziale Fähigkeiten, die auch in anderen Lebensfeldern von existenzieller Bedeutung sind. Teamfähigkeit, Einfühlungsvermögen, Selbstbeherrschung, Unterordnung unter das gemeinsame Ziel, aber auch Selbstbewusstsein und Durchsetzungsvermögen, sind Beispiele für die Vielfalt der sozialen Lernprozesse, die der Trainer maßgeblich mit gestaltet.

Das Gerechtigkeitsprinzip darf sich bei Kindern nicht nur nach der sportlichen Leistungsfähigkeit richten. Gerechtigkeit bedeutet in dieser Hinsicht, Spielern, die die gleichen Voraussetzungen mitbringen, eine gleiche Chance zum Spieleinsatz zu geben, auch wenn sie unterschiedlich leistungsfähig sind.

Gleiche Voraussetzungen beziehen sich hauptsächlich auf regelmäßige und zuverlässige Trainingsteilnahme, auf die Bereitschaft, sich auch außerhalb des Spielfelds für die Mannschaft zu bemühen oder sich durch andere mannschaftsdienliche Verhaltensweisen auszuzeichnen. Die Fairness gebietet es beispielsweise, dass Spieler aus Gründen, die sie nicht zu vertreten haben, nicht ihr Anrecht auf Mannschaftszugehörigkeit verlieren. Darunter fallen z. B. triftige familiäre Gründe, berufliche Verpflichtungen, Krankheits- und Verletzungsphasen u.a.

Bei Leistungsmannschaften stehen also Gerechtigkeits- und Leistungsprinzip in einem unmittelbaren Zusammenhang.

Im Kinder-, Jugend-, Amateur- oder Freizeitbereich kommen andere Gesichtspunkte hinzu, die im Sinne des Gerechtigkeitsprinzips zu berücksichtigen sind.

Vorteile des Leistungsprinzips

Die leistungsstärksten Spieler kommen zum Einsatz, die Mannschaft kann ihre Leistungsziele durch optimale Voraussetzungen erreichen.

Nachteile des Leistungsprinzips

Schwächere, aber eifrige, trainingsfleißige und zuverlässige Spieler können auf der Strecke bleiben.

Vorteile des Gerechtigkeitsprinzips

Wenn man sich auf das Gerechtigkeitsprinzip geeinigt hat, behalten auch die schwächeren Spieler ihren Platz in der Mannschaft. Trainingsfleiß und Zuverlässigkeit und andere mannschaftsdienliche Fähigkeiten bleiben erhalten, da sie durch den Spieleinsatz belohnt werden. Auch schwächere Spieler können durch Wettspielerfahrung noch bedeutende Fortschritte erzielen, die durch Training allein nicht erreicht werden können.

Nachteile des Gerechtigkeitsprinzips

Der sportliche Erfolg kann gefährdet sein, da nicht in jedem Fall die spielstärksten Spieler zum Einsatz kommen.

Grenzen des Leistungsprinzips

Auch im Profibereich findet das Leistungsprinzip dort seine Grenzen, wo ein Spieler den Zusammenhalt, speziell den Aufgabenzusammenhalt und die spielerische Harmonie einer Mannschaft, gefährdet. Wenn Spieler nicht bereit sind, ihre persönlichen Ziele dem Mannschaftsziel unterzuordnen oder andere Spieler zu unterstützen, wenn sie nicht mehr bereit sind, alles zu tun, um die gemeinsame Aufgabe zu bewältigen, können sie die Quelle eines beginnenden Leistungsabfalls der gesamten Mannschaft sein (siehe Kap. 1.8.5 „Der Problemspieler").

Gelingt es nicht, durch gemeinsame Absprache eine Lösung zu finden, sollten Kompromissregelungen vorgeschlagen werden. Zum Beispiel können schon im Vorfeld die wichtigsten Spiele genannt werden, bei denen die leistungsstärksten Spieler auflaufen. Auch eine bestimmte Anzahl von Trainingsversäumnissen könnte als Begründung einer Nichtaufstellung erwogen werden (Klante 1994).

1.8.10 Spielertypen

Verwendet man den Begriff **„Typ"**, so sollte man sich darüber im Klaren sein, dass man darunter eine extreme Merkmalsausprägung versteht. Menschen, die mit spezifischen Eigenschaften und Merkmalen versehen sind, ordnen wir pauschal einem entsprechenden Typ zu. Beispielsweise sprechen wir von einem **„athletischen"** Typ, einem **„eleganten"** Typ, dem Typ des **„Draufgängers"** oder einem **„bedächtigen"** Typ.

Wir sind geneigt, von einem **„typischen Merkmal"** ausgehend, generalisierend eine Beurteilung des Menschen vorzunehmen, indem wir von einem Merkmal auf das Vorhandensein anderer Merkmale schließen. Der Rückschluss von körperlichen Merkmalen auf charakteristische psychische Merkmale hat z. B. zu fatalen Schlussfolgerungen im Hinblick auf die Beurteilung von Menschen bestimmter Volkszugehörigkeit geführt.

Man sollte deshalb mit dem Begriff **„Typ"** mit angemessener Distanz umgehen und sich hüten, unreflektiert von einem charakteristischen Merkmal auf andere Besonderheiten zu schließen, deren Vorhandensein nur vermutet wird.

Spielertypen

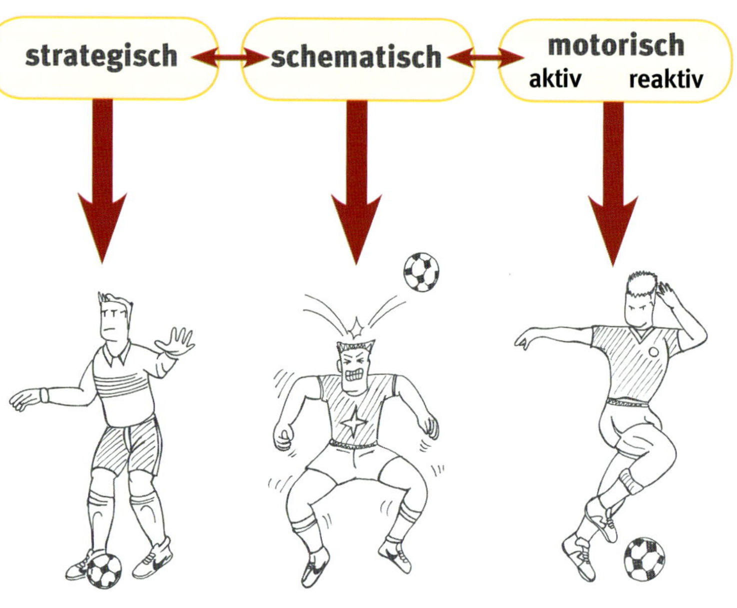

- Schnelle Informationsverarbeitung
- „Panoramaorientierung“
- Flexibles Erkennen der besten Lösung
- Antizipationsfähig
- Umstellungsbereit

- Unbewegliche Denkschemata
- Gewohnheitsgeprägt
- Umstellungsresistent
- Stur

- Motorisch schnell
- Energisch
- Durchsetzungsstark
- Verzögerte Informationsverarbeitung

Abb. 31: Spielertypen

Weiterhin treten Menschen mit extremen Merkmalskomplexen nur selten auf. Die meisten Menschen können irgendwo zwischen den Merkmalsextremen eingeordnet werden, z. B. zwischen extrovertiert und introvertiert, zwischen geduldig und ungeduldig, empfindsam und unzugänglich u.a.

Wenn wir Sportler, speziell Spieler, nach ihren Fähigkeiten, z. B. zur Spielfähigkeit und Spielgestaltung, beurteilen, so gelten auch hier diese Vorbehalte.

Trotzdem erlauben sie eine gewisse Groborientierung bei der Verteilung von Rollen, sodass sie für den Trainer hilfreich sein können bei der Verteilung von Aufgaben innerhalb der Mannschaft. Spieler können sich in der Art und Weise unterscheiden, wie sie Informationen aufnehmen und in sportliche Aktivitäten umsetzen. Das betrifft vor allem die Schnelligkeit des Denkens, die Art der Wahrnehmung (-genauigkeit, -umfang, -geschwindigkeit) die Entscheidungsfähigkeit und die Schnelligkeit, mit der die inneren Verarbeitungsvorgänge in körperliche Bewegung umgesetzt werden.

Weiterhin sind die Schnelligkeit der Bewegung und die Durchsetzungskraft ein Kriterium für die Einteilung von Spielertypen (Abb. 31).

1.8.10.1 Der Stratege

Es gibt Spieler, die ihre Aufmerksamkeit auf die schnellstmögliche Erfassung einer Situation, auf die Unterscheidung und Bewertung verschiedener Einflüsse und deren unmittelbare Verarbeitung richten.

Bei ihnen sind die Gehirnareale der kognitiven Funktionen (Denken, Wahrnehmen, Vorstellen) stark erregt. Weniger aktiviert sind die motorischen Regionen der Hirnrinde.

Dieser Typ ist deshalb vorrangig auf die geistige Durchdringung der Situation und damit auf die Vorbereitung der äußeren Handlung ausgerichtet. Weniger aktiviert sind die motorischen Regionen der Hirnrinde, die für die Ausführungsschnelligkeit verantwortlich sind (Schubert 1981).

Der strategische Typ zeichnet sich also durch ein breites Wahrnehmungsfeld, durch eine **„Panoramaorientierung"**, aus. Er kann aus mehreren Signalen eine optimale Entscheidung schnell und zielbewusst treffen. Besonders wichtig für den strategischen Spieler ist die Antizipation, die Fähigkeit, zukünftige Situationen vorauszusehen. Sie verkürzt die Reaktionszeit und ist die Voraussetzung für komplexes taktisches Handeln.

Der Wechsel flexibler Konzentration, von eng nach weit, blitzschnelle Umstellungsfähigkeit von Angriff auf Abwehr, Kreativität und Ideenreichtum, zeichnen den strategischen Spieler aus. Beim Fußball übernimmt er die Rolle des Mittelfeldspielers.

Der Ausprägungsgrad für reflexartige Handlungen ist bei ihm geringer einzustufen.

1.8.10.2 Der Motoriker

Schnelligkeit der motorischen Aktion und Durchsetzungsfähigkeit sind seine Markenzeichen. Er konzentriert sich vornehmlich auf die äußere Handlung, also auf die körperlich-motorische Ausführung.

Dafür zahlt er den Preis eines verengten Wahrnehmungsfelds. Er ist motorisch schnell und energisch, aber langsam in der Verarbeitung und Bewertung komplexer Signale. Er erkennt das Ganze als Bild und entscheidet seine Aktion im Rahmen einer vorher gefassten Zielstellung. Denkabläufe werden stark verkürzt, wodurch die schnelle motorische Reaktion zu erklären ist.

Unterschiede bestehen in der Art der Aufgabenbewältigung, d. h., muss der Spieler auf die Aktion des Gegners reagieren oder selbst entscheidend agieren?

Aktive Entscheidung – der Stürmer

Vom Stürmer wird verlangt, dass er mit großer Schnelligkeit eine Entscheidung trifft und diese unmittelbar in die Tat umsetzt.

Reaktive Anpassung – der Verteidiger

Auch der Verteidiger muss blitzschnell reagieren, ohne länger währende Denkprozesse durchführen zu können. Im Unterschied zum Stürmer sind bei Defensivaufgaben zum Teil reflexartige Handlungen auf konkrete Spielaktionen des Gegners erforderlich. Die Anforderungen an eigene Handlungsentscheidungen sind relativ gering.

Augrund der hohen Anforderungen an motorische Schnelligkeit, Durchsetzungsstärke und Entschlossenheit sowie durch die positionsbedingte geringere Anforderung, komplexe Informationen zu verarbeiten, ist er der Kategorie des motorischen Spielertyps zuzuordnen.

1.8.10.3 Der Schematiker

Spieler mit trägen, unbeweglichen Denkschemata können sich nur schwer von ihren Gewohnheitshandlungen lösen, sie hängen an dem, was sie gewohnt sind. Durch erfolgreiches Handeln in der Vergangenheit sind bestimmte Techniken und taktische Vorstellungen so verfestigt, dass sie nur schwer in der Lage sind, eine situationsangemessene Veränderung vorzunehmen.

Mit einer gewissen Sturheit hält der Schematiker an seinen Gedanken und Vorsätzen fest. Nur durch starke Reize, z. B. entscheidende, tief empfundene Erlebnisse oder eine radikale Methodenänderung kann der in seinem Schema verhaftete Spieler zu flexiblerem Verhalten gebracht werden. Es liegt ihm fern, neue Informationen flexibel umzusetzen, kreative Spielzüge zu initiieren oder bereits begonnene Aktionen abzubrechen oder zu ändern. Er geht gern „mit dem Kopf durch die Wand".

Fazit

In modernen Spielsystemen überschneiden sich die Funktionsräume der Spieler, weshalb sich auch die Tendenz zur universellen Spielfähigkeit fortsetzt. Trotzdem bleibt ein Rest positionsspezifischer Ausbildung bestehen.

Diese ist darin begründet, dass sich Spielerrollen mit hoher Entscheidungskompetenz von solchen mit geringerer Anforderung an Entscheidungsfähigkeiten unterscheiden. Das bedeutet, dass es z. B. Spieler gibt, die über große Schnelligkeit bei Aufgaben ohne Entscheidungsanforderungen verfügen, aber bei Handlungen mit komplexen, aktiven Entscheidungsanforderungen schwächer reagieren.

Doch nur selten werden solche Spezialisten in moderne Systeme integrierbar sein, da ihr Verhalten vorauszuahnen ist und sie deshalb relativ leicht zu kontrollieren sind.

1.9 Eine Mannschaft braucht Ziele

Ziele von heute sind die Gegenwart von morgen. Ziele reichen aus der Gegenwart in die Zukunft. Deshalb gehört die Zielsetzung zu den wichtigsten Motivationsmaßnahmen in einer Mannschaft, da sie zukünftiges Handeln in Gang setzen und gewährleisten.

Je zeitlich näher Ziele liegen, desto konkreter und desto kontrollierbarer kann ihr Erreichen geplant werden. Je weiter entfernt sie liegen, desto unsicherer wird die Aussicht, sie tatsächlich mit den geplanten Mitteln zu erreichen. Nichtsdestoweniger behalten auch weit entfernte Ziele ihre motivierende Wirkung, da sie vergleichsweise eine Sogwirkung in die Zukunft ausüben.

Typen der Zielsetzung

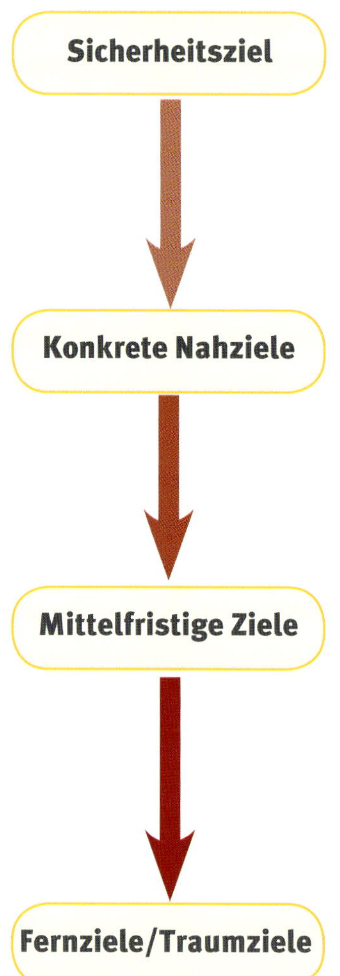

Unterstes Limit, wird auf alle Fälle erreicht. Verhindert Versagensängste. „Akzeptanz“ auch von schlechter Leistung.

Realziele. Wirken als Herausforderung. Können erreicht werden durch Einsatz aller persönlichen Mittel und Fähigkeiten.

Überschaubarer Zeitraum. Sie leiten die Motivation über die aktuelle Trainings- bzw. Unterrichtseinheit hinaus.

Werden nicht erwartet. Verhindern aber das Entstehen emotionaler oder mentaler Barrieren.

Abb. 32: Typen der Zielsetzung

1.9.1 Verschiedene Ziele

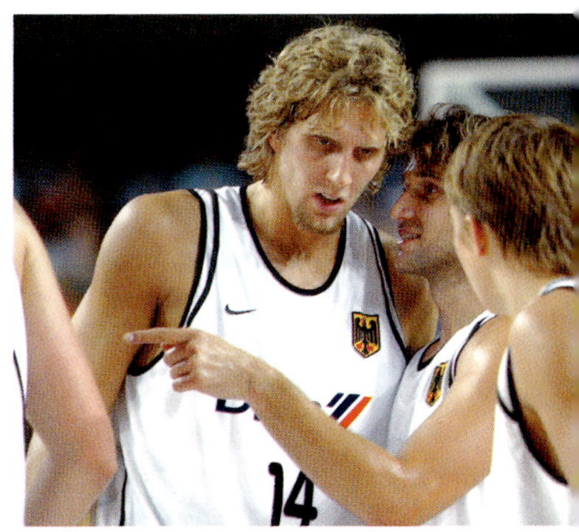

Ziele unterscheiden sich einmal nach ihrer zeitlichen Vorausnahme, zum anderen durch ihre Inhalte. Ziele werden von den Mannschaftsmitgliedern angestrebt. Deshalb ist es von entscheidender Bedeutung, dass die persönlichen Ziele der Einzelmitglieder im Sinne des Mannschaftsziels wirken. Stimmen Einzelziele und Mannschaftsziel überein, „ziehen alle an einem Strang", d. h. Teamgeist, Leistungsmotivation und Zukunftsorientierung, stellen sich als optimale Voraussetzungen für die Mannschaftsleistung ein (Abb. 32).

1.9.2 Zeitliche Ziele

Je nachdem, wie weit die Ziele in die Zukunft reichen, ändert sich die Möglichkeit der konkreten Erreichbarkeit und der gezielten Veränderung.

1.9.2.1 Nahziele

Langfristige Ziele, die nur als Wunschträume existieren, sollte man in Teilziele aufgliedern und sie in eine überschaubare Frist einbetten.

Das Nahziel ist richtungsweisend für die Trainingsarbeit. Es berücksichtigt die körperliche Verfassung, die Belastungen durch die Wettkampfperiode und die Einstellung der Sportler.

Nahziele sollten den Charakter der Herausforderung besitzen. Sie sollen den Neugiertrieb ansprechen durch innovative Übungsformen, eine abwechslungsreiche Trainingsgestaltung bewirken und dadurch gekennzeichnet sein, dass die Anforderungen geringfügig über dem aktuellen Leistungsniveau liegen. Die Spieler sollen den Sinn von belastenden Zielstellungen erfahren, da nur er als Belohnung für Anstrengung und Verzicht dauerhaft wirksam sein kann.

Zum Erreichen der Nahziele sollten folgende Überlegungen angestellt werden:

- Entspricht die Zielstellung den aktuellen Bedingungen (Einstellung, Kondition, Wettkampfperiode)?
- Welches Ziel soll vorrangig angestrebt werden?
  z. B. Korrektur von aufgetretenen Schwächen und Defiziten?

- Durch welche Methoden und Maßnahmen kann man die Ziele am besten erreichen?
- Sind die Ziele kontrollierbar, d. h., erhalten die Spieler Rückmeldung, ob die Ziele erreicht wurden?

Der Erfolg der Zielerreichung sollte mehr durch das Bewusstsein und die Erkenntnis der gelungenen Handlung und nicht nur durch das Lob des Trainers erfahren werden.

1.9.2.2 Mittelfristige Ziele

Sie lenken die Motivation in die Zukunft. Sie motivieren über einen überschaubaren Zeitraum, z. B. eine Wettkampfperiode oder über eine Spanne von etwa drei Monaten bis zu einem Jahr. Das Setzen von Zwischenzielen gibt die Rückmeldung darüber, ob die mittelfristige Zielsetzung realistisch ist und eine weitere Leistungssteigerung ermöglicht wird. Nach Überprüfung können Zwischenziele verändert oder verschoben werden, sie müssen jedoch als Herausforderung und als weitere Stufe zur Fernzielerreichung bestehen bleiben.

1.9.2.3 Langfristige Ziele

Als motivierende Leitidee steuert das Fernziel Nahziele und mittelfristige Ziele in zukunftsgerichtetes Handeln. Das Sichvorstellen, etwas zu erreichen, ohne dass man es wirklich erwartet, kann die Bildung mentaler Barrieren und eingeschränkter Denkweisen verhindern. Insbesondere bei Kindern und Jugendlichen dienen sie der optimistischen Zukunftseinstellung und stärken das Selbstvertrauen, auch wenn Rückschläge hingenommen werden müssen.

1.9.3 Wahl der Zielstellung – Zielarten (Abb. 33)

a) Gute Vorsätze

Gute Vorsätze werden meist als Folge von Misserfolgen, von Fehlleistungen oder Enttäuschungen gefasst. „Im nächsten Jahr machen wir es besser!", „Das nächste Mal werden wir bis zum Schluss kämpfen!", „Auch wenn ich mich ärgere, werde ich in Zukunft meinen Mund halten!" Gute Vorsätze sind meist aus der Situation geboren, sie sind emotional begründet, ohne dass ein durchdachter Plan zur Erfüllung vorliegt.

Deshalb sind gute Vorsätze meist nur von kurzer Dauer, da der Zusammenhang von Weg und Ziel nicht hergestellt wird.

Um guten Vorsätzen eine Chance zur Verwirklichung zu geben, sollte man sich überlegen, welche konkreten Zielstellungen zu wählen sind, ob es z. B. körperliche, taktische oder mentale Ziele sind, die man anstrebt. Weiterhin bedarf es der Überlegung, welche

Wege, Maßnahmen und Mittel die geeignetsten sind, um den guten Vorsatz zu verwirklichen und das gewünschte Ziel zu erreichen.

Beispielsweise bedarf der Vorsatz: „Ich werde die Entscheidung des Schiedsrichters akzeptieren!", einer gezielten mentalen Vorbereitung.

Man stellt sich z. B. in entspanntem Zustand die provozierende Situation in allen Einzelheiten vor und steuert das Verhalten so, dass man innerlich nachvollzieht, wie man beherrscht und cool die Entscheidung akzeptiert und sich auf das Spiel konzentriert.

b) Ergebnisziele

Sie richten sich auf das Endprodukt einer Handlung. Sie haben deshalb eine motivierende Funktion, die allerdings Gefahren in sich birgt. Starre Ergebnisziele besitzen einen ausgeprägten „alles-oder-nichts"-Charakter. Werden sie zu hoch angesetzt, breitet sich bei einer Niederlage oder bei Versagen rasch Frustration aus oder es kommt gar zu Einbrüchen des Selbstvertrauens.

Ergebnisziele sollen deshalb realistische Erfolgsaussichten versprechen. Außerdem wird das Erreichen von Ergebniszielen durch mannigfache Faktoren gefährdet, auf die der Sportler selbst keinen Einfluss hat, z. B. Krankheiten, Gegner, Zuschauer u. Ä.

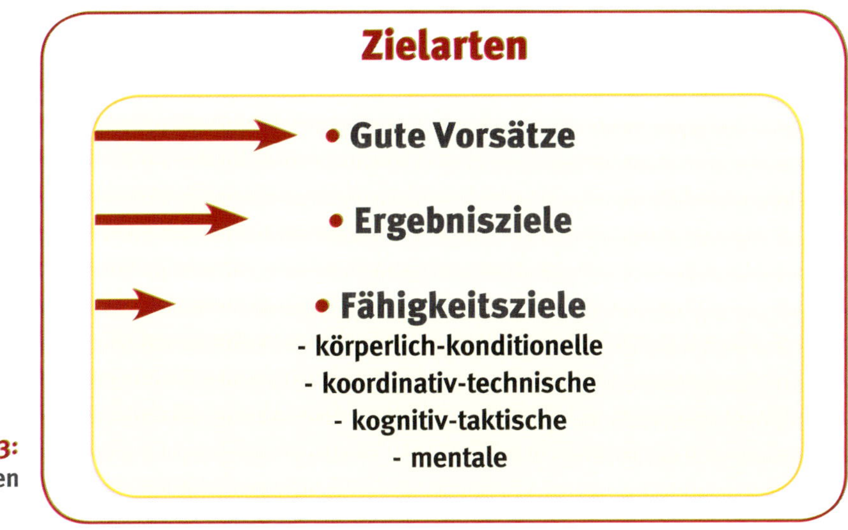

Abb. 33: Zielarten

c) Fähigkeitsziele

Fähigkeitsziele stellen den Sportler in den Mittelpunkt.

Er setzt sich Ziele, um Fähigkeiten zu verbessern, d. h., diese Ziele setzen eine positive, offensive Denkweise voraus. Das Gefühl zu haben, „ein Ziel **noch** nicht erreicht zu haben", lässt dem Sportler die berechtigte Hoffnung, sich ihm weiterhin noch anzunähern bzw. es zu erreichen.

Fähigkeitsziele können sich auf folgende Bereiche beziehen:

- **Körperlich-konditionelle Fähigkeiten**
- **Technisch-koordinative Fähigkeiten**
- **Mentale Fähigkeiten.**

- **Körperlich-konditionelle Fähigkeiten**
  Sie sind zu verbessern, wenn Mängel an Ausdauer, Schnelligkeit oder Kraftfähigkeiten festzustellen sind. Zu beachten ist allerdings, ob die Schwächen als Folge starker Belastung auftreten, z. B. bei mehreren aufeinander folgenden Wettspielen. Hier ist oftmals eine Pause günstiger, um die Regenerationsprozesse zu ermöglichen. Verstärktes Körpertraining kann unter Umständen die vorhandenen Kraft- und Ausdauerreserven noch weiter erschöpfen.

- **Technisch-koordinative Fähigkeiten**
  Die Ausbildung koordinativer Fähigkeiten stellt die Basis für jede sportartspezifische Technik dar. Allgemeine koordinative Fähigkeiten wie Gleichgewichts-, Rhythmus-, Orientierungs-, Reaktions- oder Umstellungsfähigkeiten sollten Bestandteil jeder Trainingseinheit, insbesondere im Jugendbereich, sein.
  Sportartspezifische Technikübungen und -formen verbessern sowohl das koordinative Fähigkeitsrepertoire als auch die technische Qualität. Erhöhung des Zeitdrucks, z. B. Dribbeln um die Wette, Erschwerung der Bedingungen, z. B. wechselnde Entfernung beim Wurf oder Pass oder Kombinationen von koordinativer Anforderung und Technik, z. B. auf Langbänken laufen und sich einen Ball zupassen oder gleichzeitig mit zwei Bällen dribbeln, stellen im Jugendtraining die Voraussetzung für spätere technische Versiertheit dar (siehe Roth 1992; Weineck 1990).
  Weitere Zielstellungen ergeben sich aus der Notwendigkeit, persönliche Techniken mannschaftsdienlich anzuwenden, z. B. nach dem Überspielen eines Gegners genaues Zuspiel, Steilpass oder schneller Konter nach Ballbesitz, Erkennen der besseren Position des Mitspielers und entschlossenes Anspiel, u.a. Mitentscheidend für die Auswahl der Trainingsinhalte sind die erkannten Schwächen und Defizite im technischen Bereich und die realistische Abwägung, welche Ziele durch Verbesserung der technisch-koordinativen Qualität erreicht werden können.

- **Kognitiv-taktische Zielstellungen** stellen Anforderungen an das Spielverständnis, an taktische Ein- und Umstellungen, an die eigene Rolle und das Rollenverständnis der Mitspieler, an die Einordnung des eigenen Handelns in das Gesamtgefüge des Mannschaftsspiels.
- **Taktische Zielstellungen** verlangen theoretische Grundkenntnisse und die Einsicht in die Notwendigkeit der Anwendung. Deshalb ist bei der Verfolgung von taktischen Zielen ein dauernder Bezug von Theorie und Praxis herzustellen. Misslungene Aktionen sind im Hinblick auf taktische Konsequenzen zu analysieren, ebenso wie erfolgreiche Abschlüsse taktisch zu bewerten sind. Eine enge Beziehung zwischen Trainer und Spieler, verständliche Sprache und die Einsicht, dass alle die gleiche Auffassung des taktischen Systems mittragen müssen, sind Voraussetzungen für die Annäherung praktischer Aktionen an theoretische Taktikvorstellungen.
- **Mentale Ziele:** Bei der Formulierung mentaler Ziele sind die persönlichen Voraussetzungen, ihre Realisierungsmöglichkeiten und ihre Bedeutung für die Mannschaft zu berücksichtigen.
  In welcher Weise hat ein Spieler durch sein Verhalten der Mannschaft geschadet, wie kann er dies in Zukunft vermeiden? Welche mentalen Fähigkeiten sollen weiterentwickelt werden, um optimale Spielfähigkeit zu erlangen?
  Welche eigenen Fähigkeiten empfindet der Spieler ganz persönlich als verbesserungswürdig?

Aus Raumgründen können nur Möglichkeiten der Verbesserung mentaler Fähigkeiten angeführt werden.

- **Motivation:** Gibt es Phasen, in denen ein Motivationsabfall zu beobachten ist? Lässt sich der Spieler „hängen"?
- **Konzentration:** Treten Konzentrationsschwächen auf? In welcher Phase, unter welchen Umständen? Sind die Gründe dafür erkennbar?
- **Erregung:** Ist das Lampenfieber zu hoch? Legt sich die Nervosität während des Wettkampfs? Ist die Erregung beherrschbar? Führt sie zu unkontrollierbaren Verhaltensweisen, z. B. Aggressionen oder zu Technikeinbußen? Ziele organisieren die Emotionalität. Erregte, aber zur Untätigkeit verurteilte Sportler, z. B. Reservespieler, fühlen sich im Falle ihres Einsatzes wie befreit. Unzufriedenheit, Aggressivität, aufgestaute, ungerichtete Emotionen stellen ein starkes Potenzial für aufgabenorientierte Motivierung dar. Gelingt es, erregte Sportler mit sinnvollen Handlungen oder Aufgaben zu betrauen, verliert die Erregung den Charakter der Ungeordnetheit, der Störung oder gar der Destruktivität.
- **Selbstbewusstsein:** Hat der Spieler zu wenig Selbstvertrauen? Lässt er sich von Äußerlichkeiten beeindrucken, z. B. vom Auftreten des Gegners, vom Tabellenstand, von Presseankündigungen u.a.?

- **Steuerungsfähigkeiten:** Hier geht es um die Verbesserung von Wahrnehmung, Schnelligkeit der geistigen Erfassung der Spielsituation, um die Entschlusskraft zu handeln, um Spielübersicht, um Geduld oder Anpassung an das Rollenverständnis des Mitspielers.

Maßnahmen

Mentale Fähigkeiten können durch psychoregulative Methoden außerhalb der aktuellen Anforderungssituation verbessert werden. Voraussetzung ist das Erlernen einfacher Entspannungsverfahren. Im Zustand der Entspannung stellt sich der Sportler die erwünschte Handlung in allen Einzelheiten vor und erlebt mental deren erfolgreichen Vollzug.

In dieser, auch als **„Visualisierung"** bezeichneten mentalen Trainingsübung, sollen alle Sinne mit eingeschaltet werden, d. h., man stellt sich die Zuschauerkulisse vor, hört das Getöse der gegnerischen Fans, vergegenwärtigt sich sein eigenes Problem, wie man es cool und souverän löst und versucht dabei auch, Bewegungserlebnisse mit nachzuvollziehen (siehe Baumann 2000). Mentale Fähigkeiten können nur verbessert werden, wenn dies zielstrebig im Training verfolgt wird.

1.9.4 Was bei der Zielsetzung zu beachten ist (Abb. 34)

- **Übereinstimmung von Einzelziel und Mannschaftsziel**

Wie bereits ausgeführt, können die Motive der Spieler, sich einer Mannschaft anzuschließen, unterschiedlicher Art sein, z. B. Zugehörigkeitsmotivation, Leistungsmotive, selbstbezogene Motive. Bei der Setzung von Mannschaftszielen müssen die Ziele des Einzelnen in das gemeinsame Ziel der Mannschaft einzuordnen sein. Einzelziele haben zwar einen gewissen Spielraum, dieser findet jedoch dort seine Grenzen, wo die Einzelziele nicht mehr im Sinne des Mannschaftsziels wirken. Es ist die Aufgabe des Trainers, durch Beobachtung und Gespräche diese Übereinstimmung zu erreichen.

- **Ziele selbst festlegen, mit entscheiden, akzeptieren**

Nur wenn Sportler ihre Ziele selbst festlegen oder bei der Auswahl mit entscheiden oder vorgegebene Ziele zumindest akzeptieren und sie mit Überzeugung zur Leitlinie ihres Handelns machen, übernehmen sie auch Verantwortung. Deshalb sollte ein Trainer seine Vorstellungen über sportliche Mannschaftsziele erläutern und sich davon überzeugen, dass sie mit den Zielen der Mitglieder übereinstimmen und auch aus deren Sicht realisierbar und wünschenswert sind.

Bedingungen der Zielsetzung

Was bei der Zielsetzung zu beachten ist

- **Übereinstimmung der Einzelziele mit dem Teamziel**
- **Selbst festlegen, mit entscheiden oder akzeptieren**
- **Eigenkontrolle der Zielsetzung**
- **Klarer Handlungsbezug**
- **Das Unbewusste muss mitspielen**
- **Reicht das Selbstbewusstsein?**

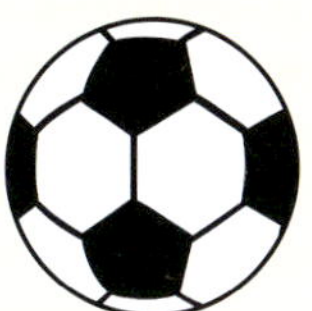

Abb. 34: Bedingungen der Zielsetzung

- **Eigenkontrolle der Zielsetzung**

Konkrete Ziele können nur dadurch erreicht werden, dass man sie selbst kontrolliert. Man hat z. B. keinen Einfluss auf die Leistung der Konkurrenten, auf Zuschauerreaktionen oder auf das Urteil der Medien. Unter eigener Kontrolle hat der Sportler seine eigene Leistungsfähigkeit, die Bedingungen der Leistungsrealisierung, z. B. Trainingsintensität, Lebensführung oder die gemeinsame Absprache mit den Mannschaftsmitgliedern. Ziele, z. B. einen Gegner zu schlagen, einen Tabellenplatz zu erreichen, stellen sekundäre Zielstellungen dar, denen primär die Konzentration auf die eigene, selbstkontrollierbare Handlung vorausgehen muss.

- **Klarer Handlungsbezug**

Ziele müssen sich nach den realistisch gegebenen Bedingungen richten, d. h., ist die Verfassung der Mannschaft und der Mitglieder so beschaffen, dass die Ziele erreichbar sind? Deshalb sind folgende Fragen von Bedeutung:

- Wie ist der augenblickliche Leistungsstand?
- Welche Belastungen beeinträchtigen die potenzielle Leistungsfähigkeit?
- Wo liegen die eigenen Stärken und Schwächen?
- Ist das Ziel mit den aktuellen oder nur mit noch zu verbessernden Mitteln erreichbar?

Realistische Zielsetzungen sollen als Richtschnur des Handelns dienen. Deshalb sollen klar umrissene Ziele aus dem Bereich der Einzel- und Mannschaftstaktik oder andere Zielstellungen aus dem mentalen Bereich deutlich formuliert werden. Vorsätze, wie: „Wir werden unser Bestes geben!" oder: „Wir werden uns gut verkaufen!", beinhalten keine Handlungsorientierung. Ihre Funktion ist mehr eine motivierende, um sich anzustrengen und zu bemühen. Handlungsziele, die als Bilder klar vor dem inneren Auge leuchten, entwickeln eine magische Sogwirkung in die Zukunft und aktivieren die Hoffnung, sie ergreifen und fassen zu können.

- **Übereinstimmung mit dem Unbewussten**

Trainer haben oft hohe Erwartungen an ihre Sportler. Diese Erwartungen können das Selbstvertrauen der Sportler überfordern. Nur wenn Unbewusstes und Bewusstes übereinstimmen, kann der Sportler seine volle Leistungsfähigkeit entfalten. Bleiben unbewusste Ängste vor Versagen bestehen, kann auch der bewusste Vorsatz: „Ich werde es schaffen!", den unbewussten Widerstand nicht ausgleichen. Das Unbewusste kann sich z. B. gegen eine Aufgabe sträuben, wenn negative, frühere Erfahrungen vorliegen und verdrängt wurden. Die Aufforderung eines Trainers: „Ich bin überzeugt, dass du den Elfmeter verwandelst!", kann unbewusste Ängste verstärken, wenn in der Vergangenheit ein Elfmeter in einer entscheidenden Situation verschossen wurde.

Geraten Unbewusstes und bewusstes Wollen in Konflikt, setzt sich meist die unbewusste Befürchtung durch.

Für einen Trainer ist es wichtig, zu erkennen, wann er den Sportler mit seiner Aufforderung unterstützt und wann er ihn dadurch noch mehr unter Erwartungsdruck setzt, der unbewusste Versagensängste heraufbeschwört.

- **Selbstbewusstsein und Ziel**

Die Überzeugung, dass man die Basisaufgaben beherrscht, ist die Voraussetzung für das Selbstvertrauen, auch schwierige Ziele zu erreichen. Durch realistische Beurteilung des eigenen Könnens und durch gemeinsame Überzeugung der Leistungsmöglichkeiten der Mannschaft, können Selbstbewusstsein und Zielsetzung in Übereinstimmung gebracht werden. Auch bei schlechtem Verlauf, z. B. eines Wettspiels, bleiben Versagensängste ausgeschlossen, wenn vorher Sicherheitsziele, d. h. Minimalziele, gesetzt wurden. Sind die Ziele zu hoch angesiedelt, kann es im Handlungsverlauf zur „Angst vor der eigenen Courage" kommen, die eine optimale Entfaltung der Leistungsfähigkeiten verhindert.

1.9.5 Gefahren der Zielsetzung

Das Verfolgen attraktiver Ziele verlangt eine offensive Geisteshaltung. Diese ist gekennzeichnet durch Zuversicht, Optimismus und Erfolgsorientiertheit.

1.9.5.1 Die innere Verteidigungshaltung

Hat man ein Ziel erreicht, kann die offensive Denkweise in eine innere Verteidigungshaltung umschlagen. Man versucht, die erreichte Position zu verteidigen und verliert die wagnisbereite, offensive Zuversicht, sich herausfordernde Ziele zu setzen. Eigeninitiative wird nach Kriterien der Sicherheit reduziert nach dem Motto: „Wie kann ich das Erreichte absichern?" Risikobereitschaft könnte die Position gefährden. Kreativität bringt Unsicherheit, deshalb wird sie vermieden. Reagieren tritt an die Stelle des Agierens.

Dieses Problem haben z. B. Favoriten zu lösen oder Spieler, die zu Stammspielern ernannt werden, Sportler, die ein erzieltes Ergebnis bewahren oder einen Rangplatz verteidigen wollen oder wenn man die Erwartungen anderer erfüllen möchte.

Innere Verteidigungshaltungen setzen das Selbstvertrauen herab, die Motivation sinkt. Vermeidungsstrategien dominieren über innovative Initiativen (Abb. 35).

Durch defensive Denkweisen überlässt man den Verfolgern die Initiative, die innere Verteidigungshaltung bedeutet, dass man die Position des Schwächeren einnimmt, **der Jäger wird zum Gejagten**.

„Um die Nummer 1 zu bleiben, musst du trainieren, als ob du die Nummer 2 bist!"

Maurice Greene, Sprintolympiasieger

Eine Mannschaft, die ein erreichtes Niveau sichern will, läuft Gefahr, sich in eine innere Defensivhaltung zu begeben, z. B. bei der Verteidigung eines Torevorsprungs oder eines Tabellenplatzes.

Es ist wichtig, zwischen taktischer Verteidigungsstrategie und innerer Verteidigungshaltung, d. h. defensiver Denkweise, zu unterscheiden.

Gefahren der Zielsetzung

- **„Vom Jäger zum Gejagten"**
  Die innere Verteidigungshaltung
- **Erwartungsdruck**
  Die Angst, zu versagen
- **Blockierung**
  „Was jetzt?"
- **Abhängigkeit**
  Selbstbild und Leistung

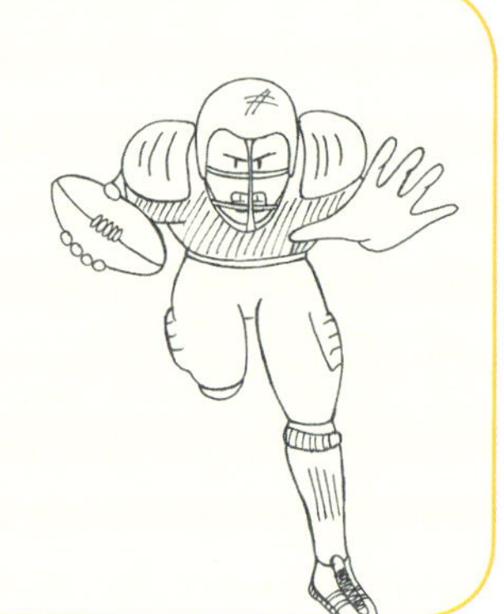

Abb. 35: Gefahren der Zielsetzung

Auch ein Verteidiger muss offensiv denken, z. B.: „Ich greife den Gegner an!" Eine defensive Haltung käme z. B. durch Gedanken zum Ausdruck wie: „Hoffentlich kann ich ihn halten, ich muss darauf achten, dass er mich nicht mit einem Trick überspielt!"

Um sich gegen innere Verteidigungshaltungen zu wappnen, muss sich der Sportler über einen längeren Zeitraum hinweg mit dem Problem gedanklich auseinander setzen.

Voraussetzung ist die Erkenntnis, dass offensives und defensives Denken nicht mit offensivem und defensivem Handeln gleichzusetzen ist.

Deshalb sollte man versuchen, folgende Fragen zu beantworten und daraus positive Folgerungen für das zukünftige Handeln zu ziehen:

- Wodurch kam der Erfolg zustande? Was hat uns so stark gemacht?
- Müssen die Methoden geändert werden?
- Welche Ziele können gesetzt werden, um offensives Denken auszulösen?

Manche Sportler denken darüber nach, was passiert, wenn sie die Spitzenposition verlieren. Daraus können emotionale Sperren entstehen, d. h., die Gedanken beginnen, dauerhaft um die Möglichkeit des Versagens zu kreisen. Es entstehen Gefühle der Ängstlichkeit, der Verunsicherung, der erhöhten Anspannung. Vermeidungsdenken stellt sich ein, die Mannschaft verliert an Tempo, Ideenreichtum und offensiver Zuversicht.

1.9.5.2 Erwartungsdruck

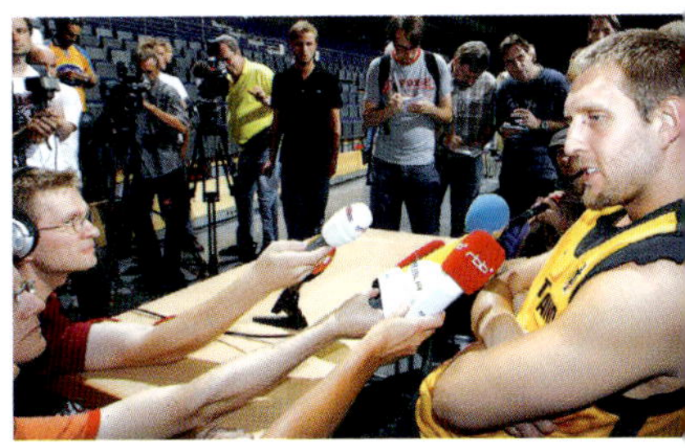

Jede Zielsetzung schließt die Möglichkeit des Scheiterns ein.

Eine Mannschaft, die ein herausforderndes Ziel formuliert und sich dazu bekennt, gerät zwangsläufig unter eigenen und fremden Erwartungsdruck.

Deshalb sind die Bedingungen der Zielsetzung zu beachten. Ziele sollten sich nach den Voraussetzungen richten, die zu ihrem Erreichen notwendig sind. Ziele können sich als zu schwierig erweisen, wenn sich z. B. durch Verletzungen oder Krankheiten die Bedingungen ändern.

Deshalb sollen Ziele zwar als Leitidee des Handelns dienen, aber trotzdem veränderbar und in ihrer Erreichbarkeit überprüfbar bleiben.

Auch mental starke Spieler können nicht immer unter dem Druck der Erwartungen ihre beste Leistung abrufen. Hingegen können Sportler, die es fertig bringen, den Druck nicht mehr zu spüren, ihr Potenzial optimal entfalten.

Es kommt also nicht darauf an, ob man durch die Zielstellung unter Druck gerät, sondern ob man diesen Druck als Belastung spürt und erlebt.

Der einzige Unterschied zwischen dem wettkampfmäßig betriebenen Sport und dem Sport aus Vergnügen ist der Erwartungsdruck (Loehr 1986).

Die Aussicht, ein gesetztes Ziel nicht zu erreichen und damit die eigene Erwartung zu verfehlen, erfüllt den Sportler mit Sorge und Angst, ohne dass diese Situation schon Wirklichkeit geworden wäre. Deshalb stellt der Erwartungsdruck etwas dar, was man sich selbst auferlegt. Nur wenn es dem Sportler gelingt, diese Erkenntnis zu akzeptieren, nämlich, dass der Druck von ihm selbst und nicht von außen kommt, kann er sich ihm entziehen.

Erfahrenen Sportlern mit hohem Selbstvertrauen gelingt dies leichter als jüngeren, die mit dem Erreichen eines Ziels auch ihre persönliche Wertschätzung verknüpfen.

Generell kann man sagen, dass Ängstliche, Anfänger, Ungeübte oder Neulinge mehr der Unterstützung und Hilfe des Trainers bedürfen, der dazu beiträgt, Leistung und Selbstbewertung ins richtige Maß zu bringen. Negative Gedanken lösen negative Körperreaktionen aus. Ein ständiger Dialog zwischen Trainer und Sportler kann diesen Prozess verändern, sodass Druck zur Herausforderung und zum Ansporn wird, sich ohne Angst der Situation zu stellen (Abb. 36).

Erwartungsdruck

Innerer Widerstand Blockierung	Vermeidungsverhalten	Erhöhung der Fehlerzahl
↑	↑	↑
beim Ängstlichen	**beim Unsicheren**	**beim Anfänger**

Erwartungsdruck
Mannschaft – Medien – Trainer

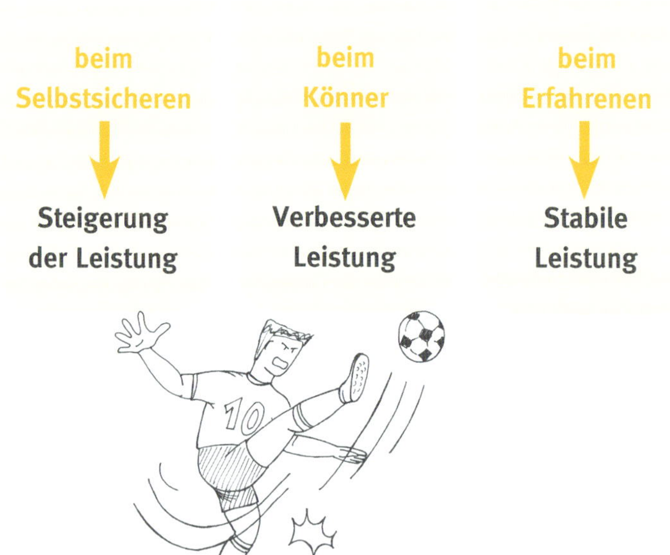

Abb. 36: Erwartungsdruck

1.9.5.3 Blockierung

Mit dem Erreichen des Ziels kann sich die Situation der Ziellosigkeit einstellen. Die Frage kann auftauchen: „Was kommt jetzt?" Insbesondere bei Jugendmannschaften ist zu bedenken, dass Könnens- und Leistungsentwicklung über mehrere Jahre hinweg erfolgen. Erreichte Ziele im technischen und taktischen Bereich oder die Zugehörigkeit zu angestrebten Leistungsklassen oder -ligen sollen als sichere Basis für weitere Zielsetzungen dienen. Die Überbewertung von Durchgangs- oder Teilzielen kann zu falscher Selbsteinschätzung, zum Vermeiden höherer Zielsetzungen und damit zum Entstehen begrenzender Denkweisen führen. Diese erweisen sich für eine Weiterentwicklung der Jugendlichen als hinderlich.

Verlieren Ziele ihre Attraktivität, verlieren sie auch ihre motivierende Wirkung.

1.9.5.4 Abhängigkeit

Das Setzen von Zielen birgt die Gefahr in sich, dass eine Verengung der sportlichen Handlungsmöglichkeiten eintritt. Sportler richten dann ihr Handeln nur noch danach aus, ob es dem Erreichen des Ziels dient und geraten dadurch in eine gewisse Abhängigkeit ihrer Selbstbewertung. Das Nichterreichen von Zielen löst Gefühle des Versagens, der Frustration oder der Minderwertigkeit aus. Erfolg hingegen lässt das Selbstbild in hellem Licht erscheinen. Gerade jugendliche Sportler müssen in einem geduldigen Prozess dazu erzogen werden, dass sie ihre Identität und ihr Selbstwertgefühl nicht in labile Abhängigkeit der Schwankungen sportlicher Erfolge bzw. Misserfolge bringen.

Vielseitigkeit in den persönlichen Anforderungen und die Beibehaltung oder Neuinszenierung auch anderer Tätigkeiten können der abhängigen Selbstbewertung von sportlichen Zielen vorbeugen, den Weg zu anderen erstrebenswerten Zielen offen halten und damit der Entwicklung einer stabilen Persönlichkeit dienlich sein.

1.9.5.5 Herausforderung – Angst

Ob eine Zielsetzung als Herausforderung wirkt oder ob sie zum Auslöser von Angst wird, hängt primär von der subjektiven Interpretation des Sportlers ab. Traut er sich zu, mit dem ihm zur Verfügung stehenden Können, die Aufgabe zu bewältigen und seine Aktionen zu kontrollieren, kann die Herausforderung zur Freisetzung aller Kraft- und Energiereserven führen. Löst die Aufgabe hingegen Angst aus, kommt es zur Einbuße vielfältiger Leistungsvoraussetzungen.

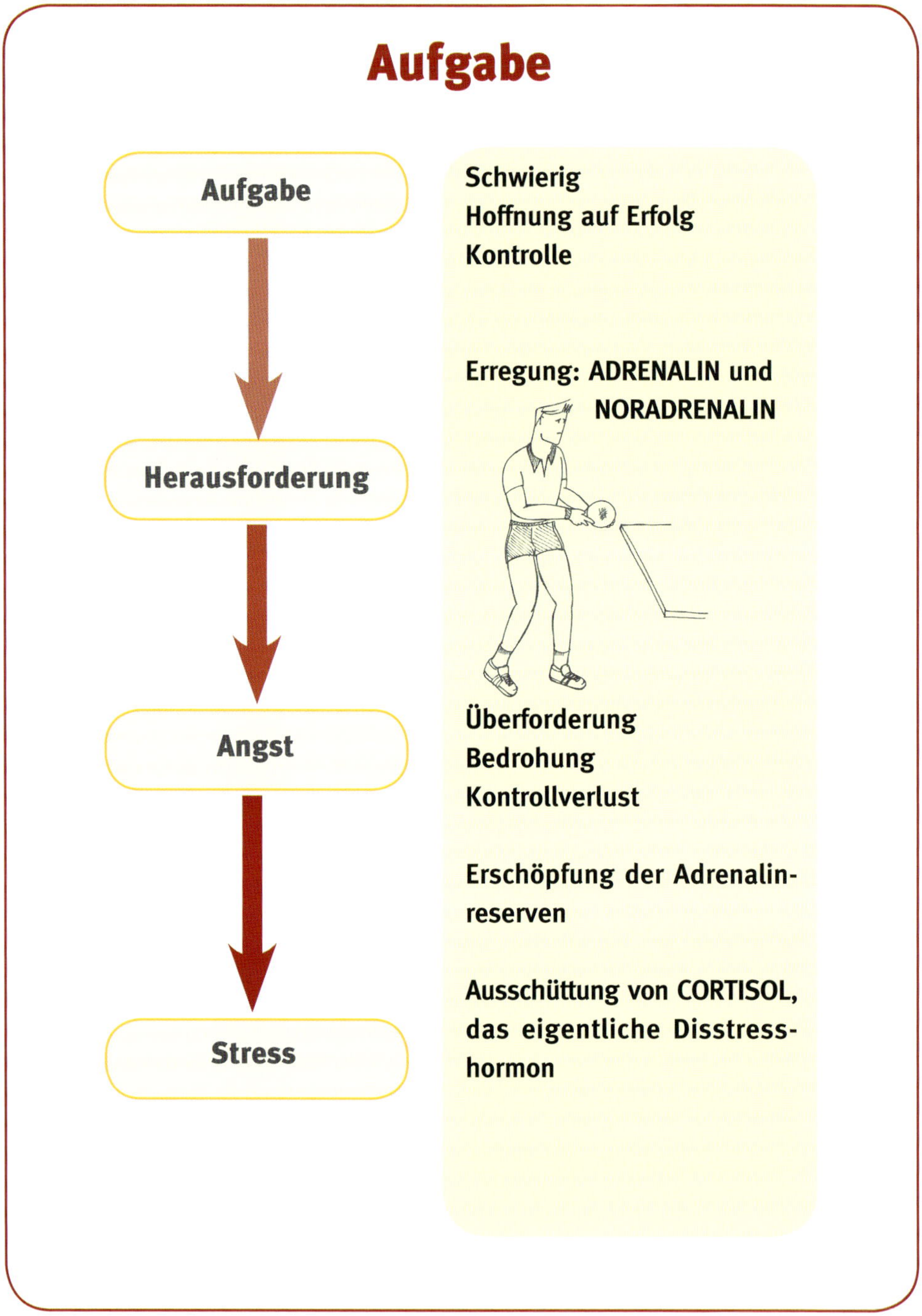

Aufgabe

Aufgabe	Schwierig Hoffnung auf Erfolg Kontrolle
↓	Erregung: ADRENALIN und NORADRENALIN
Herausforderung	
↓	
Angst	Überforderung Bedrohung Kontrollverlust
↓	Erschöpfung der Adrenalinreserven
Stress	Ausschüttung von CORTISOL, das eigentliche Disstresshormon

Abb. 37: Aufgabe – Herausforderung

Die Gratwanderung zwischen Herausforderung und Angst kann sich auf sehr schmalem Pfad bewegen und bedarf einer offenen Aussprache zwischen Sportler und Trainer, um die Leistungsvoraussetzungen mit den Zielanforderungen in ein positives Verhältnis zu setzen.

Eine entscheidende Rolle spielen dabei die physiologischen Bedingungen der Hormonbereitstellung und Hormonausschüttung (Abb. 37).

Solange eine Aufgabe als Herausforderung gesehen wird, kommt es zur Ausschüttung der Katecholamine Adrenalin und Noradrenalin. Nach Dienstbier (1991) kann die Ausschüttung dieser Hormone niemals zu hoch für optimale Leistung sein. Dies trifft jedoch nur zu, solange nicht das Cortisol ausgeschüttet wird.

Starke Stressoren, die Ängstlichkeit auslösen, führen zur raschen Erschöpfung der Adrenalin- und Noradrenalinreserven. Dadurch wird der Weg zur Freisetzung des eigentlichen Disstresshormons Cortisol frei. Durch Cortisol kommt es zur Beeinträchtigung der Lernfähigkeit und zu vielfältigen psychologischen und physiologischen Störungen, die eine optimale Leistung verhindern.

Ob es zur Ausschüttung von Cortisol kommt, hängt ganz von den subjektiven Bewertungen der Situation ab. Solange der Sportler der Meinung ist, eine Situation unter Kontrolle zu haben, auch wenn sie schwierig erscheint, wirkt die Erregung im Sinne einer Energiebereitstellung. Die Adrenalinausschüttung wird eingedämmt, die Katecholaminreserven bleiben erhalten. Folge: Die Situation wird als Herausforderung erlebt (Dienstbier 1991).

Sofern man aber glaubt, dass die Aufgabe die eigenen Kräfte übersteigt, sich das Gefühl der Bedrohung einstellt und man in Gefahr gerät, die Kontrolle über die Situation zu verlieren, kommt es zur Erschöpfung der Adrenalinreserven und zum Einsetzen der Cortisolausschüttung mit der Konsequenz vielfältiger Leistungseinbußen.

Es ist deshalb darauf zu achten, dass herausfordernde Aufgaben erstens nicht zu einem zu lange andauernden Erregungszustand führen, da es dann zur Erschöpfung der katecholaminen Erregungshormone kommt und zweitens, dass keine subjektive Bedrohung, sei sie körperlicher oder sozialer Art, damit verknüpft ist.

2 Trainertypen

Trainer werden in der Öffentlichkeit am Erfolg ihrer Schützlinge gemessen. Das kann dazu führen, dass manche Trainer den Erfolg um jeden Preis suchen. Das Wohlergehen und die psychische Befindlichkeit der Sportler spielt dabei nur eine Rolle, wenn sie die Leistungsfähigkeit steigern.

Andere Trainer wiederum versuchen, den Spielern zu helfen, ihr optimales Leistungspotenzial zu entwickeln, und alles zu tun, dass die Sportler lernen, von sich aus ihre Leistungsfähigkeit zu entfalten.

Diese beiden extremen Typen bezeichnet man deshalb auch als **„behavioristisch orientierte"** und **„humanistische"** Trainer (Abb. 38).

Trainertypen

VERHALTENSTRAINER

Vorteil	Nachteil
• Zielorientiert	• Sinkendes Selbstwertgefühl
• Wettkampftag	• Passivität/Abhängigkeit
• Ökonomisch	• Innerer Protest
• Disziplin	• Kreativitätsverlust

HUMANISTISCHER TRAINER

Vorteil	Nachteil
• Mitverantwortung	• Überbewertung von Emotionen und Stimmungen
• Selbstbestimmung	
• Individuelle Leistungsentfaltung	• Zögerliche Leistungsentfaltung
• Helfen	• u. U. Frustration
• Eigenverantwortlichkeit	

Abb. 38
Trainertypen

2.1 Der behavioristische Verhaltenstrainer

Der Behaviorismus geht davon aus, dass erwünschte Verhaltensweisen durch Belohnung verstärkt und unerwünschte durch Strafen vermieden werden können. Der behavioristische Trainer arbeitet deshalb hauptsächlich mit der Methode des Belohnens und Bestrafens. Absolutes Ziel ist der Erfolg. Menschliche Beziehungen zu den Spielern sind aus dieser Sicht nicht erforderlich. Er ist in Profimannschaften häufiger anzutreffen als im Amateurlager.

2.2 Der humanistische Trainer

Der Trainer versucht, den Sportler zu motivieren, ihm sein Leistungspotenzial bewusst zu machen. Er gewährt Mitsprache zu gemeinsamer Verantwortung und stärkt sein Selbstvertrauen. Persönliches Kennenlernen, Interesse für persönliche Probleme, Gesprächsbereitschaft und die Berücksichtigung von Gefühls- und Stimmungslagen gehören zu seinem kooperativen Führungsstil.

In der Praxis wird man diese Trainertypen in reiner Ausprägung kaum antreffen. Es ist jedoch sinnvoll, diese Extreme zu kennen, da sich der Trainer in seinem Führungsverhalten nach den Voraussetzungen, der Struktur der Mannschaft, nach der aktuellen Situation und den Zielen der Mannschaft richten sollte.

Gruppen und Mannschaften unterschiedlicher Zielsetzung bedürfen der Anpassung des Trainerverhaltens, um die Ziele der Mannschaft und die Zufriedenheit der Mitglieder zu erreichen.

Man kann deshalb weder die behavioristische Methode gänzlich ablehnen noch die humanistische ohne Einschränkungen befürworten.

2.3 Vorteile und Nachteile

Die Vorteile der behavioristischen Methode liegen in der Zielstrebigkeit, der Methodenklarheit, in ihrer Forderung nach Disziplin und widerspruchsloser Einordnung.

Die Nachteile der behavioristischen Methode werden vor allem bei längerer Dauer erkennbar. Spieler können in ihrer persönlichen Würde, in ihrem Streben nach Selbstverwirklichung, nach Eigenverantwortlichkeit und Entfaltung unterdrückt werden.

Sie werden aggressiv oder passiv, nervös, ablenkbar oder widerwillig, unsicher oder frustriert.

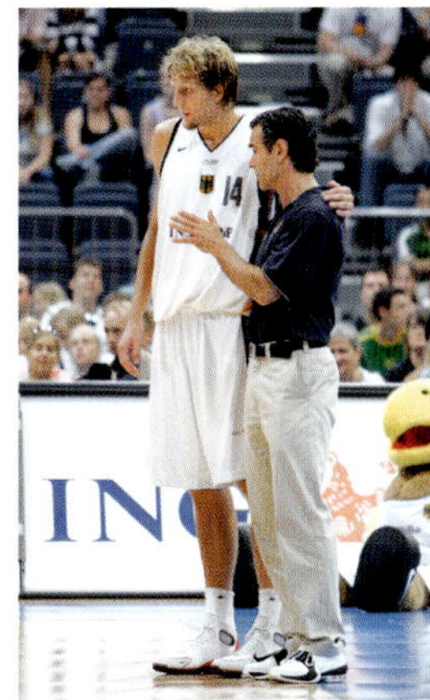

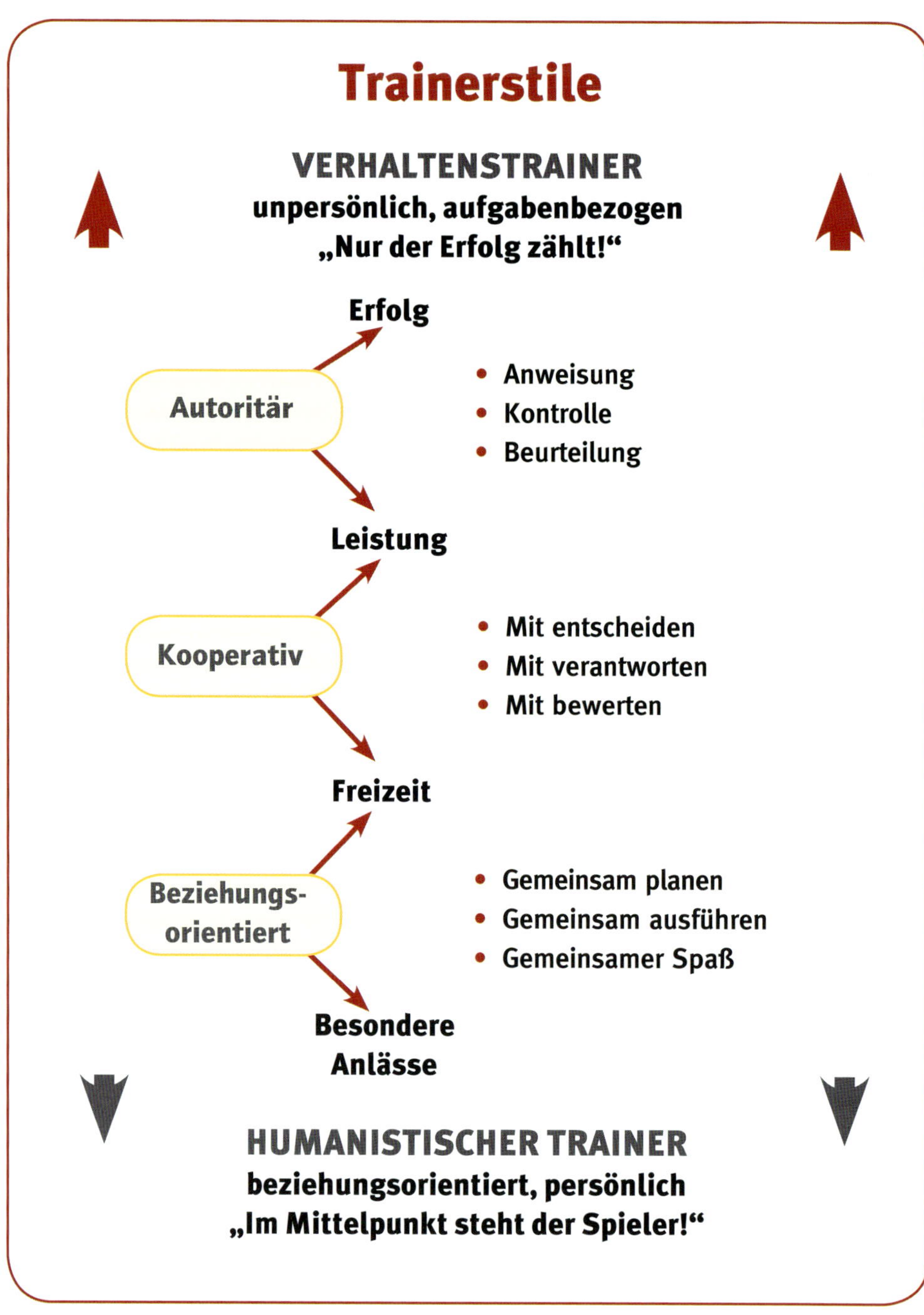

Abb. 39: Trainerstile

Der geringe Individualitätsgrad wirkt sich schädlich auf Kreativität, Wagnisbereitschaft und eigene Entscheidungsfähigkeit aus. Die Spieler verlieren die Lust, selbstständig zu denken oder sich für die Mannschaft zu motivieren.

Die **Vorteile der humanistischen Methode** bestehen darin, dass der Spieler Gelegenheit zur Selbstentfaltung findet, er kann seine Vorstellungen und Ziele formen und verwirklichen. Persönliche Beziehungen zu den Spielern und gegenseitige Kooperation schaffen emotionale Zufriedenheit. Konflikte versucht man zu regeln und auf ihre Ursachen einzugehen. Der Trainer fördert die Kommunikation. Spieler erhalten die Gelegenheit, ihre Ansichten und Gefühle zu äußern und ihre Verhaltensweise zu begründen. Durch gemeinsame Gespräche, in denen sich die Spieler zu ihrer Mitverantwortung bekennen, wird das Gefühl der Zusammengehörigkeit vertieft.

Die Nachteile der humanistischen Methode liegen in der Überbewertung der emotionalen Zustände und der guten Stimmungslage der Spieler. Das kann dazu führen, dass Leistungsziele an Bedeutung verlieren. Lernfortschritte sind nur langsam erkennbar. Es besteht die Gefahr, dass leistungsorientierte Sportler frustriert werden, mit den erzielten Leistungsfortschritten unzufrieden sind und die Mannschaft unter Umständen verlassen.

2.4 Trainerstile (Abb. 39)

Extremausprägungen nach behavioristischer oder humanistischer Richtung stecken den Rahmen ab, in dem sich Trainer, je nach Struktur und Ziel der Mannschaft, bewegen sollten. Ob ein Trainer **autoritär, kooperativ** oder **beziehungsorientiert** handelt, sollte in optimaler Abstimmung mit der Mannschaft und der Erwartung der Einzelspieler erfolgen. In der Praxis lässt sich beobachten, dass Trainer mit der Zeit einen persönlichen Stil ausbilden, der für sie charakteristisch ist. Zwischen den Extremen des Verhaltenstrainers und des humanistischen Trainers kann sich eine Vielfalt von Trainerstilen entwickeln.

2.4.1 Der autoritäre Trainer

Sein Führungsstil duldet keine Widerrede, geschweige Mitsprache. Der Erfolg heiligt die Mittel. Er informiert die Spieler über seine Ziele und Trainingsmethoden und verlangt absolute Unterordnung.

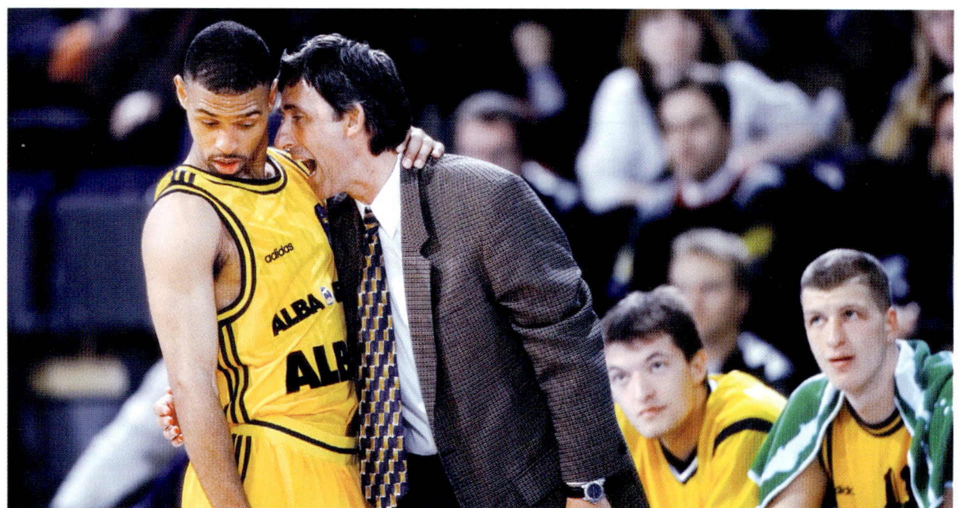

Seine Anweisungen werden von den Spielern umgesetzt. Wer die Leistung nicht bringt, muss mit Sanktionen rechnen.

Die Kontrolle darüber, dass seine Anweisungen von den Spielern befolgt werden, gehört zu den wesentlichen Arbeitsmitteln.

Die Beurteilung beinhaltet die Effektivität der Methode. Je nachdem, wie sie erfolgt, ist mit Verbesserungen oder Variationen des Trainingsablaufs zu rechnen.

2.4.2 Der kooperative Trainer

Auch er ist leistungsorientiert, er verfolgt jedoch den Erfolg nicht ausschließlich mit den Mitteln der Bestrafung bzw. Belohnung. Er stellt Aufgaben vor, erläutert Probleme und stellt sie den Sportlern zur Diskussion. Die Sportler erfahren die Beweggründe und Absichten des Trainers, sie fühlen sich mit einbezogen und tragen deshalb auch ein gewisses Maß an Mitverantwortung. Die Ergebnisse werden nach ihren Bedingungen hin gemeinsam analysiert. Auf diese Weise erfährt der Trainer Meinungen, Motive oder Schwierigkeiten der Spieler. Diskutieren, Mitentscheiden, Mitverantworten und Mitbeurteilen sind die wesentlichen Merkmale des kooperativen Trainers.

2.4.3 Der beziehungsorientierte Trainer

Informelle Freizeitgruppen, bei denen die Bedürfnisse der Mitglieder mehr auf Spaß, Kompensation oder Geselligkeit ausgerichtet sind, bedürfen eines Führungsstils, der an der kommunikativen Kompetenz und der Beliebtheit gemessen wird. Der Trainer bzw. der Übungsleiter fördert die menschlichen Kontakte in der Gruppe, er kennt die Namen, führt Gespräche, berücksichtigt Wünsche der Mitglieder, begründet seine Vorgehensweise und seine Anforderungen.

2.4.4 Anwendung der Trainerstile

Jeder Trainer sollte in der Lage sein, sein persönliches Verhalten und seine Anforderungen den jeweiligen Situationsbedingungen und dem Entwicklungsstand der Mannschaftsmitglieder anzupassen.

Vorteile: Die Vorteile des behavioristischen, autoritären Trainers liegen in der präzisen Aufgabenbeschreibung und dem Durchsetzen von Zielen. Er verlangt Unterordnung und Disziplin.

Seine Anwendung findet er z. B. am Wettkampftag, wenn keine Zeit zu Diskussionen zur Verfügung steht, wenn es darum geht, vorher entschiedene Konzepte oder Taktiken durchzusetzen. Nach Fiedler (1964) (Forgas 1987) ist ein autoritärer Führungsstil bei extrem günstigen bzw. extrem ungünstigen Bedingungen effizient, z. B. in der Aufstiegs- oder Abstiegssituation. Die Mannschaften sind unter dem Druck der äußeren Erwartungen eher bereit, einen autoritären Führer zu tolerieren, er hält die Truppe, zumindest für eine kurze Zeitspanne, zusammen. Unter mittelmäßigen Bedingungen hat der demokratisch-kooperative Trainer mehr Möglichkeiten, auftretende Spannungen zu beheben.

Nachteile: Der kooperativ arbeitende Trainer läuft Gefahr, gute Stimmung, Zufriedenheit und menschliche Nähe überzubewerten. Dies kann dazu führen, dass Leistungsziele an Bedeutung verlieren und manche Spieler enttäuscht und frustriert sind.

Der autoritäre Trainer unterdrückt persönliche Entfaltung und Kreativität der Spieler. Spieler können sich daran gewöhnen, dass man ihnen genau vorgibt, was sie zu tun und zu lassen haben. So verlieren sie ihre Entscheidungsfähigkeit und Eigenverantwortlichkeit. Insbesondere bei Misserfolg stellen sich demotivierende Haltungen ein, die Ergebnisse werden zunehmend schlechter.

Fazit

Die aktuelle Situation der Mannschaft, die menschliche Reife der Spieler, die Ziele der Mannschaft und die Trainings- oder Wettkampfbedingungen sind Kriterien für die Anwendung eines mehr autoritären oder mehr kooperativen Führungsstils.

3 Der Jugendtrainer

Sport stellt einen bedeutsamen Teil der Lebenswelt Sport treibender Kinder und Jugendlicher dar und beeinflusst deshalb auch wesentlich deren Persönlichkeitsentwicklung.

Auch andere Lebenswelten, wie Familie, Schule, Beruf, Gleichaltrige oder Freizeit sind Teil dieses Entwicklungsprozesses. All diese Lebensbereiche stehen nicht isoliert neben dem Sport. Sie beeinflussen in übergreifender Weise das Verhalten des Jugendlichen in Training und Wettkampf. Auch der Trainer trägt die Verantwortung dafür, dass alle Faktoren der Lebenswelt jugendlicher Sportler so aufeinander abgestimmt werden, dass sie in der Persönlichkeit konstruktiv verinnerlicht werden (Abb. 40).

Deshalb ist der Jugendtrainer, ob er sich dessen bewusst ist oder nicht, auch Pädagoge. Im Rahmen der pädagogischen Verantwortung steht dem Trainer eine Vielzahl psychologischer Maßnahmen zur Verfügung, die dazu beitragen, Kindern und Jugendlichen zu einer sinnvollen und zufrieden stellenden Lebensführung zu verhelfen und sie zu lebenstüchtigen Menschen zu erziehen.

Sport ist seinem Wesen nach optimistisches Handeln. Sobald mit sportlichem Handeln nicht mehr die Hoffnung auf Erfolg verknüpft ist, sondern die Furcht vor Misserfolg das Verhalten steuert, widerspricht dies dem eigentlichen Sinn des Sports.

Das Trainerverhalten muss deshalb prinzipiell auf Erhaltung und Verbesserung der optimistischen Einstellung des jugendlichen Sportlers ausgerichtet sein. Unterstützung, Ermutigung, Hoffnung, Lernbereitschaft und Zielstrebigkeit sollen Leitlinien für den Trainer sein.

Im Kinder- und Jugendbereich hat deshalb der humanistisch eingestellte Trainer den absoluten Vorrang.

Auch im Mannschaftssport steht der einzelne Mensch im Mittelpunkt. Erst die Entfaltung seiner Individualität macht ihn zu einem wertvollen Mitglied der Mannschaft. Jedes Mitglied einer Mannschaft verfügt über eine einmalige Lebensgeschichte. Nur wenn der Trainer die besonderen Entwicklungs- und Persönlichkeitsvoraussetzungen kennt, können seine Maßnahmen wirksam sein und der Mannschaft zugute kommen.

Trainer/Freizeit

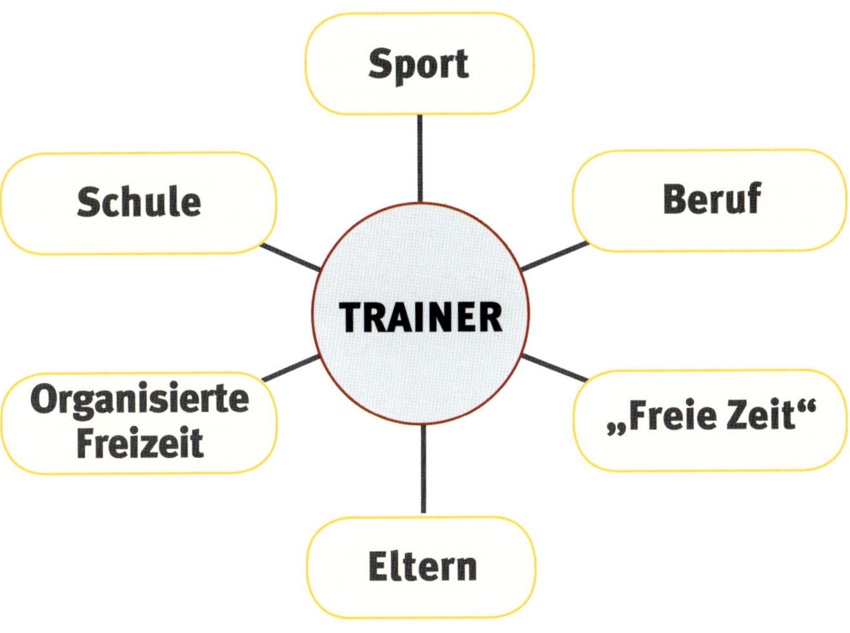

1. Verantwortung gegenüber schulischer und beruflicher Priorität
2. Zusammenarbeit Schule und Trainer
3. Schule ist kein Konkurrenzunternehmen
4. Kenntnis schulischer oder beruflicher Misserfolge
5. Einblick in organisiertes und „freies“ Freizeitverhalten
6. Akzeptanz anderer Freizeitaktivitäten
7. Keine Kompensation von Misserfolgen durch Sport
8. Beachtung bzw. Einbindung der Eltern

Abb. 40: Trainer – Freizeit

3.1 Das diagnostische Bemühen

Aus den angeführten Gründen sollte sich jeder Trainer bemühen, sein Interesse auch auf andere Lebensbereiche der Kinder und Jugendlichen zu richten.

Je mehr Kenntnisse er über das Leben der ihm anvertrauten Schützlinge hat, umso weniger wird er in Gefahr geraten, falsche oder unangepasste Reaktionen zu zeigen und umso besser wird er das Verhalten der Kinder einschätzen und beurteilen können.

Eine gute Diagnose ist die Mutter der Therapie.

An Erkenntnismöglichkeiten stehen dem Trainer in der Praxis hauptsächlich vier Instrumente zur Verfügung:

- **Kenntnisse über Lebensumstände (Anamnese)**
- **Beobachtung**
- **Gespräch**
- **Eigene Erfahrung, Menschenkenntnis.**

Kenntnisse der persönlichen Lebensumstände und der sozialen Einflussfaktoren bieten die Grundlage für die Interpretation weiterer Informationen, z. B. durch Gespräch und Beobachtung.

Zur Erweiterung der Kenntnisse bezüglich der Lebensumstände können folgende Fragen nützlich sein:

- Wo wohnt das Kind?
- Wie weit ist der Trainingsort entfernt?
- Welche Verkehrsmittel benutzt das Kind?
- Wird es von Eltern gebracht und abgeholt?
- Ist es sich selbst überlassen?
- Hat es Geschwister?
- Wie verbringt es die freie Zeit? Wie sind die Leistungen in der Schule?
- Gibt es noch andere Hobbys, die mit dem Sport konkurrieren?
- Sind die Eltern sportfreundlich eingestellt?
- Welche Erwartungen verknüpft das Kind mit dem Sport?
- Hat es bestimmte Ziele?
- Aus welchen Gründen entscheidet es sich gerade für diese Sportart?

Die Beobachtung

Sie stellt das alltägliche Instrument dar, das der Trainer verwendet, um das Verhalten seiner Schützlinge zu beurteilen.

Jeder Trainer muss sich jedoch bewusst sein, dass die Beobachtung nur über das äußerlich erkennbare Verhalten Aufschluss gibt.

Es wäre voreilig, aufgrund eigener Erfahrungen auf innere Ursachen des beobachteten Verhaltens zurückzuschließen. Ein gesenkter Kopf kann z. B. Konzentration bedeuten oder depressive Verstimmung signalisieren, wagemutiges Verhalten kann auf überzogenes Anerkennungsbedürfnis oder auf Angst zu versagen zurückzuführen sein.

Deshalb sollte der Trainer keine voreiligen Schlüsse aus seinen Beobachtungen ziehen und versuchen, möglichst über das Gespräch die Hintergründe des beobachteten äußeren Verhaltens zu erhellen.

Das Gespräch

Es dient in erster Linie dem Aufbau einer vertrauensvollen Beziehung Trainer-Kind und weiterhin als wichtige Informationsquelle. Um zu verhindern, dass sich schon zu Beginn Barrieren oder Hemmungen aufbauen, empfiehlt es sich, das Gespräch mit positiven Dingen einzuleiten und angenehme Inhalte zu wählen, über die man gerne spricht, z. B.:

„Welche Hobbys betreibst du noch?", „Was hast du in den Ferien vor?", oder auch: „Was gefällt dir an deinem Sport am besten?" Dadurch wird verhindert, dass sich schon zu Beginn innere Widerstände bilden, die verhindern, dass sich das Kind vertrauensvoll an den Trainer wendet.

In die Zusammenschau der Erkenntnisse, die er aus diesen drei diagnostischen Instrumenten gewinnt, kann der Trainer nun seine **eigene Erfahrung** und seine **Menschenkenntnis** einbringen und sich so ein einigermaßen realistisches Bild der Motive, der Erwartungen oder der besonderen Ursachen auffälliger Verhaltensweisen bei Problemkindern machen.

Trotzdem sollte sich der Trainer im Klaren darüber sein, dass jedes Kind eine eigene, unaustauschbare Lebensgeschichte hat. Alle Erkenntnisse bleiben bruchstückhaft und man muss stets bereit sein, vorgefasste Meinungen wieder zu überdenken und zu versuchen, sie auf die Bedingungen der einzelnen Kinder hin neu zu definieren und bereit sein, Maßnahmen zu verändern.

3.2 Pädagogisch-psychologische Zielsetzungen

Ziel des Kinder- und Jugendsports ist es, dazu beizutragen, dass junge Menschen selbstständig werden, Selbstvertrauen und Selbstbewusstsein gewinnen und befähigt werden, ihr Leben in eigener Verantwortung zu gestalten.

Auch der Kinder- und Jugendsport stellt einen Wegbereiter für das spätere Erwachsensein dar. Seine Ziele sollen den Kindern Orientierungshilfe bieten und gewährleisten, dass sich keine Lebensbarrieren, keine Lernplateaus, kein Zielverlust oder Ziellosigkeit einstellen.

Es hat sich z. B. gezeigt, wie nachteilig sich Schülermeisterschaften auswirken können. Wenn die Meisterschaft das Ziel des Kindersports ist, dann stellt sich nach Erreichen dieses Ziels oftmals der Zustand der Ziellosigkeit ein. Die kontinuierliche Weiterentwicklung der Leistungs- und Persönlichkeitsentwicklung wird durch solche Plateaus unterbrochen. Nur wenn Wünsche und Zielstellungen vorhanden sind, die weit in die Zukunft reichen, auch wenn es nur Visionen oder Traumziele sind, entfalten sie doch eine motivierende Kraft, die verhindert, dass Kinder nach dem Erreichen von Kurzzeiterfolgen die Lust verlieren.

3.2.1 Worauf gründet der pädagogische Optimismus?

Alfred Adler hat in seiner „Individualpsychologie" das natürliche Minderwertigkeitsgefühl als die Basis der Erziehbarkeit bezeichnet.

Was ist darunter zu verstehen?
Das Kind erlebt, dass es aus eigener Kraft noch nicht lebensfähig ist. Es akzeptiert diese Unzulänglichkeit und Unterlegenheit in der Erwachsenenwelt und entwickelt dadurch Minderwertigkeitsgefühle, die es zu kompensieren gilt (Abb. 41).

Das gesunde Minderwertigkeitsgefühl verbindet sich mit dem hoffnungsvollen Gefühl des **„Noch-nicht-Könnens"**, das im Lauf des Lebens überwunden werden kann. Das Minderwertigkeitsgefühl treibt den Menschen, sein Leben zu meistern, seine Probleme erfolgreich zu bewältigen.

Offensivgeist und die Bereitschaft, Herausforderungen anzunehmen, kennzeichnen das gesunde Minderwertigkeitsgefühl. Es stellt die Basis für das spätere Selbstvertrauen dar, das den Menschen befähigt, auch Rückschläge und Niederlagen zu akzeptieren, ohne dadurch seine positive Lebenseinstellung zu verlieren.

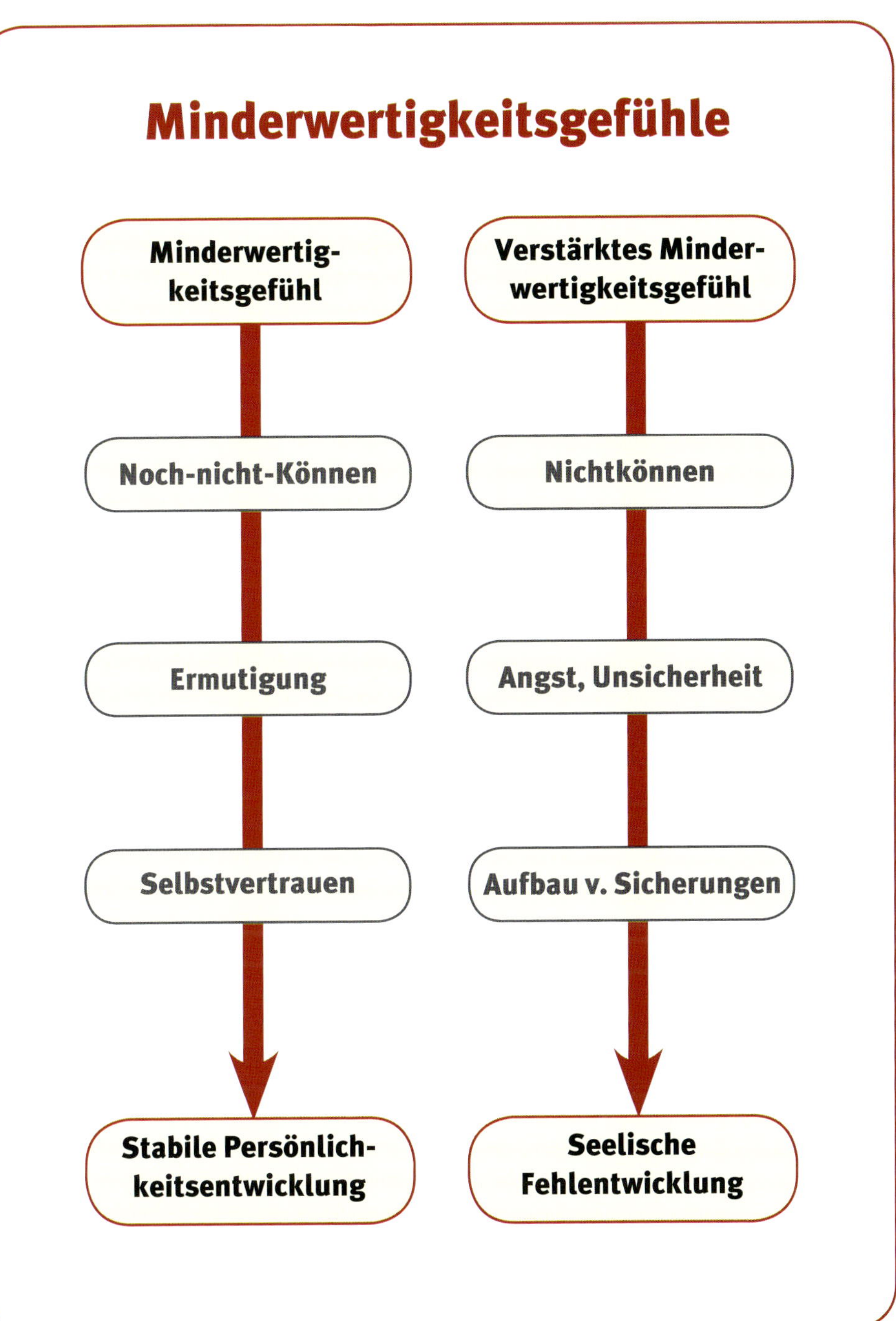

Abb. 41: Minderwertigkeitsgefühle

Dieses optimistische Gefühl des **„Noch-nicht-Könnens"** kann durch ungünstige Lebensumstände in das Gefühl des **„Nichtkönnens"** umschlagen. Das gesunde Minderwertigkeitsgefühl verstärkt sich, es entsteht das **„verstärkte Minderwertigkeitsgefühl"**, das bis zum Minderwertigkeitskomplex eskalieren kann, und dann die Lebensführung des Menschen grundlegend negativ beeinflusst.

Die Folgen des verstärkten Minderwertigkeitsgefühls sind Ängstlichkeiten, vor allem Ängste vor Anerkennungs- und Zuwendungsverlust, mangelndes Vertrauen zu den eigenen Fähigkeiten, übertriebene Sorgen und Bedenken, die objektiv gar nicht begründet sind.

Um das bedrohte Ich zu schützen, baut der Mensch Sicherungen auf, die man auch schon bei Kindern beobachten kann, z. B.:

- Aggressivität als unbewusste Notwehrreaktion.
- Übertriebenes Liebsein oder Folgsamkeit nach dem Motto: „Wenn ich zu dir lieb bin, kannst du mich nicht bedrohen."
- Distanzieren. Kinder ziehen sich zurück. „Wenn ich mich zurückziehe, können mir die anderen nichts anhaben."
- Die Leistung anderer schlecht machen: „Wenn die anderen schlechter sind als ich, bin ich nicht bedroht."
- Selbstanklage. Übertriebene Selbstvorwürfe wie: „Ich bin der Schuldige" oder: „Ich bin eben der Schlechtere", rufen Tröstungen der anderen hervor, durch die das schwache Selbstbewusstsein gestärkt werden soll.
- Rechtfertigungen, Ausreden, Vorschützen von Müdigkeit oder Verletzungen, Übelkeit oder Krankheit gehören ebenso zu diesen Sicherungstechniken.

Als Trainer sollte man ein sensibles Gespür dafür entwickeln, dass bei Kindern, die durch solche oder ähnliche Verhaltensweisen auffallen, oftmals Ängste die eigentlichen, tieferen Ursachen des beobachtbaren Verhaltens sind.

3.3 Unterstützende Erziehungsmittel und -maßnahmen

Der Trainer wendet sie an, um Lernbereitschaft, Motivation und Selbstvertrauen zu steigern.

Sie werden im psychologischen Sinn vom Prinzip der Verstärkung getragen. Als verstärkende Personen kommen Freunde, Zuschauer, nahe stehende Personen und vor allem der Trainer in Betracht. Sie können verschiedenartige, positiv verstärkende Signale aussenden, z. B. anerkennende Worte, freundliches Lächeln, aufmunterndes

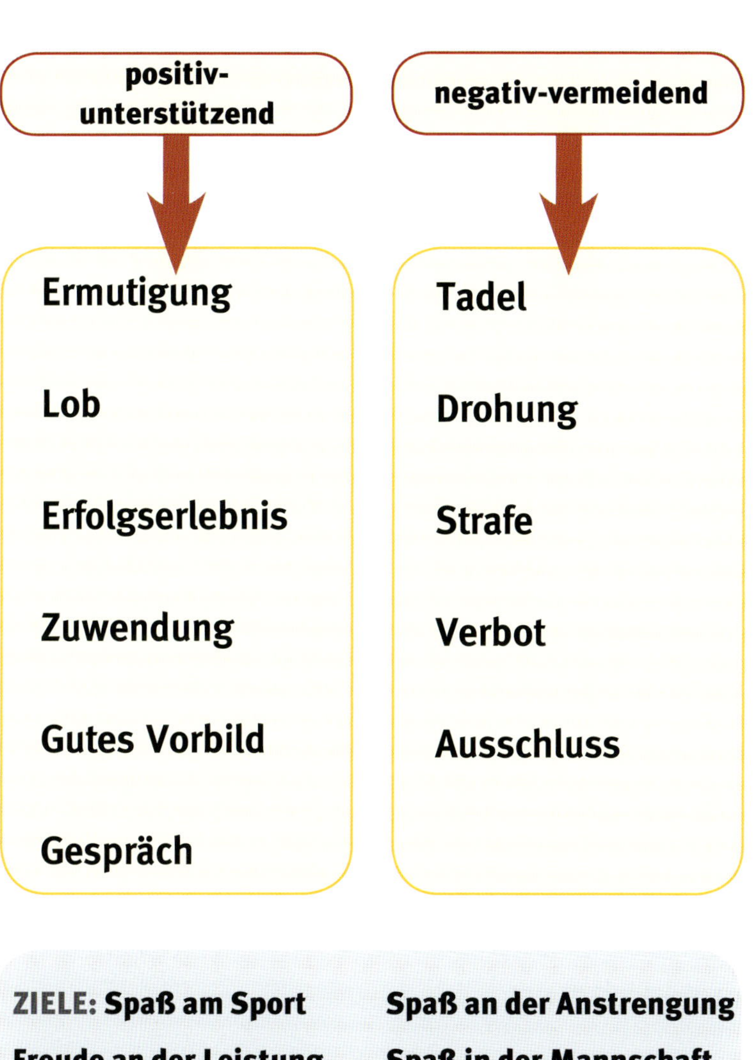

Abb. 42: Erziehungsmittel

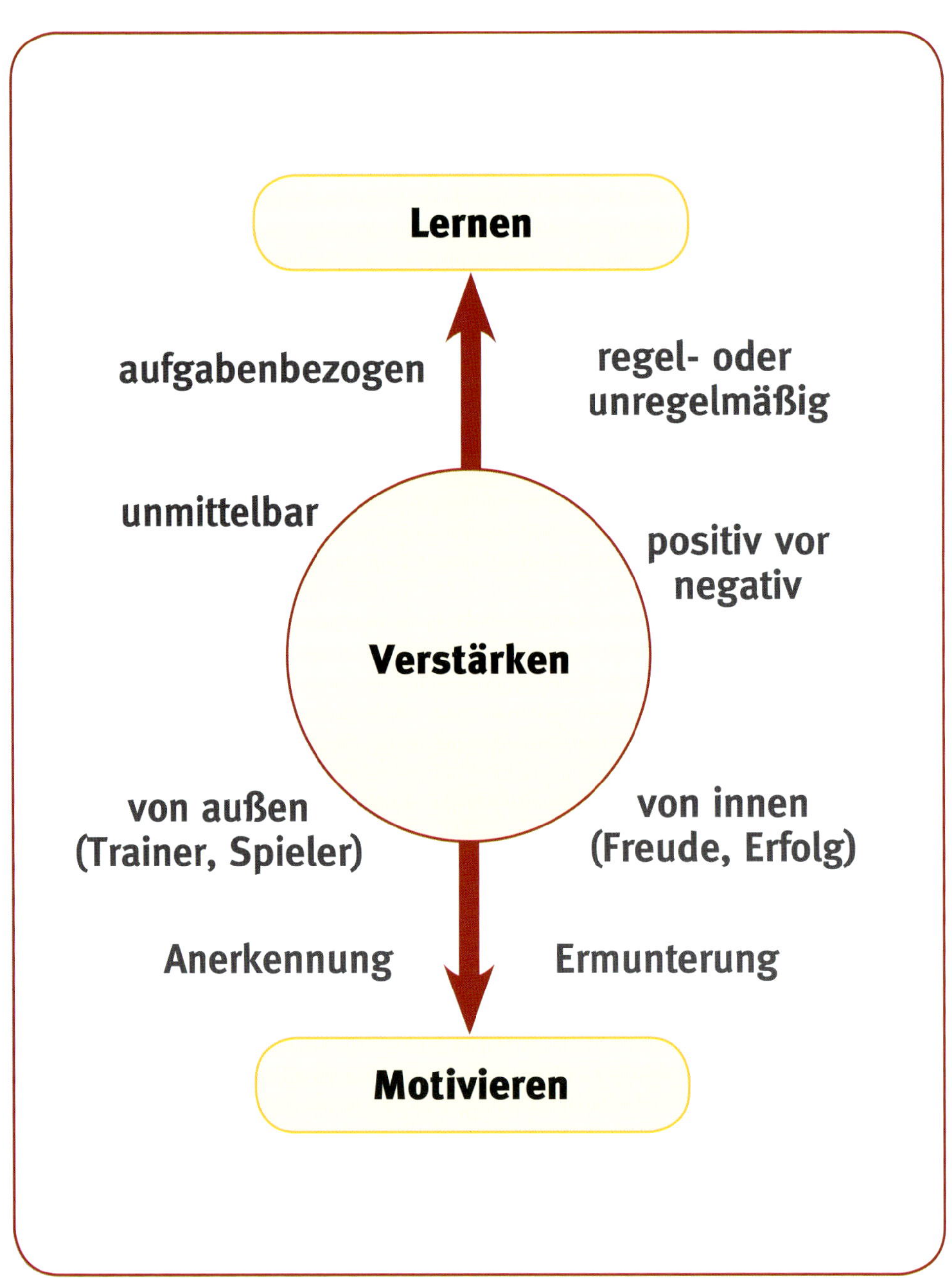

Abb. 43: Verstärken

Nicken, erhobener Daumen u. a., d. h., sowohl sprachliche als auch nichtsprachliche Botschaften wirken sich als positive Verstärker aus (Abb. 42).

3.3.1 Verstärken – Motivieren – Lernen

Es ist eine bekannte Tatsache, dass man durch Loben und Belohnen eine Verhaltensweise wahrscheinlicher macht und sie durch Kritik und Bestrafung unterdrücken kann. Positive Verhaltensweisen können durch Strafen und Kritik nicht direkt erreicht werden oder nur selten indirekt und dann nur auf Umwegen. Lernen findet statt, wenn der Sportler erlebt, dass das Resultat seines Verhaltens positiv bewertet wird. Man bezeichnet diesen Vorgang als **Verstärkung**.

Beispiel:
Ein Spieler nimmt den Ball an und verzögert das Abspiel durch unnötiges Dribbling. In einer anderen Situation spielt er den Ball direkt und schnell zu seinem Mitspieler. Diese Verhaltensweise wird vom Trainer unmittelbar belobigt und bei ihrem Auftreten deutlich positiv bewertet. Auf diese Weise wird der Spieler das schnelle Abspiel bevorzugen und das zögerliche Verhalten ablegen.

Wann und wie soll verstärkt werden?

- Die Belohnung soll möglichst unmittelbar erfolgen. Ein guter Pass, ein offensives Spiel oder selbstvertrauende Risikobereitschaft werden direkt verstärkt. „Ja!", „Das war richtig!", „Sehr gut!".
- Je früher im Verlauf des Lernens die Verstärker eingesetzt werden, desto größer ist die Wahrscheinlichkeit der Wiederholung der positiven Handlungen und desto stabiler wird das Selbstvertrauen.
- Die Aufgaben müssen so gestellt werden, dass sie noch zu bewältigen sind. Auf diese Weise nähert man sich durch weitere Verstärkungen dem schwierigen Ziel. Werden Kinder überfordert, nützt auch Lob und Belohnung wenig, da sie erleben, dass sie nicht erfolgreich sind.
- Am Anfang des Lernprozesses sollte man häufiger belohnen als in einem späteren Stadium. Beim Einführen eines neuen Systems oder einer neuen Technik sollen auch kleine Fortschritte belohnt werden, da sie die Basis für weiteres Lernen bilden.
- Verstärkt wird nur, wenn die Aufgabe sachbezogen gelingt. Ein gutes Freilaufen, ein gelungener Ansatz im Zusammenspiel oder andere Verhaltensweisen, die der Aufgabe entsprechen, werden durch Verstärken personunabhängig gefördert, d. h., die Spieler erleben, dass sie für ihre Leistung belohnt werden und nicht dafür, dass sie z. B. die Anweisungen des Trainers gehorsam befolgt haben.

- Wird von den Spielern eine Aufgabe verlangt, die unbeliebt oder anstrengend ist, sollte die beliebte Verhaltensweise als Verstärker genutzt werden, nach dem Motto: „Erst die Arbeit, dann das Spiel!" Falsch wäre z. B. folgende Vorgehensweise: „Also gut, ihr dürft erst spielen, aber dann müssen die anstehenden Aufgaben gemacht werden!" Erst das unangenehmere und anschließend als Verstärkung das freudvollere Tun stellt prinzipielle Strategien des Lernens und der Motivierung dar.
- Verstärkung sollte möglichst in einem positiven Erlebnis und nicht im Ausbleiben eines negativen Erlebnisses bestehen. Dies wäre eine negative Verstärkung.

Nichtbeabsichtigte Verstärkung

Ein Spieler, der eigensinnig spielt und dafür wiederholt vom Trainer gerügt wird, der sogar zum Gegenstand heftiger Diskussionen wird, kann durch diese hohe Aufmerksamkeit in seinem Verhalten verstärkt werden, nach dem Motto: „Hauptsache, Aufmerksamkeit erregen, wie, ist egal!"

Deshalb ist es in solchen Fällen oftmals besser, das unerwünschte Verhalten zu ignorieren. Bei Kindern und Jugendlichen spielen vor allem die sozialen Verstärker eine wichtige Rolle. Dadurch erfahren sie Anerkennung, Zuwendung und das Gefühl des Angenommenwerdens.

Im Gegensatz zu den verstärkenden Maßnahmen stehen Maßnahmen, die darauf abzielen, unerwünschte Verhaltensweisen abzubauen oder zu vermeiden, wie z. B. aggressiv-gewalttätiges Reagieren, eigenwilliges Verfolgen persönlicher Ziele oder leichtsinnige technische und taktische Fehlleistungen. Darauf wird näher bei der Besprechung von Strafmaßnahmen eingegangen.

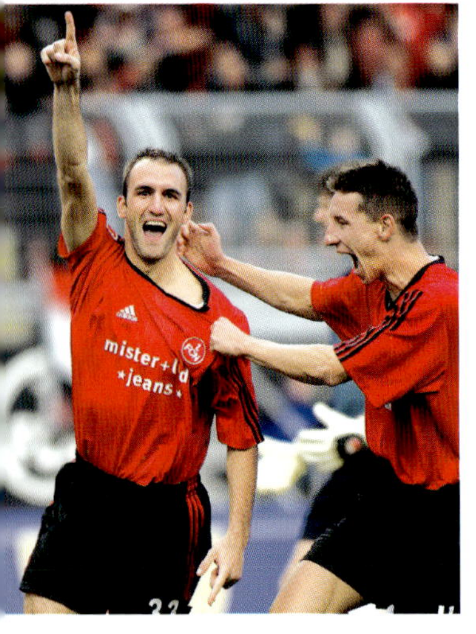

3.4 Selbstvertrauen schafft Leistung

Selbstvertrauen und Selbstbewusstsein

Schlechtes Abschneiden wird von Mannschaften häufig auf geringes Selbstvertrauen, auf zu wenig Selbstbewusstsein, auf mangelnde Risikobereitschaft oder fehlende Kreativität zurückgeführt.

„Die Niederlage hat unser Selbstvertrauen zerstört!" oder: „Wir müssen erst wieder unser Selbstvertrauen aufbauen!"

Umgekehrt werden Siege gerne mit dem „unerschütterlichen Selbstvertrauen" begründet.

Das Selbstvertrauen

Selbstvertrauen gilt also als eine wichtige Voraussetzung für erfolgreiches Spiel. Es ist aber offensichtlich in den Spielern nicht fest installiert, da man es heute durch einen Sieg erwerben und morgen durch eine Niederlage schon wieder verlieren kann. Allerdings unterliegen nicht alle Spieler diesem Auf und Ab. Eine maßgebliche Rolle spielt hier das allgemeine Selbstbewusstsein.

Das Selbstbewusstsein

Selbstbewusstsein beruht auf einem allgemeinen Vertrauen zu sich selbst und zu den eigenen Fähigkeiten.

Ein Mensch mit starkem Selbstbewusstsein verfügt über die innere Sicherheit, auch in unbekannten und schwierigen Situationen eine befriedigende Lösung zu finden.

Die Aussage: „Ich bin ein guter Fußballspieler!" erfolgt z. B. ohne Bezugnahme auf einen bestimmten Gegenspieler, auf eine spezifische Spielerrolle oder eine Spielsituation.

Das Selbstbewusstsein beantwortet die Frage: „Wer bin ich?"
Beim Selbstbewusstsein handelt es sich um das Selbstbild, das sich als Ergebnis der Erziehung und der Lebenserfahrung ausbildet.

Selbstvertrauen bezieht sich auf die Frage: „Was kann ich?"
Das Selbstvertrauen bezieht sich mehr auf die Einschätzung des Könnens in spezifischen Situationen.

Ein Fußballspieler hat z. B. ein hohes Selbstvertrauen in sein fußballerisches Können. Im sozialen Umgang, z. B. mit Pressevertretern, oder bei öffentlichen Auftritten oder bei Entscheidungen im Lebensalltag wirkt er unsicher und zögerlich.

Dieser Spielertyp neigt bei Schwierigkeiten, Niederlagen oder bei misslungenen Aktionen eher zur Aufgabe und Resignation als ein Spieler mit einem ausgeprägten allgemeinen Selbstbewusstsein. Letzterer wird auch bei Misserfolgen kaum Selbstzweifel hegen und weiterhin alles versuchen, um doch noch erfolgreich zu sein.

Selbstvertrauen kann man deshalb auch als situationsspezifisches oder aufgabenbewusstes Selbstbewusstsein bezeichnen.

Es ist als eine emotionale Einstellung zu sich selbst zu verstehen, die

1. auf bereits gemachten Erfahrungen beruht und
2. deren Stabilität vom allgemeinen Selbstbewusstsein entscheidend beeinflusst wird.

Auch Mannschaftsspieler verfügen über unterschiedliche Lernerfahrungen und über ein individuell ausgeprägtes Selbstbewusstsein. Deshalb kann das Selbstvertrauen unterschiedlichen Schwankungen unterworfen sein, das bei manchen Spielern stark absinken kann und aufs Neue erworben werden muss.

Entsprechend kann ein durch das Bewältigen spezifischer und schwieriger Aufgaben gestärktes Selbstvertrauen auch das allgemeine Selbstbewusstsein steigern. Dies gilt vor allem für junge bzw. jugendliche Spieler, die durch ihren Sport auch außerhalb des Spielfelds zu einem stärkeren Selbstbewusstsein finden werden.

Für den erfolgreichen Trainer ist es eine psychologische Aufgabe, das Selbstvertrauen der Spieler richtig einzuschätzen und stets zu versuchen, es zu stärken und ein Absinken zu verhindern.

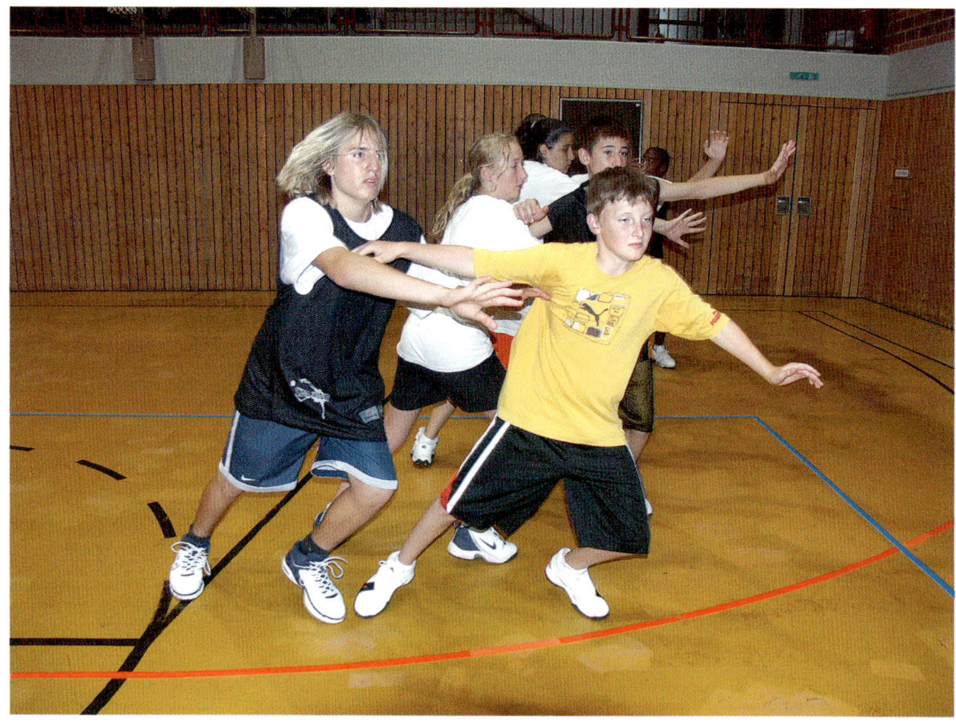

3.4.1 Erwerb von Selbstvertrauen

Wie kann man verloren gegangenes Selbstvertrauen wieder aufbauen? Welche Maßnahmen kann der Trainer ergreifen, um geringes Selbstvertrauen zu stärken und zu festigen? Da bei den Spielern, wie schon ausgeführt, unterschiedliche Voraussetzungen gegeben sind, müssen auch die Maßnahmen die Ursachen des Verlusts an Selbstvertrauen und das Vorhandensein individuell vorhandenen Selbstbewusstseins berücksichtigen. Im Folgenden werden einige Möglichkeiten angeführt, die sowohl dem Trainer zur Verfügung stehen, die aber auch der Spieler selbst hat, um sein Selbstvertrauen zu entwickeln und zu festigen. (Abb. 44)

Erwerb von Selbstvertrauen durch

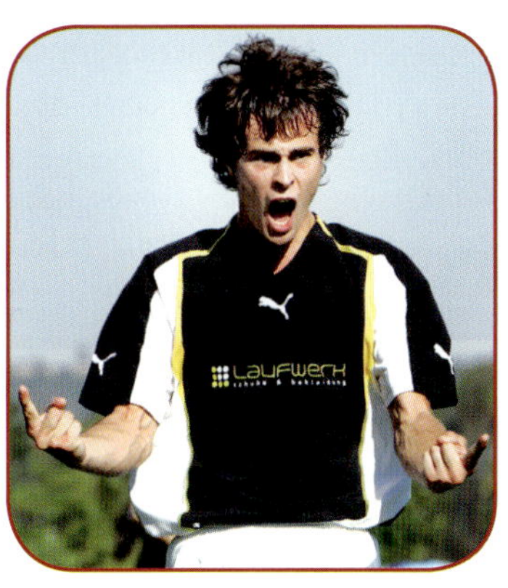

- **Gute körperliche Verfassung**
  „Ich bin fit""
- **Wiederholung, was man kann**
  „Darauf kann ich mich verlassen!"
- **Ermunterung, loben**
  „Das hast du richtig gemacht!"
- **Identifikation mit einem selbstbewussten Vorbild – Rollenspiel –**
  „Spiele den Selbstsicheren, den Starken!"
- **Eigene Erfahrunge, Erfolgserlebnisse**
  „Jetzt habe ich es gekonnt!"
- **Stellvertretende Erfahrungen**
  „Wenn er das kann, schaff ich es auch!"
- **Fähigkeitsfeedback oder Anstrengungsfeedback?**
  „Das hast du schnell gelernt!" „Du hast dich angestrengt!"
- **Umgang mit Erwartungsdruck**
  „Ich werde zeigen, was ich kann!"
- **Selbstüberzeugung – Verstand – Logik**
  „Ich habe gut trainiert! Ich weiß, was ich kann!"
- **Selbstsuggestion – Glaube – Emotion**
  „Ich werde es schaffen!"
- **Mentales Training – Visualisierung**
  „Was würde ich anders machen, wenn ich es noch einmal tun könnte?"
- **Nicht über eigene Fehler grübeln**
  „Wie konnte mir das nur passieren?"
- **Sozialer Rückhalt**
  Trainer, Freunde, Angehörige

Abb. 44 Erwerb von Selbstvertrauen

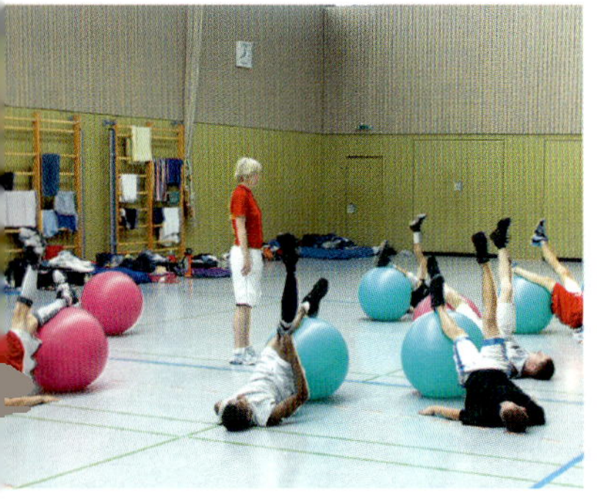

3.4.1.1 Gute körperliche Verfassung

Einschlägige Untersuchungen zeigen auf, dass eine gute körperliche Verfassung eine der wichtigsten Voraussetzungen für Selbstvertrauen und Motivation darstellt. (Machts & Victor, 1987).

Ein schlechter konditioneller Zustand wird von den meisten Spielern als belastend erlebt. Er wirkt verunsichernd, die Einstellung zu sich selbst wird instabil, Selbstvertrauen und Erfolgszuversicht leiden.

3.4.1.2 Wiederholen, was man kann

Das Bewusstsein des eigenen Könnens verschafft dem Spieler innere Sicherheit. Es stellt für den Spieler die Basis dar, neue und schwierige Situationen mit Zuversicht und Offensivgeist anzugehen. Verunsicherten Spielern ist dieses Bewusstsein häufig verloren gegangen. Der Trainer muss deshalb dafür sorgen, dass der Spieler sich seines Könnens wieder bewusst wird.

Dies geschieht durch Aufgabenstellungen, die er sicher meistern kann. Gelungene Spielzüge, erfolgreiche technische Ausführungen oder andere positive Verhaltensweisen sollen vom Trainer aufgegriffen werden und mit dem Spieler durchgesprochen werden. Für den Spieler ist es wichtig, seine spielerischen Stärken zu erkennen, welche Situationen er zuverlässig bewältigen kann und wo die Grenzen zu neuen Herausforderungen liegen.

Funktionen der inneren Sicherheit

Innere Sicherheit bedeutet, dass sich der Sportler mit seinen Leistungsvoraussetzungen und den Leistungsanforderungen in einem stabilen Gleichgewichtszustand befindet. Sie stellt keine handlungsantreibende Kraft dar, sondern wirkt mehr im Sinne des Ausgleichs. Innere Sicherheit beruhigt, wirkt Nervosität entgegen, manche Zustände werden gehemmt und andere erleichtert. Ihre Hauptfunktion besteht darin, Angst zu hemmen oder sie in Schach zu halten

Ein Sportler, der weiß, was er kann und darauf vertraut, seine Fähigkeiten auch in schwierigen Situationen entfalten zu können, ist weniger sensibel gegenüber Erwartungsdruck und akzeptiert es, wenn andere bessere Leistungen vollbringen, ohne dadurch Minderwertigkeits- oder Hilflosigkeitsgefühle zu entwickeln.

Innere Sicherheit ist die Voraussetzung für Selbstvertrauen

Sie gründet schon im „Urvertrauen" des kleinen Kindes und entwickelt sich durch Erfolgs- und Anerkennungserlebnisse zur stabilen Persönlichkeit. Wenn dies auch ein lebenslanger Prozess ist, so lassen sich doch einige Aspekte aufzeigen, die in der praktischen Sportsituation vor allem unsicheren und ängstlichen Spielern innere Sicherheit verleihen.

1. Unsichere Spieler sind hauptsächlich mit sich selbst beschäftigt und darauf bedacht, sich z. B. durch Aggression, Unterwerfung oder Anpassung mehr Sicherheit zu verschaffen. Sie entwickeln keine Bereitschaft, sich mit anderen Menschen oder neuen Aufgaben zu beschäftigen. Jugendliche Spieler werden durch fehlende Sicherheit egoistisch.

   Sicherheit hingegen schafft Lernfreude, verstärkt das Eingehen auf das Verhalten der Mitspieler und die Bereitschaft, anspruchsvolle Ziele optimistisch zu verfolgen. Je mehr Sicherheit den Spielern gegeben wird, desto eher werden sie bereit sein, sich mit den Aufgaben, die die ganze Mannschaft betreffen, zu beschäftigen und desto leichter wird es ihnen fallen, Probleme zu lösen und Krisen zu überstehen. Kreatives Spiel, Risikobereitschaft, schwierige Situationen als Herausforderung zu sehen, beharrliche Erfolgszuversicht und offensive Anstrengungsbereitschaft sind auch die Folge einer möglichst hohen inneren Sicherheit.

2. Innere Sicherheit hebt die hemmende Wirkung von Angst auf. Indirekt übt innere Sicherheit dadurch eine motivierende Funktion aus, da sie blockierte und gehemmte Verhaltensweisen auslöscht. Die Neigung, neue, kreative Spielzüge auszuprobieren oder sich in überraschenden Situationen flexibel zu verhalten, steigt mit zunehmender Sicherheit. Insbesondere ist dies bei jugendlichen Sportlern vielfach nachgewiesen. Je sicherer sich die Spieler fühlen, desto interessierter, spielfreudiger, leistungsfähiger und findiger werden sie sein.

   Negative Auswirkungen können sich dadurch ergeben, dass man sich in der Gruppe mehr traut und deshalb die Möglichkeit besteht, dass einzelne Spieler gegen Fairnessregeln oder Verbote verstoßen, da Strafkonsequenzen weniger wahrscheinlich sind.

3. Die Bedeutung des Trainers für die innere Sicherheit der Sportler ist sehr groß. Die Mannschaft spielt auf Sicherheit, keiner riskiert etwas, um sich nicht dem Vorwurf auszusetzen, schuld an einem Misserfolg zu sein. In der Halbzeitpause fordert der Trainer: „Wir wollen noch ein Tor schießen! Das gelingt nur, wenn ihr euch etwas zutraut. Ihr seid stark genug, traut euch etwas zu und kämpft füreinander!" Damit nimmt er den Spielern die Angst vor Verurteilung, innere Sicherheit breitet sich aus und das Spiel wird schneller, offensiver und kreativer. (Abb.45)

Diese Beispiele sollen zeigen, dass innere Sicherheit Vermeidungsverhalten verhindert. Die Spieler suchen die Herausforderung, anstatt ihr aus dem Weg zu gehen.

Unsichere Spieler reagieren in Belastungssituationen häufig aggressiv, indem sie aus Angst, zu versagen, den Gegner unkontrolliert attackieren oder sich in vergleichsweise harmlosen Konfliktsituationen zu Handgreiflichkeiten hinreißen lassen. Innere Sicherheit resultiert letztendlich aus der Überzeugung, dass die Zuwendung aller wichtigen Bezugspersonen, wie Eltern, Freunde, Trainer, aber auch Zuschauer und Anhänger auch bei schwächeren Leistungen bestehen bleibt.

Zu viel Sicherheit schadet

Eintönige Trainingsarbeit, z. B. stets dieselben Übungsformen wiederholen oder gegen die gleichen Partner spielen, kann zu routinemäßigem Handeln und zur Gewohnheit führen. Dadurch sinkt der Erlebnisgehalt des Trainings. Neues, reizvolles und herausforderndes Handeln unterbleibt dadurch. Langeweile entsteht. Die Spieler entwickeln zwar eine gewisse Sicherheit, scheuen sich aber, im Lauf der Zeit neue Ziele in Angriff zu nehmen, da der Schritt von der Herausforderung zur Angst sehr klein sein kann. Überdruss- und Monotonieerscheinungen sind die Folge der Nichtbeachtung des immer wieder auflebenden Neugiertriebs.

Aus der richtigen Balance, Gekonntes zu stabilisieren und Neues auszuprobieren, entstehen neue Antriebe und reizvolle Zielsetzungen.

Innere Sicherheit – Wodurch?

Beispiele:

- **Ein positives soziales Umfeld, z. B. eine Mannschaft, in der die Beziehungen von Anerkennung, Aktzeptanz, Respekt und Sympathie getragen werden.**
- **Das Vertrauen zum Trainer, dass Misserfolge keinen Einfluss auf die menschliche Zuwendung haben.**
- **Zuwendendes Verhalten, wie Lächeln, freundliche Gesten, vertraute Sprache, Händeschütteln.**
- **Eindeutige Aufgabenstellung und klare Rollenzuweisung im Spiel.**
- **Realistische Einschätzung der eigenen Möglichkeiten, um die Aufgabe zu erfüllen.**
- **Übereinstimmung eigener Erwartungen mit denjenigen des Trainers, z. B. das Wissen, dass Fehler nicht zur Verurteilung führen, sondern die Chance für weiteres Lernen erhalten bleibt.**

Abb. 45
Innere Sicherheit – Wodurch?

3.4.1.3 Ermuntern, Loben

Ermuntern ist vor allem dann erforderlich, wenn Erfolgserlebnisse ausbleiben, wenn sich Misserfolge häufen oder wenn sich Zustände der emotionalen Belastung einstellen, z. B. bei Resignation, Frustration oder gar bei Depression.

Für entmutigte Spieler können schon kleinste Aufmunterungen bedeutsame Antriebsmittel sein. Dabei spielt die Wortwahl eine wichtige Rolle.

Ermutigungen sollen möglichst sachlich begründet sein, um das angeschlagene Könnensbewusstsein zu heben.

Beispiel:
„Du hast heute gezeigt, dass du im Training dazu gelernt hast und das auch im Wettspiel anwenden konntest. Damit kannst du sehr zufrieden sein!"

Lob ist ein sozialer Verstärker. Deshalb hat es vor allem für jüngere Spieler eine ermutigende Wirkung. Bei ihnen kann das Lob auch Ausdruck der persönlichen Wertschätzung sein. Mit zunehmendem Können sollte es jedoch mehr auf das spielerische Können bezogen sein und weniger auf die Person. Da das Lob den Spieler auf irgendeine Weise persönlich an den Trainer bindet, kann es für jüngere Spieler schwierig werden, die tatsächliche, eigene Leistungsfähigkeit zu erkennen.

Wer nur durch Lob und Tadel Rückmeldung erfährt, lernt nie, sich richtig einzuschätzen.

Das Lob muss deshalb durch das Organisieren von Erfolgserlebnissen ergänzt und auf eine wirklichkeitsnahe Basis gestellt werden.

So lobt man wirkungsvoll:

- **Zu Beginn des Lernprozesses soll häufiger gelobt werden als in späteren Lernstadien.**
- **Das Lob zunehmend auf die Handlung beziehen, um das Könnensbewusstsein zu stärken.**
- **Beim Einführen einer neuen Technik oder Taktik sollen auch kleine Fortschritte belobigt werden, da sie die Basis für weiteres Lernen bilden.**
- **Je unmittelbarer das Lob erfolgt, umso stärker wirkt es, z. B.: „Ja!", „Richtig!", „Noch mal so!"**

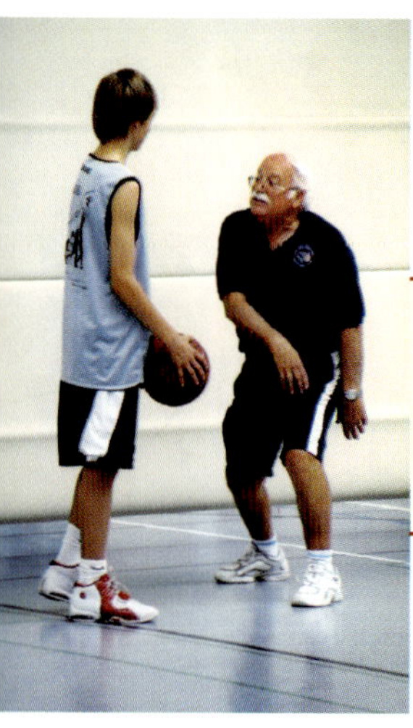

Lob und Versagensängste

Auch ein gut gemeintes Lob kann kontraproduktiv wirken. Wenn ängstliche Spieler spüren, dass Erwartungen an sie gestellt werden, die sie nicht erfüllen können, entwickeln sie Versagensängste.

Ein Trainer muss unbedingt erkennen, wann ein Lob eine echte Unterstützung für den Spieler darstellt und wann es zu Leistungsangst, zu Versagensangst oder zum Ausweichen führt, da sich der Spieler überfordert oder unter Druck gesetzt fühlt.

Aussagen des Trainers, wie: „Du bist gut, du schaffst das!" können beim ängstlichen Spieler eine unbewusste Widerstandsreaktion auslösen, im Sinne: „Das schaffe ich nie!"

Was man nicht tun sollte!
Um das Selbstvertrauen nicht weiter zu schwächen, sollte auf folgende Maßnahmen **verzichtet** werden:

- **„Ja ... aber" ...- Formulierungen**
- **Kritik an der Person**
- **„Wenn... dann..."- Sätze**
- **Vermeidungshinweise**

Die Entwertung des Lobs: „Gut ... aber ...!"

Diese Formulierungen sind meist gut gemeint. Sie können aber Selbstzweifel noch verstärken, weil sie das Lob in der Wahrnehmung der Spieler ent- oder zumindest abwerten.

Beispiel:
„Du hast dich gut durchgespielt, aber dein Abspiel war schlecht!"

Besser ist es, Positives und Negatives zu trennen,
z. B. „Deine Dribblings waren gut, du hast dich gut durchgesetzt!"

Der Spieler wird bestärkt. Anschließend, zu einem etwas späteren Zeitpunkt, sagt der Trainer: „Wir werden jetzt mehr Wert auf das Abspiel legen. Das kann noch besser werden!"

„Stell dich nicht so an!“

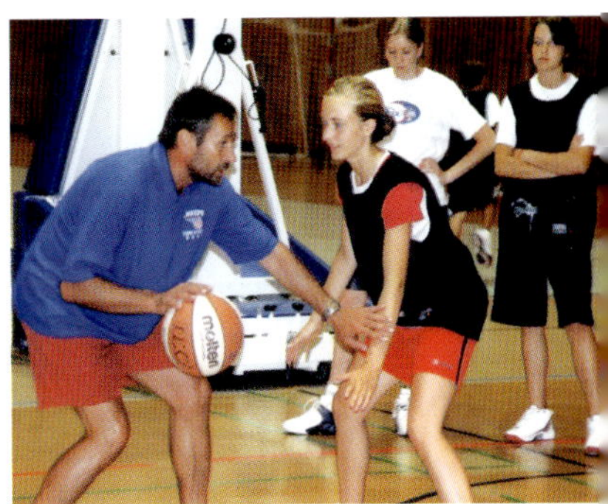

Rückmeldungen durch den Trainer sollen unterstützen, aber niemals verletzen.

Beispiel:
Der Trainer stellt eine Technikaufgabe: Ein Spieler zeigt mehrere Fehlversuche. Der Trainer reagiert: „Stell dich nicht so an! Hast du nicht gesehen, wie ich es vorgemacht habe?"

Diese Aussage empfindet der Spieler als Bewertung seiner Persönlichkeit, im Sinne von: „Du bist offensichtlich unfähig!" oder: „Du kapierst nicht, worum es geht!". Dadurch fühlt sich der Spieler in seiner Identität angegriffen und reagiert frustriert oder mit aggressiven Gegenreaktionen.

Besser:
„Ich zeige es dir noch mal. Beobachte genau meine Körpertäuschung!" Der Trainer korrigiert die Ausführung, der Spieler weiß, was er verbessern soll. Er wird seinen Lernfortschritt bewusst erleben und somit sein Selbstvertrauen steigern.

Vermeiden von Bedingungssätzen: „Wenn ... dann ...!“

Wenn Bewusstes und Unbewusstes nicht übereinstimmen, kann es zu einem inneren Konflikt kommen, der verhindert, dass der Spieler seine volle Leistungsfähigkeit entfaltet.

Beispiel:
Der Trainer: „Wenn es dir gelingt, deine Rolle als Außenspieler zu erfüllen, dann wirst du das nächste Mal wieder dabei sein!"

Solche Bedingungssätze können unbewusste Widerstände oder unbewusste Ängste hervorrufen. Das Bewusste sagt: „Ich schaffe es!" Das Unbewusste reagiert: „Was ist, wenn nicht?" Eine Forderung, die unbewusst nicht akzeptiert wird, verursacht eine innere Protesthaltung, die sich in zögerlichem, in unentschlossenem oder risikolosem Sicherheitsspiel bemerkbar machen kann.

Besser:
Das erwünschte Verhalten nicht an eine Bedingung knüpfen. Der Trainer: „Du kennst deine Rolle als Außenspieler. Gibt es bei dir noch Fragen oder ein Problem, dass wir miteinander besprechen sollten?"

Der Spieler: „Ich kenn meine Rolle. Ich traue mir zu, sie bestens zu erfüllen!"

3.4.1.4 Die Identifikation mit einem selbstbewussten Vorbild – Rollenspiel –

Eine gute Möglichkeit, Selbstvertrauen zu erwerben, bietet das Rollenspiel. Ängstliche und unsichere Spieler haben einen inneren Konflikt zu lösen. Der Widerspruch ergibt sich daraus, dass einerseits der Wunsch besteht, die bei anderen zu beobachtende Sicherheit und das zur Schau getragene Selbstbewusstsein zu besitzen, dieser Zustand aber aus verschiedenen Gründen selbst nicht erreicht wird.

Die Lösung dieses Konflikts lässt sich im Rollenspiel vollziehen.

Bei Kindern und Jugendlichen kann das Rollenspiel die Funktion des Vorbereitens auf „den Ernst des Lebens" haben. Sie entwickeln durch Nachahmen sprachliche Fähigkeiten, sie erweitern ihre Vorstellungskraft, sie lernen neue Gefühle kennen und können spielerisch Ängste und Hemmungen ablegen.

Sportler können z. B. durch spielerischen Rollentausch die Motivation des Gegners erleben, seine Verhaltensweisen nachvollziehen und dabei eigene belastende Gefühle ablegen. Eine einfache Methode besteht darin, den Spieler einen Menschen beschreiben zu lassen, der seiner Meinung viel Selbstbewusstsein besitzt.

Der Trainer stellt die Frage: „Kennst du einen Spieler, der für Dich den Inbegriff des Selbstbewusstseins darstellt?" Die nächste Aufforderung des Trainers lautet: "Stell dir vor, du bist dieser Spieler und beschreibe mir, was du tust und was du dabei denkst und fühlst!"

Wichtig ist, dass sich der Spieler die Situation, in der das Selbstbewusstsein so deutlich erkennbar ist, vorstellen kann. Von der Fantasievorstellung zur Nachahmung in der Wirklichkeit bleibt dann oft nur noch ein kleiner Schritt. Der Trainer bittet den Spieler, eine Situation noch einmal geistig durchzuspielen, sie zu wiederholen und gleichzeitig zu beschreiben, was er tut, was er erlebt und was er empfindet. Er spricht dabei in der Gegenwartsform, als würde er gerade handeln.

Während dieser Vorstellungstätigkeit soll sich der Spieler entspannen (siehe Kapitel über mentales Training). Im Zustand der Entspannung gelingt es dem Spieler, sich Dinge vorzustellen, die er normalerweise ablehnen würde, da sie ihm unangenehm sind oder Ängste hervorrufen würden.

Weitere Einzelheiten über die Wirkung des Rollentauschs werden im Kapitel über mentales Training aufgezeigt.

3.4.1.5 Eigene Erfahrungen, Erfolgserlebnisse

Selbstvertrauen ist zum großen Teil das Ergebnis positiver Erfahrungen.
Trainer sollten deshalb stets überlegen, welche Auswirkungen die Trainingsformen auf das Selbstvertrauen des Spielers haben.

Ein zu starres, durch Demonstrieren, Nachmachen und Korrigieren gekennzeichnetes Lehren kann zwar rasch zu Lernerfolgen führen, doch ist es zweifelhaft, ob es auch das Selbstvertrauen in der Spielsituation stärkt.

Deshalb sollten im Training Übungsaufgaben nach zweierlei Aspekten gestellt werden, um das Selbstvertrauen der Spieler weiterzuentwickeln:

- Selbständige Anwendung gelernter Techniken in vorgegebenen Spielsituationen, z. B. beim Spiel mit Überzahl.
- Selbständiges Ausprobieren der Anwendungsmöglichkeiten in freien Spielsituationen, z. B. das Spielverhalten ohne Ball.

Durch dieses Lösen von der dominanten „Korrekturinstanz Trainer" kann sich der Spieler seiner persönlichen Entscheidungskompetenz bewusst werden.

Das Arrangieren und Organisieren von Erfolgserlebnissen lenkt das Bewusstsein des Spielers auf sein Können und verbessert sein Selbsteinschätzungsvermögen. Er wird unabhängiger von der „richterlichen Beurteilung" des Trainers, der über gut oder schlecht entscheidet.

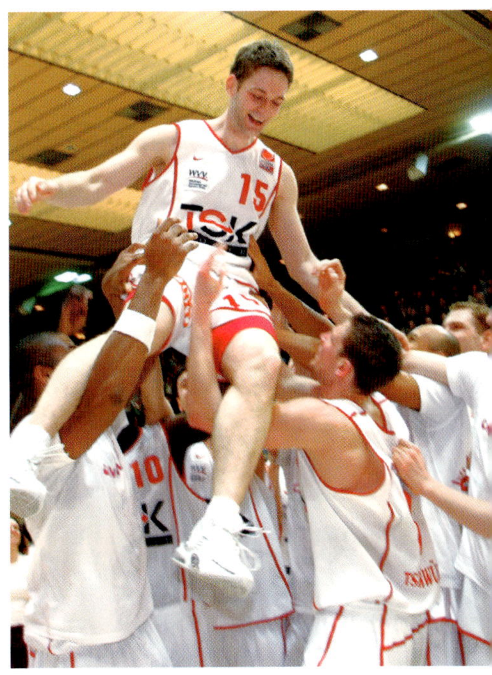

Sportler sollten möglichst früh lernen, dass das Erlebnis des Gelingens nicht der Bestätigung anderer Personen bedarf, sondern aus dem erfolgreichen Wirken des eigenen Bemühens, aus dem Bewältigen und Vollbringen einer Aufgabe entspringt.

Das Bemühen des Sportlers wird sozusagen umgeleitet. Er strebt den Erfolg nicht mehr der äußeren Anerkennung und Belohnung wegen an, sondern auf Grund eines persönlichen Ziels, das sich an der Aufgabe orientiert.

Erfolgserlebnisse lassen auf Dauer ein eigenständiges Selbstwertgefühl entstehen. Deshalb sollen Erfolgserlebnisse bewusst arrangiert werden, um, unabhängig von der Person des Trainers, innere Motivation und Leistungsbereitschaft zu stärken.

Sowohl die Mannschaft als Einheit als auch die Einzelmitglieder benötigen Erfolgserlebnisse. Erfolgserlebnisse der Mitglieder beruhen meist auf der Beziehung zur Mannschaft, auf dem Beitrag, den sie für die Mannschaft leisten, auf dem erfolgreichen Bemühen und der Einsatzfreudigkeit für die anderen.

Dem Trainer kommt es zu, den Spielern ihre Leistung bewusst zu machen. Lob und Erfolgserlebnis hängen oft eng zusammen. Beispielsweise kann der Trainer den erfolgreichen Spielzug eines Spielers noch einmal im Zusammenhang mit dem Spielverlauf hervorheben und damit das Erfolgserlebnis des Spielers noch verstärken.

Bedingungen des Erfolgs

Für verunsicherte Mannschaften und Spieler bedeuten auch kleinere Erfolge, z. B. ein Sieg über schwächere Gegner, ein wichtiges Erfolgserlebnis. Auch wenn sich die Mannschaft darüber im Klaren ist, dass der Gegner objektiv schwächer war, bedeutet der Sieg einen Schritt vorwärts zur Hebung des Selbstvertrauens.

Die Bedingungen, unter denen der Erfolg erzielt wurde, bilden deshalb auch einen Gradmesser für die Erlebnistiefe.

Je größer die zu überwindenden Hindernisse, desto tiefer das Erfolgserlebnis.

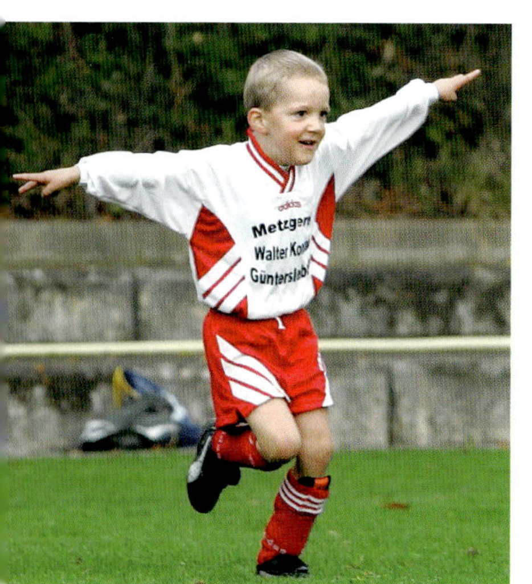

Allerdings ist dabei stets der Zusammenhang mit der psychischen Verfassung der Mannschaft zu beachten.

Für verunsicherte Mannschaften sind Erfolge über schwächere Gegner ein Schritt zu höherem Selbstvertrauen, selbstsichere Mannschaften können dadurch überheblich werden und den Blick für ihre tatsächliche Leistungsfähigkeit verlieren. Nachlässigkeiten und verringerte Einsatzbereitschaft sind die Folge.

Bei der Planung von Erfolgserlebnissen sollte die psychische Verfassung und die Leistungsfähigkeit der Mannschaft beachtet werden. Die gestellten Aufgaben sollen deshalb unterschiedlich ausfallen und von der jeweiligen

Mannschaft als schwierig, aber lösbar beurteilt werden. Deshalb können sehr unterschiedliche Aufgaben, der jeweiligen Verfassung entsprechend, als Herausforderung erlebt werden.

Regelmäßige Erfolgserlebnisse

Sie sind besonders wichtig für verunsicherte Mannschaften und deren Mitglieder. In Verbindung mit Lob und Ermunterung festigen sie in kleinen Schritten das Selbstvertrauen. Mit zunehmender Sicherheit sollte die Regelmäßigkeit eingeschränkt werden.

Unregelmäßige Erfolgserlebnisse

Sie verhindern Gewöhnungseffekte und beleben die Motivation besonders bei selbstsicheren und erfolgsorientierten Mannschaften.

Bleiben Erfolgserlebnisse kurzfristig aus, bleibt der erfolgsmotivierten Mannschaft die Hoffnung, das Ziel beim nächsten Mal doch noch zu erreichen. Dadurch wird das Bemühen wieder aktiviert und die Gewöhnung an den Erfolg vermieden. Gewohnheit ist stets mit einer Minderung der Erlebnistiefe verknüpft und damit auch mit der Abnahme emotionaler Motivation. (Abb.46)

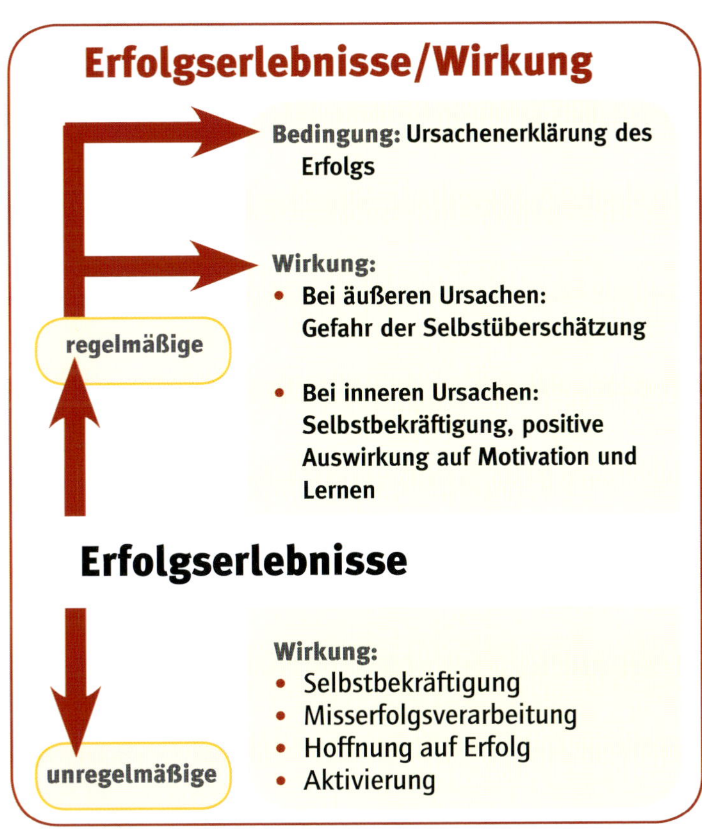

Abb. 46: Erfolgserlebnisse – Wirkung

Erfolgserlebnisse stellen sich ein, wenn schwierige Aufgaben als Herausforderung erlebt werden. Verfügen die Spieler über das nötige Können und das Selbstvertrauen, um der Herausforderung, z. B. der gegnerischen Spielstärke, begegnen zu können? Falls nicht, ist Vorsicht geboten. Sobald die Aufgaben Ängste hervorrufen, wird die Mannschaft statt eines offensiv- und risikofreudigen Spiels eher ein risikovermeidendes Sicherheitsspiel abliefern.

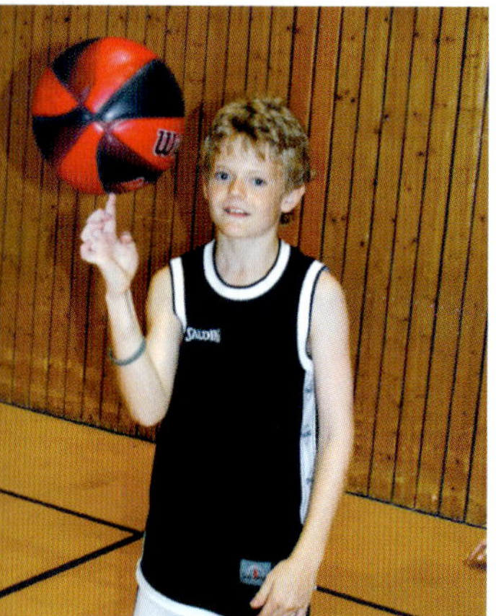

Erfolg heißt nicht: „Gewinnen"!

Das Grundproblem bei jugendlichen Spielern liegt darin, dass sie von Eltern, Coaches, Teammitgliedern oder Medien lernen, dass das Maß ihres Selbstwertgefühls vom Gewinnen oder Verlieren abhängt.

Eine ernüchternde Erkenntnis besteht darin, dass die Jugendlichen glauben, ihr Selbstwertgefühl nur steigern zu können, wenn sie gleichzeitig dasjenige von anderen herabsetzen.

Die Aufgabe des Trainers besteht darin, diese Einstellung zu ändern.

Gewinnen ist wichtig, aber es muss sekundär werden, hinter dem Bemühen, persönliche Ziele zu erreichen.

Erfolg muss darin gesehen werden, persönliche Ziele zu erreichen und nicht darin, die Leistung anderer zu übertrumpfen.

Das ist leichter gesagt als getan. Wenn die Trainer den Spielern helfen, sich realistische, erreichbare persönliche Ziele zu setzen, werden die Spieler zwangsläufig mehr Erfolg haben und sich kompetenter fühlen. Dadurch erhalten sie mehr Selbstvertrauen und können auch ihre mäßigen Fähigkeiten entfalten, ohne Angst zu haben, zu versagen.

Verringere die Bedeutung des Gewinnens und erhöhe die Betonung des Erreichens persönlicher Ziele. (Martens, 1990).

3.4.1.6 Stellvertretende Erfahrungen

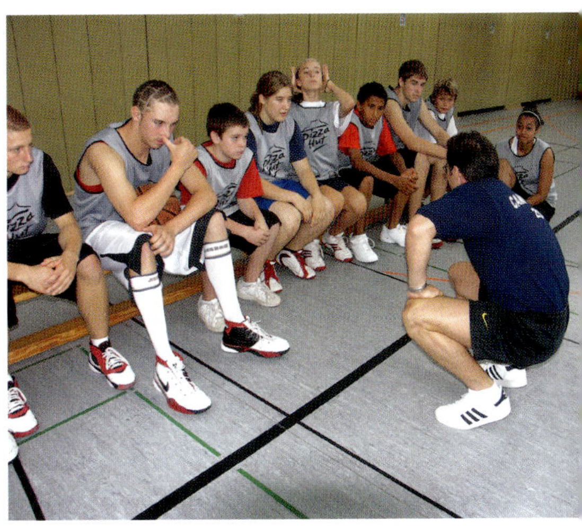

Wenn keine eigenen Erfahrungen vorliegen oder Zweifel vorhanden sind, lässt sich das Selbstvertrauen der Spieler dadurch verbessern, dass sie andere, aber ähnliche Personen oder Mannschaften beobachten oder von deren Erfolgen erfahren.

Diese „stellvertretenden Erfahrungen" wirken nach dem Motto: „Wenn er es kann, traue ich mir das auch zu!"

Vergleiche der ähnlichen Leistungsstärke anderer Personen oder Mannschaften mit der eigenen, erlauben Rückschlüsse darüber, wie man selbst mit der Aufgabe fertig werden würde.

Dieses damit erreichte Selbstvertrauen wirkt vor allem im Vorfeld motivierend, es kann allerdings durch eigene, u. U. schlechte Erfahrungen wieder relativiert werden.

3.4.1.7 Die richtige Einstellung

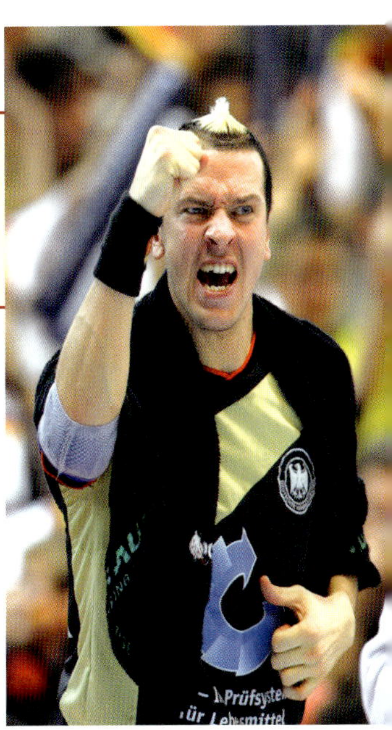

Der Begriff der Einstellung spielt bei Mannschaftsspielen eine große Rolle. Spieler oder ganze Mannschaften sind z. B. „offensiv" oder „defensiv", „ängstlich" oder „kämpferisch" eingestellt.

Die Einstellung stellt eine innere Bereitschaft dar, in einer spezifischen Art zu denken, zu fühlen und zu handeln.

Einstellungen lenken das Verhalten, obwohl sie dem Spieler nicht dauernd bewusst sein müssen. Einstellungen sind deshalb „mitbewusst", da sie jederzeit in das Bewusstsein gerufen werden können.

Ein offensiv eingestellter Spieler nutzt jede sich bietende Möglichkeit zum Torerfolg, der defensiv eingestellte Spieler richtet sein Augenmerk auf die Vermeidung eines Gegentreffers. Diese innere Verhaltensbereitschaft richtet sich sowohl auf die eigene Person als auch auf den Gegner.

Eine stabile Einstellung muss sich nach dem Endziel ausrichten.

Eine Mannschaft hat sich z. B. einen Platz im Mittelfeld der Tabelle zum Ziel gesetzt. Dieses Zielbewusstsein ermöglicht die volle Konzentration auf das nächste Spiel und verhindert die Unterschätzung des vermeintlich schwächeren Gegners.

a. Die Einstellung gegenüber sich selbst

Spieler sollen zu ihrem Können eine positive Einstellung entwickeln. Vor allem dürfen sie ihre eigene, persönliche Wertschätzung nicht von den Wettkampfergebnissen abhängig machen. Leistung ist etwas instabiles, mal gewinnt man, mal verliert man. Der Spieler darf sich bei Niederlagen nicht verdammen und sollte bei Siegen nicht in unrealistische Euphorie verfallen. Niederlagen sollen nach ihren Ursachen hin analysiert werden und als Lernchancen für das nächste Spiel genutzt werden.

Wer sich zu sehr und zu lange mit eigenen Fehlern beschäftigt, verliert leicht das Selbstvertrauen.

b. Die Einstellung zum Gegner

Die Einstellung zum Gegner beeinflusst in starkem Maß das Selbstvertrauen und entscheidet darüber, ob die Spieler ihre Fähigkeiten voll zur Entfaltung bringen werden.

Die Überschätzung des Gegners bewirkt eine Abnahme des Selbstvertrauens.

Die Spieler entwickeln weniger Kampfbereitschaft und nutzen ihre körperlichen und mentalen Fähigkeiten nicht genügend aus. Der Offensivgeist lahmt, man lässt sich die Spielweise des Gegners aufzwingen.

Die Unterschätzung des Gegners kann zu übersteigertem, zu „überzogenem" Selbstvertrauen führen.

Die Spieler konzentrieren sich weniger, voller Krafteinsatz scheint nicht nötig zu sein. Spielt der Gegner besser als erwartet, gelingt eine Umstellung der Einstellung während des Spiels meist nicht mehr oder zu spät.

Wie man über den Gegner spricht:
Hinweise auf Stärken, auf Schwächen oder auf spezielle Merkmale des Gegners sollten möglichst konkret formuliert werden.
Für unsichere Spieler ist es hilfreich, wenn sie wissen, was konkret auf sie zukommt und welche Aufgaben sie erfüllen sollen.

Sprich konkret über die Stärken des Gegners:
Z. B.: „Er ist kopfballstark!" „Er ist antrittsschnell!" „Die Mannschaft lauert auf Konter!" „Der Gegner greift häufig in Überzahl an!"

Ungünstige Hinweise, da zu ungenau:
Z. B.: „Pass auf, er ist raffiniert!" „Beim Kampf gegen ihn musst du besonders aufpassen!" „Der Gegner ist immer für eine Überraschung gut!"

Derartige Hinweise stellen den Spieler vor zusätzliche Aufgaben, da er selbst herausfinden muss, worin die Stärke oder die besondere Spielweise des Gegners besteht.
Bei unsicheren Spielern können dadurch zusätzliche Zweifel auftauchen.

Die positive Einstellung: „Wir wollen gewinnen!" kann in ängstliche Sicherheitseinstellung kippen: „Wir dürfen nicht verlieren!".

Fazit

Man verliert das Selbstvertrauen

- wenn man in schlechter körperlicher Verfassung ist.
- wenn man sich das eigene Können nicht mehr bewusst macht.
- wenn man sich zu lange mit eigenen Fehlern beschäftigt.
- wenn man den Gegner überschätzt.
- wenn man sich zu sehr mit Dingen beschäftigt, die man nicht oder nur wenig kontrollieren kann, z. B. Zuschauerreaktionen, Trainingsvorbereitung des Gegners, Medien, u. a.

3.4.1.8 Fähigkeitsfeedback oder Anstrengungsfeedback?

Offensichtlich glauben manche Sportler, dass Anstrengung mit geringen Fähigkeiten einhergeht. Sie sind der Meinung, dass sie nur durch erhöhte Anstrengung ihre unzureichenden Fähigkeiten ausgleichen können. „Ich muss mich anstrengen, weil meine Fähigkeiten sonst nicht ausreichen."

Die Leistungsrückmeldungen durch den Trainer haben hauptsächlich zweierlei Funktionen:

- **die Funktion des Informierens und**
- **die Funktion des Motivierens.**

Leistungsrückmeldungen sind vor allem dann wirksam, wenn sie glaubwürdig sind. Die Glaubwürdigkeit der Trainerrückmeldung ist dann gegeben, wenn die Rückmeldung mit den Fähigkeiten des Spielers erklärt wird und mit dessen eigener Meinung über die Ursachen der Leistung übereinstimmt.

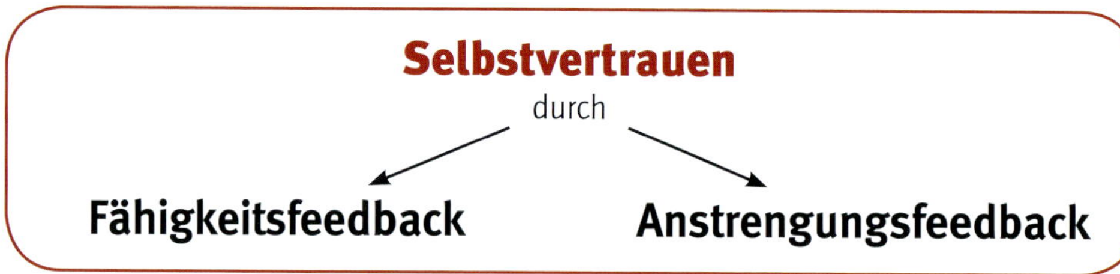

Es kommt also darauf an, ob sich die Rückmeldung mehr auf die Fähigkeiten des Spielers oder auf seine Anstrengung bezieht. In Untersuchungen wurde nachgewiesen, dass Fähigkeitsfeedback zu höherem Selbstvertrauen führt als Anstrengungsfeedback (Bund, 2001).

Deshalb soll im Lauf des Trainingsprozesses der Fähigkeitsrückmeldung der Vorzug vor der Anstrengungsrückmeldung gegeben werden. Vor allem zu Beginn des Lernens und Übens spielt es eine große Rolle, die Rückmeldung auf die Fähigkeiten zu richten, da der Spieler sonst die Einstellung entwickeln könnte: „Mein Talent reicht eben nicht aus. Ich bin nur gut, weil ich mich mehr anstrenge als die anderen!"

Anstrengungsfeedback ist zu empfehlen, wenn der Fortschritt tatsächlich nur durch Anstrengung erreicht werden kann. Dies trifft z. B. bei der Verbesserung konditioneller Fähigkeiten, wie Kraft, Schnelligkeit und vor allem der Ausdauer zu.

3.4.1.9 Der Umgang mit Erwartungsdruck

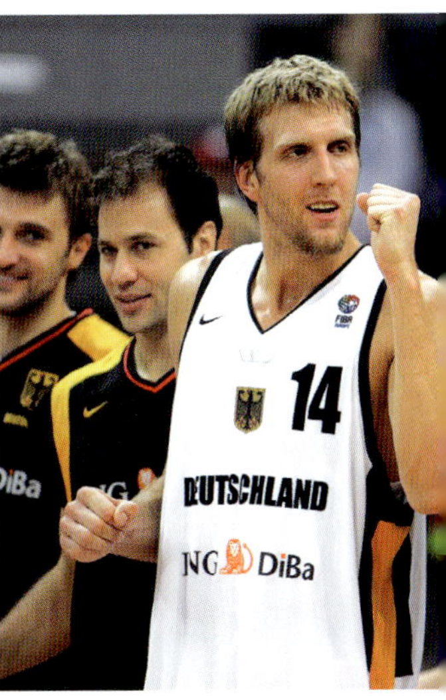

Fantasie, Risikobereitschaft und Selbstvertrauen entfalten sich am besten, wenn die Entscheidungsfreiheit des Spielers unabhängig von fremden Einflüssen bleibt. Leistungsanforderungen, die Spieler um anderer Leute willen erbringen „müssen", z. B. für Trainer, Presse, Vereinsführung, Zuschauer, können vor allem im Jugend- und Amateurbereich Pflicht- und Schuldgefühle auslösen, die dann ein Versagen erst ermöglichen.

„Wenn Sie meinen, dass ich dieses Spiel unbedingt gewinnen muss, ist das Ihr Problem!"
Boris Becker befreite sich einmal mit obigem Zitat vom Druck journalistischer Erwartungen und bewies damit ein starkes Selbstbewusstsein, das auch durch eine Niederlage nicht zu erschüttern war.

Selbstbewusste, erfolgsorientierte Spieler werden durch Erwartungsdruck herausgefordert und motiviert. **Ängstliche, unerfahrene Spieler** mit wenig Selbstvertrauen können auf Erwartungsdruck mit übermäßiger Nervosität reagieren. Das Gefühl zu haben: „Ich muss!" verursacht innere Verteidigungshaltungen, die offensives Denken unterbinden. Der Spieler beschäftigt sich dann mehr mit sich selbst und seinen Ängs-ten als mit der gestellten Aufgabe. Die Selbstforderung: „Ich darf nicht versagen, ... weil ...!" verstärkt die Angst vor dem Versagen noch mehr.

Für sportliches Handeln gilt grundsätzlich: Gedanken müssen unmittelbar in Handlungen umgesetzt werden können.

Pflichtaussagen, wie: „Ich muss ...!", zweifelnde Gedanken, wie: „Hoffentlich ..!" oder Vermeidungsdenken, wie: „Ich darf nicht ...!" erfüllen die Forderungen des Leitsatzes für sportliches Handeln ebenso wenig wie zweifelnde Gedanken.

Vermeide :	Verwende:
• „Ich muss ...!" („Ich muss gewinnen!") • „Ich darf nicht ...!" (Ich darf nicht nachlassen!") • „Hoffentlich...!" („Hoffentlich mache ich keinen Fehler!")	• „Ich werde ...!" („Ich werde jede Chance nützen!") • „Ich kann ...!" („Ich kann durchhalten!") • „Ich bin ...!" („Ich bin voll konzentriert!")

Gelingt es dem Spieler, sich von Gefühlen der Pflicht, des Müssens, der Schuldigkeit oder des Abhängigseins zu befreien, wird er weniger von Anspannung, von Hemmungen und Ängsten belastet sein und mit größerer Spielfreude und höherem Selbstvertrauen seine Fähigkeiten entfalten.

3.4.1.10 Der innere Dialog – Selbstsuggestion –

Mithilfe innerer Selbstgespräche bereitet der Spieler erwünschtes, erfolgreiches Spielen vor. Der innere Dialog soll bewusst positiv geführt werden, um so die Voraussetzung für zielbewusstes Handeln zu schaffen.

Gedanken, die sich mit **Selbstzweifeln** beschäftigen, die auf die **Person des Gegners** gerichtet sind oder ein **erwünschtes oder befürchtetes Ergebnis** vorwegnehmen, ziehen die Konzentration vom aktuellen Handeln ab und lassen das Selbstvertrauen noch weiter absinken.

Negativer innerer Dialog:

- Dieser Gegner ist zu schnell für mich!"
- „Ich fühle mich unterlegen!"
- „Wahrscheinlich haben wir doch keine Chance!"
- „Ich mache ja doch wieder die gleichen Fehler!"
- „Der Trainer ist sowieso nicht mit mir zufrieden!"

Im Hinblick auf den Erhalt und die Festigung des Selbstvertrauens sollte **der positive innere Dialog** folgendermaßen gekennzeichnet sein:

- **Die Gedanken nach vorne lenken.**
  „Ich traue mir zu, meinen Gegenspieler auszuschalten!"
- **Die Gedanken auf das Spiel und nicht auf das Ergebnis richten.**
  „Wir werden ein schnelles Kombinationsspiel aufziehen. Wir werden den Gegner überraschen!" „Wir werden das Spiel ohne Ball besonders pflegen!"
- **Ich spiele nur gegen die Technik und die Aktionen meiner Gegner.**
  „Der Name des Gegners ist mir egal!"

Selbstsuggestion – Bildung von Affirmationen –

Selbstsuggestionen richten sich vor allem auf die Emotionalität, also an Selbstvertrauen, Zuversicht oder Freude.

Es gibt Spieler, die sich aus mangelndem Selbstvertrauen von vornherein als Verlierer fühlen, obwohl sie objektiv in der Lage wären, erfolgreich zu sein.

Die Spieler „bilden sich ein", zu schwach zu sein oder sie „reden sich ein", dass ihre Form nicht ausreicht, um erfolgreich zu sein. Hier handelt es sich um eine negative Selbstsuggestion. Wer sich einredet oder einbildet, „Dieser Gegner ist zu stark für mich!" prophezeit damit in Gedanken ein Ergebnis, das dann auch tatsächlich eintreten wird.

So, wie man durch Einbilden oder Einreden Versagensängste auslösen kann, gelingt es umgekehrt, durch positive Suggestionen die Gedanken und Gefühle auf positives Abschneiden zu lenken.

„Wenn du die aktuelle Wirklichkeit nicht verändern kannst, dann ändere sie in deiner Vorstellung!"

Beispiele für die Wirksamkeit positiver Selbstsuggestionen findet man

- im Placeboeffekt. Ein Patient erhält z. B. eine neutrale Tablette und wird gesund, weil er an die heilende Wirkung glaubt.

- in der „inneren Uhr". Man nimmt sich vor, zu einem bestimmten Zeitpunkt aufzuwachen und erwacht dann tatsächlich zur beabsichtigten Zeit.

Die Selbstsuggestion der Affirmation stellt eine Anweisung an sich selbst dar. Sie beinhaltet eine Forderung oder einen Vorsatz.

Entspannung

Da sich die Selbstsuggestion an die Gefühle wendet und vor allem bei herabgesetzter Gedankenaktivität wirksam ist, praktiziert man sie am besten

- **kurz vor dem Einschlafen**
- **oder im Zustand bewusster Entspannung.**

Das heißt aber nicht, dass sie nicht auch im Wachzustand wirkungsvoll sein kann. In diesem Fall sind Selbstsuggestionen in engem Zusammenhang mit der Willensaktivierung zu sehen.

Die Bildung von Selbstsuggestionen bzw. von Affirmationen

Nervosität und Versagensängste können bei den Spielern sehr unterschiedlich begründet sein. Um gezielt auf die Schwierigkeiten einzelner Spieler eingehen zu können, bedarf es einer gemeinsamen Analyse des Problems, in erster Linie mit dem Trainer. Als Basis der gewählten Selbstsuggestion dient die Selbstbeobachtung des Spielers, da nur er erlebt, welcher Art, wann und unter welchen Umständen sein Selbstvertrauen schwindet. (Abb.47) Ziel der Analyse ist das Schaffen einer erwünschten Vorstellung, die in Form eines selbstsuggestiv wirkenden Satzes formuliert wird. Ein derartiger autosuggestiver Satz, der einen erwünschten Zustand beschreibt, der aber zu diesem Zeitpunkt noch nicht eingetreten ist, nennt man **Affirmation**.

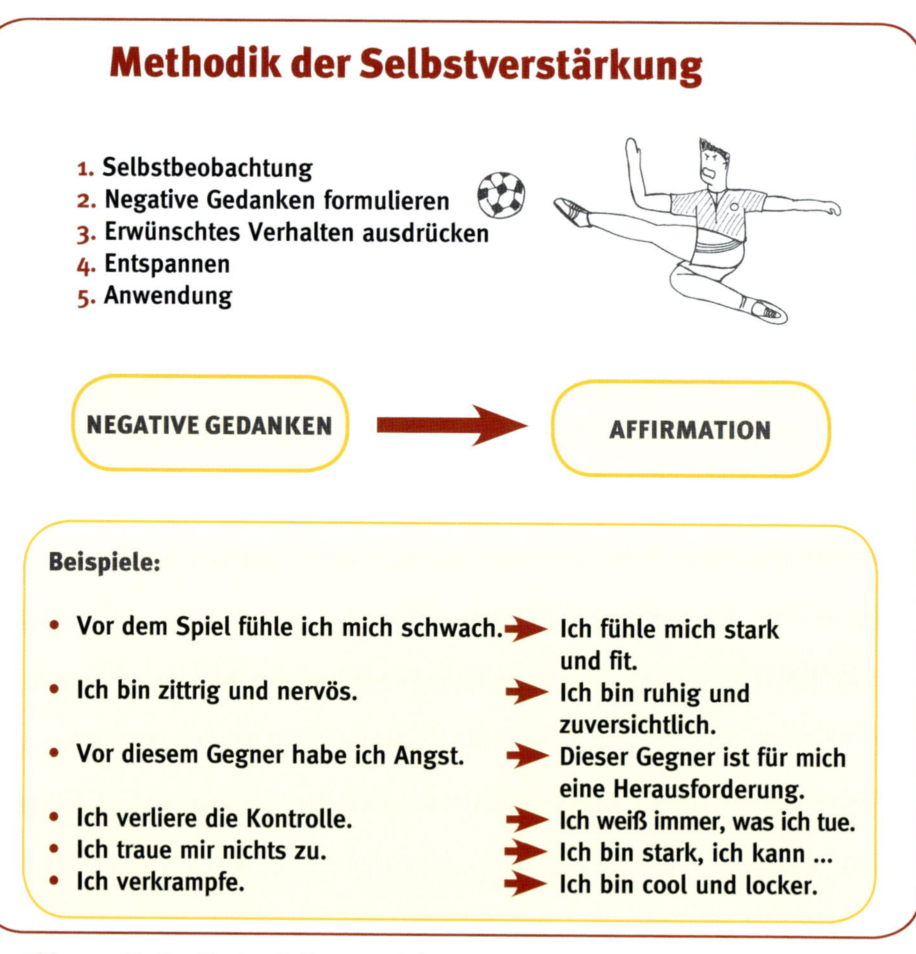

Abb. 47: Methodik der Selbstverstärkung

1. Selbstbeobachtung

Der Spieler versucht zunächst, leistungshinderliche Gedanken und Gefühle zu ergründen.

Vor dem Spiel:

- Was denke ich?
- Wie fühle ich mich?
- Wie ist mein körperlicher Spannungszustand?
- Was lenkt mich ab?

Während des Spiels:

- Wann setzt mein Leistungsabfall ein?
- Was habe ich vor dem Spiel gedacht? Wie reagiere ich auf Fehler?
- Gibt es einen Tiefpunkt, einen „Hänger"?
- Wann und wodurch werde ich unsicher und verliere das Selbstvertrauen?
- Wie beeinflussen mich meine Mitspieler?
- Denke ich insgesamt mehr negativ oder mehr positiv und offensiv?

2. Negative Gedanken formulieren, das Problem benennen

Die negativen Gedanken werden formuliert und nach ihrer Bedeutung geordnet. Das größte Problem, die größte Befürchtung oder der störendste Gedanke wird zuerst genannt. Nur wenn man dem Problem einen Namen gibt, kann man wirkungsvolle Gegenmaßnahmen ergreifen.

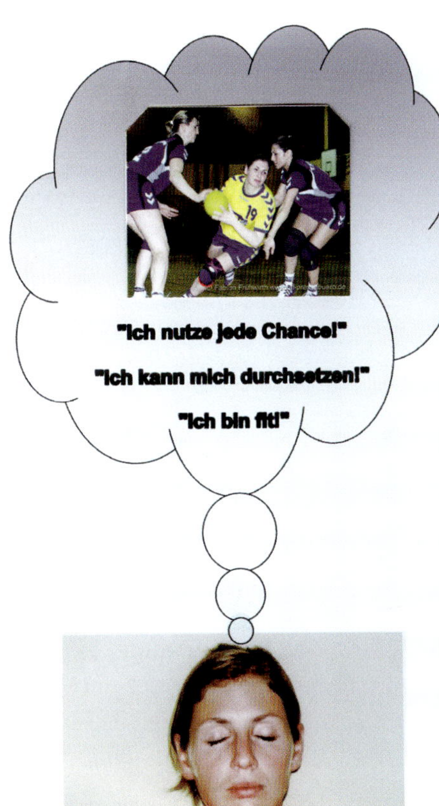

3. Umwandlung in positive Sätze – Bildung der Affirmation

In Zusammenarbeit mit dem Trainer wandelt der Spieler seine negativen Gedanken in positive Sätze um, die das gewünschte Verhalten zum Ausdruck bringen. Wesentlich ist, dass der Spieler diese Gedanken stets mit der Situation verknüpft, in der er sie anwenden wird. Siehe Grafik.

4. Entspannen

Der Spieler sucht sich einen ruhigen Ort, wo er möglichst ungestört ist. Aber auch zu Hause, vor dem Einschlafen oder in einer ruhigen Phase im

Tagesgeschehen kann sich der Spieler entspannen. Je nach Vorerfahrung erfolgt dies durch einfache Muskelentspannung, durch eine Atemübung oder durch eine verkürzte Form einer Entspannungstechnik, z. B. nach Jacobson.

5. Vorstellen der positiven Affirmation in der Spielsituation

Fühlt sich der Spieler angenehm entspannt, richtet er seine Gedanken auf die Problemsituation und vergegenwärtigt sich seine ausgewählte Affirmation.

Hierzu führt er einen inneren Dialog, indem er z. B. zu sich selbst sagt: „Ich bleibe cool und souverän!", „Ich bleibe bis zum Spielende voll konzentriert!", „Ich werde blitzschnell reagieren!"

6. Anwendung

Die gebildeten positiven Sätze werden im Training und im Wettkampf erprobt. Durch die wiederholte, stets gleichartige Formulierung üben Affirmationen eine autosuggestive Wirkung auf den Spieler aus, sodass es ihm gelingen wird, Trainingsleistungen, unabhängig von der äußeren Situation, auf Wettkampfsituationen zu übertragen.

Achtung:

Der Spieler muss mit voller innerer Zustimmung die positiven Gedanken formulieren. Es dürfen keine unbewussten Widerstände gegen das angestrebte Verhalten vorhanden sein. Beispielsweise folgen Spieler, dem Trainer zuliebe, seinen psychologischen Ratschlägen, bleiben aber im Innersten ängstlich und unsicher. Geraten auf diese Weise Bewusstes und Unbewusstes in Konflikt, setzt sich meist der unbewusste Antrieb durch. Der Spieler wird deshalb in entscheidenden Situationen weiterhin ängstlich und zögerlich agieren.

3.4.1.11 Selbstüberzeugung

Während sich die Selbstsuggestion direkt an die Gefühle richtet, zielt die Selbstüberzeugung auf die Vernunft, auf die bewusste, verstandesmäßige Regulierung des Verhaltens. Die Aufgabe der Selbstüberzeugung besteht in der logischen Begründung und der gedanklichen Schlussfolgerung, so und nicht anders zu handeln.

Selbstüberzeugung erfolgt in Gesprächen über die Ursachen des eigenen emotionalen Zustands. Auch die Meinung anderer Menschen, deren Erfahrungen und Informationen lassen sich einbeziehen.

Der Spieler formuliert für sich selbst Gründe zum Sinn, Zweck und zur Notwendigkeit der Handlung.

- „Meine Minderwertigkeitsgefühle sind überhaupt nicht begründet! Ich habe gezeigt, dass ich der Aufgabe gewachsen bin. Der Trainer hat es bestätigt, auch die Zuschauer haben Beifall gespendet."
- „Meine Müdigkeit ist unbegründet. Ich habe gut trainiert und bin ausgeschlafen. Ich bin fit!"
- „Schuld an meiner Nervosität ist die Erwartung der anderen. Ich werde mich davonlösen, da sie mich nur belastet! Ich setze mir meine eigenen Ziele."
- „Wenn wir uns gegenseitig unterstützen, werden wir gewinnen. Der Gegner ist uns zwar spielerisch überlegen. Wenn wir unser taktisches Konzept durchhalten und jeder seine Aufgabe konsequent erfüllt, haben wir eine gute Chance."

3.4.1.12 Positive Hinweise des Trainers

Der Trainer kann wesentlich zum positiven inneren Dialog der Spieler beitragen, wenn er seine Hinweise entsprechend formuliert. Grundsätzlich sollte der Trainer daran denken, seine Hinweise als Handlungsziele zu formulieren, damit sie direkt in Handlungen umgesetzt werden können. Hinweise des Trainers müssen die Funktion von Handlungsprogrammen, von Orientierungshilfen oder von Motivierungsimpulsen besitzen.

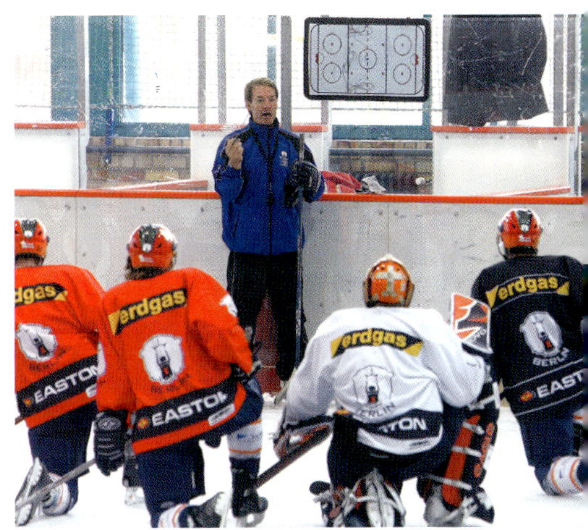

Je einfacher und direkter die Anweisungen des Trainers von den Spielern umgesetzt werden können, desto zuversichtlicher werden sie agieren.

Beispiele:

So nicht! Vermeidungsanweisungen:	**So!** Handlungsziele:
• „Wir dürfen nichts riskieren!" • „Wir müssen ein Gegentor vermeiden!" • „Wir dürfen keine gelbe Karte riskieren!" • „Seid nicht so ängstlich!" • „Spielt nicht quer!" • „Lass dich nicht ablenken!"	• „Wir trauen uns, offensiv zu spielen!" • „Wir greifen konsequent an!" • „Wir spielen aggressiv, aber fair!" • „Traut euch das Dribbling zu!" • „Spielt steil!" • „Konzentriere dich auf das, was du tust!"

Vor allem in Krisenzeiten verfallen Trainer häufig in falsches Sicherheitsdenken. Damit können gerade die Tugenden, die die Mannschaft vorher ausgezeichnet haben, z. B. schnelles, fantasievolles Spiel oder selbstbewusster Offensivgeist gehemmt oder gar unterbunden werden.

3.4.1.13 Mentales Training

Die wiederholte Verknüpfung der Vorstellung einer erfolgreichen Spielhandlung mit der Emotion des Selbstvertrauens, des Gelingens und der Freude trägt wesentlich zur erfolgreichen Bewältigung in der realen Spielsituation bei.

Eigene Aktionen oder das Reagieren auf Angriffe des Gegners werden innerlich vorbereitet, der Spieler kann durch gegnerische Aktionen nicht mehr überrascht werden, da er bereits über eine latente Reaktionsbereitschaft verfügt.

Oliver Kahn, Zitat:

„Wenn ich mich manchmal in meine Welt der Motivation und des mentalen Trainings zurückziehe ... spiele ich viele Szenen unterbewusst durch. – Szenen, die dann in der Realität wieder auftauchen können. Das hat in der Sportpsychologie einen Begriff: Visualisieren.
Man programmiert sich auf diese Situation".

Diese Äußerungen Oliver Kahns zeigen, dass auch Mannschaftsspieler das mentale Training bzw. das Visualisieren in Erfolg versprechender Weise anwenden können.

Das Prinzip des mentalen Trainings bzw. des Visualisierens besteht im Sich- vorstellen einer Bewegung, einer Technik, einer komplexen Handlung oder der Lösung einer schwierigen Aufgabe. Visualisieren bedeutet, dass sich der Spieler mögliche Spielsituationen bildhaft vorstellt. Der Begriff: „sich etwas einbilden", verweist auf die Wirksamkeit dieser mentalen Trainingsform.

Worte können eine Bewegungshandlung in Teile zergliedern, die jedoch in der Realität nur als ganzheitliches Geschehen abläuft.

Das bildhafte Visualisieren vermittelt dem Spieler die ganzheitliche Spielsituation, die er in der Vorstellung blitzschnell verändern kann.

Dieses erfolgreiche „innere Probehandeln" macht dem Spieler seine Fähigkeiten bewusst und befähigt ihn, in der Realsituation des Wettspiels die bereits mental durchgespielten Handlungspläne situationsgemäß abzurufen.

Da das Vorstellen von Bildern stärkere Emotionen auslöst, als es Worte vermögen, kann der Spieler durch das Visualisieren Unsicherheiten beseitigen und damit seine Zuversicht und sein Selbstvertrauen wirksam stärken.

3.4.1.14 Sozialer Rückhalt

Es ist einfacher, an sich selbst zu glauben,
wenn andere es tun!

(Railo, 1986)

Dieser Ausspruch des bekannten norwegischen Sportpsychologen gilt vor allem für Mannschaftsmitglieder, die z. B. nach Verletzungspausen oder nach Krisenzeiten ihr Selbstvertrauen wieder neu finden müssen. Trainer, Mannschaftskameraden und andere nahe stehende Bezugspersonen spielen eine wichtige Rolle, um aufkommenden Minderwertigkeitsgefühlen bei gefährdeten Spielern entgegenzuwirken. Nichts kann verunsicherte Spieler schlimmer treffen, als das Gefühl, dass Trainer und Mannschaftskameraden nicht mehr an sie glauben.

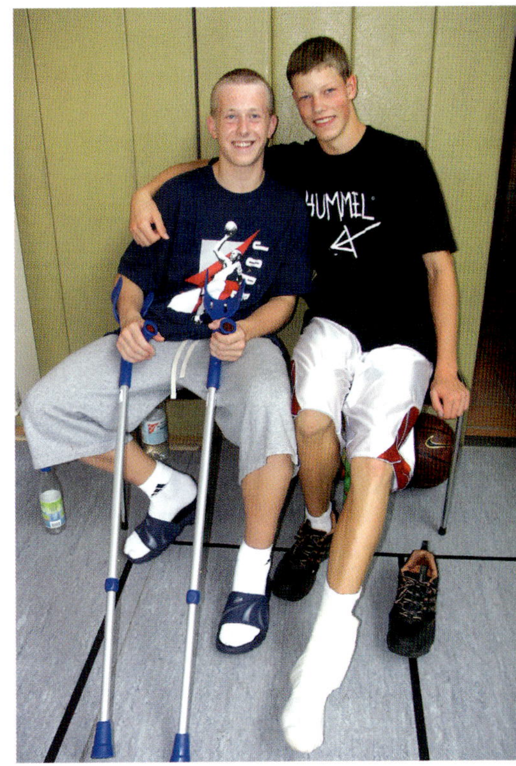

Die persönliche Wertschätzung, unabhängig von der aktuellen Leistung, stellt für den Spieler eine unersetzbare Hilfe dar, um das gestörte oder verloren gegangene Selbstvertrauen wieder zu gewinnen. Bei jüngeren Spielern sind es vor allem die Eltern und der Trainer, die während der erzwungenen Pause helfend und unterstützend wirken. Für Jugendliche bedeutet es eine enorme psychische Belastung, wenn Eltern mit der sportlichen Tätigkeit nicht einverstanden sind.

Das Gefühl zu haben, die Eltern stehen hinter mir, sie sind einverstanden mit dem, was ich tue, gibt Zuversicht und Vertrauen in die Zukunft.

4 Mentales Training für Spieler – Visualisieren

Das Prinzip des mentalen Trainings bzw. des Visualisierens besteht im Sichvorstellen einer Bewegung, einer Technik, einer komplexen Handlung oder im Vorstellen einer mentalen Lösung psychischer Schwierigkeiten, ohne körperliche Ausführung.

Spieler haben dadurch eine Möglichkeit, ihre persönlichen Techniken zu verbessern, Spielhandlungen oder Spielstrategien mental zu üben oder psychisch belastende Situationen innerlich zu bewältigen, um sie dann in die Praxis umzusetzen.

Zum Sprachgebrauch:

Das mentale Training im engeren Sinn dient zum Erlernen, Präzisieren oder Stabilisieren von einfachen, klar beschreibbaren Spielhandlungen, z. B. Werfen, den Ball annehmen, Stoppen, Freiwürfe, Standardsituationen oder Finten.

Es werden alle erforderlichen Sinnesqualitäten eingeschaltet, z. B. Sinne der Wahrnehmungs- und Beobachtungsfähigkeit, auch die an der Handlung beteiligten Körpersinne, d. h. der Bewegungssinn, der Tastsinn und der Gleichgewichtsinn.

Visualisieren bedeutet: Denken in Bildern

Es dient mehr dazu, mit bestimmten psychischen Schwierigkeiten fertig zu werden, z. B. sich besser konzentrieren zu können, Nervosität zu beseitigen, Ängste zu bewältigen oder einen besseren Wettkampfzustand zu erreichen.

Das Denken in Bildern besitzt gegenüber der Sprache einen wesentlichen Vorteil:
Sprache kann eine Bewegung zergliedern, Bilder bewahren die Ganzheitlichkeit.

Die Beschreibung mit Worten teilt z. B. eine azyklische Bewegung auf in Vorbereitungsphase, Hauptphase und Endphase. Diese durch Worte erfolgende Zergliederung einer Bewegung stellt in der realen Ausführung jedoch ein untrennbares Ganzes dar.

Deshalb besteht ein Ziel der mentalen Arbeit darin, bildhafte Vorstellungen mit sprachlichen Begriffen zu verknüpfen, um z. B. Korrekturen vornehmen zu können, ohne die Ganzheitlichkeit der Bewegung zu zerstören.

Im Folgenden wird auf die strikte Trennung der Bezeichnungen Mentales Training und Visualisieren verzichtet.

4.1 Zur Theorie des mentalen Trainings

Wenn wir einen Spieler **ansehen**, einen Ball **berühren** oder die Anweisung eines Trainers **hören**, nehmen wir diese Signale mit unterschiedlichen Sinnen wahr und bilden daraus innere Bilder.

Es ist unerheblich, ob wir den Trainer sehen oder hören, ob wir den Ball berühren oder ansehen, das Bild, das in unserem Kopf entsteht, ist trotz der unterschiedlichen Sinneseindrücke das Gleiche. Ein Apfel bleibt ein Apfel, ob ich ihn sehe, ihn anfasse oder hineinbeiße.

Man bezeichnet diese durch die Sinne entstehenden Bilder als **Wahrnehmungsbilder**.

Bilder, die sich einstellen, wenn man an Vergangenes denkt, nennt man **Erinnerungsbilder**.

Erinnerungsbilder entstehen nicht nur durch visuelle Erinnerung. Ob ich mich an die Stimme eines Menschen erinnere oder daran, als ich ihm die Hand schüttelte, ist unerheblich. Beide Sinnesreize lassen sein Bild wieder in mir erstehen.

Auch die Körpersinne können Erinnerungsbilder hervorrufen. Man erinnert sich z. B. an die körperliche Berührung mit einem Gegenspieler und rekonstruiert damit dessen Bild. Wir können uns aber auch Situationen und Ereignisse vorstellen, die noch nicht passiert sind, die wir vielleicht geplant hatten oder von denen wir glauben, dass sie eintreten werden. Diese Art von Bildern, von etwas, was noch nicht geschehen ist, ist anders beschaffen, als die Bilder, die von tatsächlichen Ereignissen herrühren. Solche Bilder bezeichnen wir als **Vorstellungsbilder**.

Vorstellungen dieser Art kann man auch als Erinnerung an die Zukunft bezeichnen, da wir sie aus der Erinnerung in zukünftiges Handeln übertragen können. (Abb.48)

Sie werden allerdings nicht als exakte Abbilder von Dingen, Ereignissen oder Personen gespeichert. Unser Gehirn ist keine Bildergalerie oder Fotosammlung, die Bilder aufbewahren und wieder abgeben können. Alles, was wir sehen, hören, fühlen und uns vorstellen, wird in neuronalen Schaltkreisen unseres Gehirns gespeichert.

Bilder, an die wir uns erinnern oder die wir uns vorstellen, sind nichts anderes als die **Rekonstruktion bestimmter neuronaler Schaltkreise.**

Da diese Schaltkreise durch Informationen aller Sinneskanäle aktiviert werden, ist es belanglos, ob wir die Vorstellung einer Handlung durch visuelles oder akustisches Erinnern oder durch Rekonstruktion von Signalen der Körpersinne hervorrufen. (Damasio, 2005.)

Auf der individuellen Aktivierung neuronaler Schaltkreise im Gehirn durch unterschiedliche Sinneseindrücke des Wahrnehmens, des Erinnerns und deren Verknüpfung zu Vorstellungsbildern beruht das mentale Training bzw. das Visualisieren im Sportspiel.

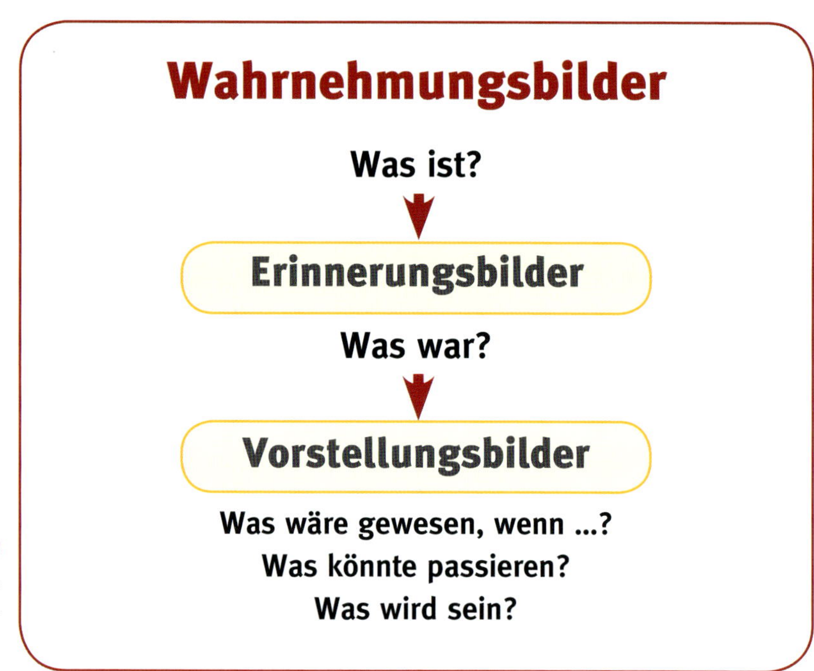

Abb.48
Wahrnehmnugs-bilder

4.2 Entspannung steigert die Wirkung

Spieler sollten lernen, sich bewusst zu entspannen. Zu hohe Erregungszustände oder zu hohe Nervosität stören Wahrnehmungs- und Denkprozesse, Informationen des Trainers bleiben wirkungslos, taktische Vorgaben fallen der intensiven Emotionalisierung zum Opfer.

Auch für das mentale Training stellt ein entspannter Zustand eine wichtige Voraussetzung dar.

Bei manchen Spielern kann man beobachten, dass hohe geistige Anspannung gleichzeitig eine zu hohe körperliche Anspannung zur Folge hat, die bis zur Verkrampfung führen kann.

Für solche Spieler ist zu empfehlen, dass sie lernen, zwischen geistiger und körperlicher Anspannung zu unterscheiden.

Eine andauernde körperliche Anspannung verbraucht unnütz Energie, die dem Spieler fehlen kann, wenn es darauf ankommt. Auch die geistige Anspannung sollte je nach Anforderung unterschiedlich ausgeprägt sein. Es gibt im Wettkampf immer wieder Phasen, in denen sich der Spieler bewusst und kurzfristig entspannen kann, sowohl geistig als auch körperlich, um dadurch Energie zu sparen oder neue aufzubauen.

Die positive Wirkung der Entspannung für das mentale Training beruht auf der dadurch verursachten verminderten Aktivität des Gehirns. Sie begünstigt die Vorstellungstätigkeit.

Im entspannten Zustand ist der Spieler eher bereit, sich Bilder vorzustellen, die er normalerweise, z. B. aus Angst, zurückweisen würde.

Die Entspannungsreaktion entspricht der Voreinschlafphase.

In dieser Phase befindet sich der Mensch in einem passiven Wachzustand. Dadurch werden mentale Vorstellungen im Unbewussten abgelagert und entfalten von dort aus ihre Handlungswirksamkeit.

Spieler, die sich vor dem Einschlafen positive Bilder schaffen und sich vorstellen, wie sie in Zukunft schwierige Situationen meistern werden, können dadurch ihr Selbstvertrauen festigen und ihr Können verbessern.

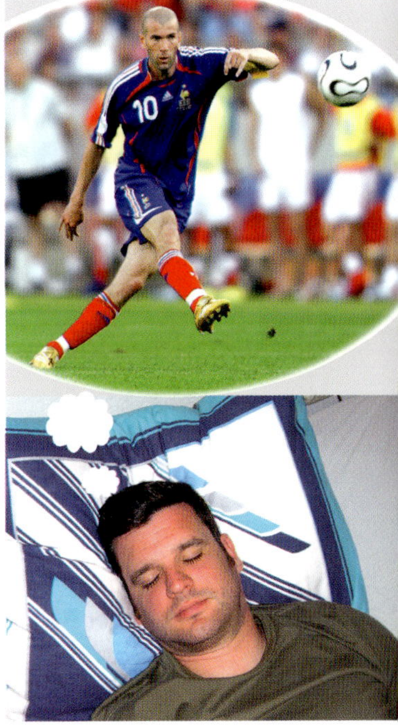

Erlernte Entspannungsverfahren haben gegenüber der Voreinschlafphase den Vorteil, dass der Entspannungszustand über einen längeren Zeitraum hinweg aufrechterhalten werden kann.

Der Spieler hat dadurch die Möglichkeit, Vorstellungen, Gedanken und erwünschte Verhaltensweisen länger und vertiefter mental zu vollziehen. Durch konsequente Wiederholung schafft er sich wirksame Handlungsprogramme, die ihn bei der praktischen Ausübung leiten werden.

Einfache Entspannungsverfahren

Es gibt Entspannungsverfahren, die mehr dem Abbau übergroßer Nervosität dienen, und solche, die sich für die Ausführung mentaler Trainingsübungen besonders gut eignen.

Erregungsmindernde Verfahren
Bei sehr hohen Erregungszuständen, z. B. bei starker Nervosität oder bei Schlaflosigkeit, sollte die Erregung in Verbindung mit körperlicher Beanspruchung abgebaut werden. Übernervöse Spieler sollten sich schon vor dem Spiel körperlich angemessen belasten, um ihre günstigste psychophysische Verfassung zu erreichen. Allerdings sollten dies keine belastenden Kraftübungen sein, da sich diese negativ auf Ballgefühl, auf das Timing von Bewegungen oder auf den Bewegungsrhythmus auswirken könnten. Bei solchen Spielern hat das Aufwärmen auch die Funktion des Abkühlens.

„Warm-up = cool down!"

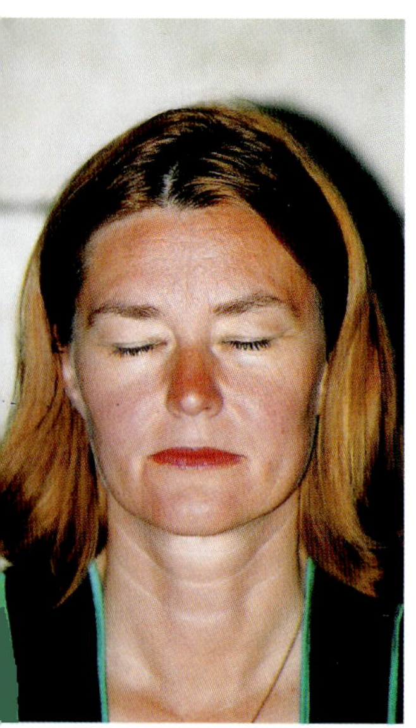

Gemeinsame Voraussetzungen der Entspannungsübungen
Fast alle Entspannungsverfahren werden durch folgende gemeinsame Voraussetzungen begünstigt:

- **Entspannte Körperposition**
  Der Spieler begibt sich in die Rückenlage oder in eine bequeme Sitzposition.
  Zweck: Durch eine entspannte Körperposition wird der Muskeltonus bereits gesenkt.

- **Schließen der Augen**
  Zweck: Führt zur Minderung der Augenbewegung, ähnlich wie bei der Voreinschlafphase.

- **Ruhige Umgebung**
  Zweck: Reizarmut hat die Senkung der Gehirntätigkeit zur Folge.

Atementspannung

Die Atementspannung stellt die praktikabelste Art der Entspannung dar, da sie sich fast in jeder Situation bzw. jeder Umgebung praktizieren lässt. Für Entspannungsübungen ist die Ausatmung die wichtigere Phase.

Ausatmen erfolgt passiv und stellt deshalb den Vorgang der Entspannung dar.

Umgekehrt bedeutet bewusstes Einatmen den Aufbau von Spannung und Kampfbereitschaft.

Praktische Ausführung:

- Der Spieler sucht sich einen ruhigen Ort.
- Entspannte Körperposition einnehmen, Augen schließen, tief ein- und ausatmen.
- Die Ausatmung bewusst verlängern. Dies kann man üben, indem man am Ende des Ausatmens langsam „Eins – zwei – drei!" zählt und während dieser drei Takte die Ausatmung verlängert.
- Keine Pause nach dem Einatmen, die Atmung „kippt" einfach um zur Ausatmung.
- Die Pause nach dem Ausatmen stellt sich individuell ein. Keine Forcierung! Die Bauchmuskeln sind spürbar an der „gezügelten" Ausatmung beteiligt.
- Während der Ausatmung genießt man das angenehme Gefühl der Ruhe und der Gelöstheit.
- Der Spieler wiederholt in Gedanken den Satz: „Ich bin ruhig und gelassen, ich fühle meinen Körper entspannt und gelöst!"

4.3 Mentales Training

Durch mentales Training lassen sich im Wesentlichen zweierlei Wirkungen erzielen:

1. Durch das mentale Training wird eine **Leitvorstellung** geschaffen, an die die praktische Bewegungshandlung angenähert werden soll.
2. Das intensive Vorstellen durch verschiedene Sinneskanäle aktiviert, wie schon ausgeführt, spezifische Gehirnzentren und neuronale Schaltkreise, deren **unbewusste Nervenimpulse** an die jeweiligen Ausführungsorgane gesendet werden, ohne jedoch die Handlung praktisch auszuführen.

Die Komponenten der Bewegungsvorstellung

Eine Bewegungsvorstellung besteht aus mehreren Komponenten, die je nach Zielsetzung des mentalen Trainings unterschiedlich akzentuiert werden.

Visuell
Räumlich – zeitlich:
„Wie sieht die Handlung aus?"

Kinästhetisch
Den Bewegungssinn betreffend:
„Ich kontrolliere meinen Körper! Ich weiß, wann ich den Ball, wie, wohin spiele!"

Taktil
Den Tastsinn betreffend:
„Wie fühlt sich der Ball an?"

Sprachlich
Wie wird die Handlung begrifflich erfasst? Wie heißt sie?

Während bei Individualsportarten, z. B. Hochsprung oder Turnen, die visuelle Vorstellung im Verlauf des Lernen immer weniger wichtig wird und von den Vorstellungen der Körpersinne, d. h. des taktilen Sinns und des Bewegungssinns, abgelöst wird, bedarf es beim mentalen Training von Spielern einer differenzierteren Betrachtung.

Handelt es sich um das Erlernen und Stabilisieren von Stoß- und Wurftechniken oder um Varianten der Ballannahme, gewinnen die Körpersinne zunehmend an Bedeutung. Sie sind verantwortlich für das Ballgefühl, für den Krafteinsatz, für Rhythmus und Timing der Bewegung.

Bei Mannschaftssportarten kommt es darauf an, sich an eine rasch wechselnde Szenerie anzupassen. Die Spieler müssen auf einen Gegner reagieren, Spielsituationen beurteilen und eigene Handlungen mit denjenigen der Mitspieler abstimmen.

Deshalb spielt beim mentalen Training von Mannschaftsspielern die visuelle Vorstellung eine wichtigere Rolle als bei Individualsportlern.

Je öfter der Spieler die Reaktion auf jede Eventualität mental übt, desto mehr erhöht sich die Vertrautheit mit einer ganzen Bandbreite von taktischen Situationen.

Das bedeutet, dass der Spieler beim Eintreten der tatsächlichen Situation schneller reagiert und die erforderlichen Handlungen schneller eingeleitet werden können.

4.3.1 Inhalte des mentalen Trainings für Spieler

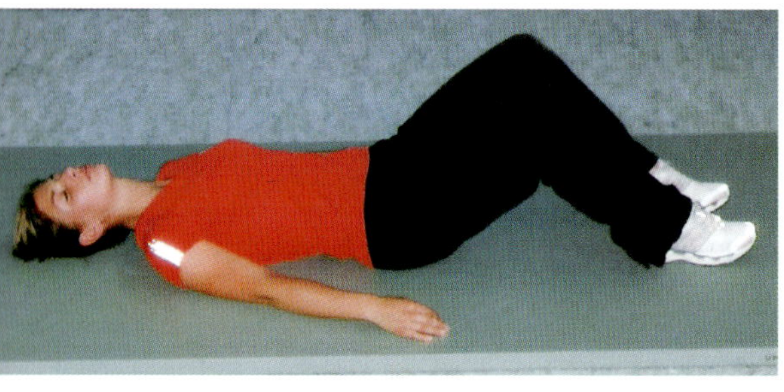

Die folgende Übersicht der Inhalte des mentalen Trainings und des Visualisierens wird nach drei Gesichtspunkten erstellt.

- **Erinnerungsbilder**, d. h., es werden vor allem bekannte Techniken und bekannte Spielhandlungen mental wiederholt.
- **Vorstellungsbilder**, darunter fallen Vorstellungen zukünftigen Verhaltens auf der Basis früherer Erfahrungen und früherer Erfolge.
- **Kontrolle der Emotionen**, d. h. Vorstellen und Verknüpfen von negativen Gefühlen und Situationen, die in erwünschte, positive Emotionen und Verhaltensweisen umgewandelt werden. (Abb. 49)

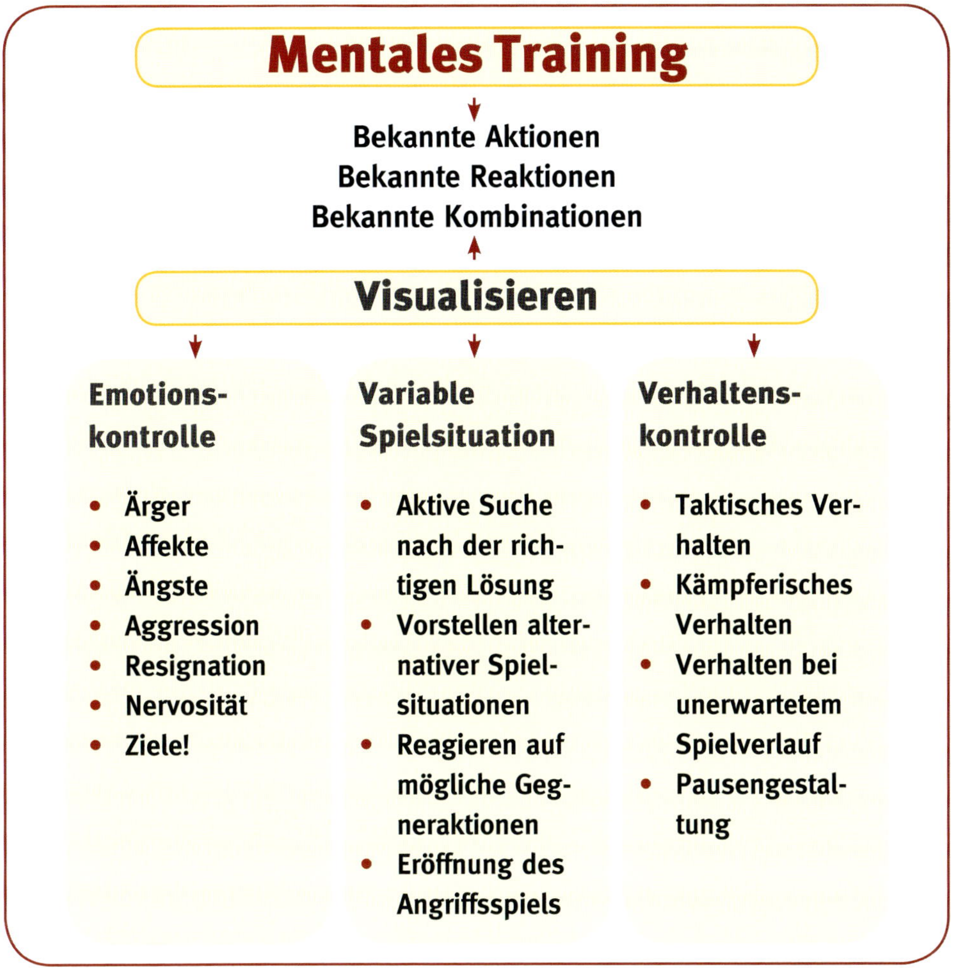

Mentales Training

Bekannte Aktionen
Bekannte Reaktionen
Bekannte Kombinationen

Visualisieren

Emotionskontrolle

- Ärger
- Affekte
- Ängste
- Aggression
- Resignation
- Nervosität
- Ziele!

Variable Spielsituation

- Aktive Suche nach der richtigen Lösung
- Vorstellen alternativer Spielsituationen
- Reagieren auf mögliche Gegneraktionen
- Eröffnung des Angriffsspiels

Verhaltenskontrolle

- Taktisches Verhalten
- Kämpferisches Verhalten
- Verhalten bei unerwartetem Spielverlauf
- Pausengestaltung

Abb. 49 Mentales Training

Jedes mentale Training bedarf der Zielsetzung. Diese setzt voraus, dass Spieler und Trainer gemeinsam die unerwünschte Situation analysieren und die erwünschten Ziele und Verhaltensweisen herausarbeiten.

Nur wer sein Problem kennt und seine Aufgabe klar erkannt hat, kann seine Ziele verwirklichen.

So wie der Spieler die praktischen Übungen auswählt und trainiert, soll er auch die mentalen Übungsformen auswählen, von denen er glaubt, dass sie ihm helfen werden.

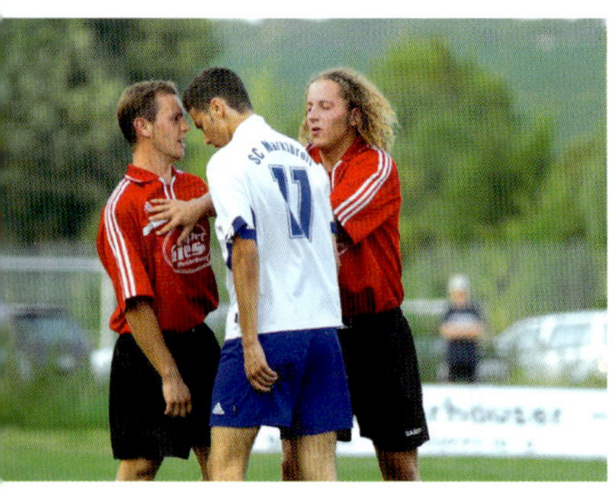

Emotionskontrolle

Körperliche Entspannung und positive innere Bilder sind wesentliche Instrumente, leistungsbeeinträchtigende Emotionen zu kontrollieren bzw. positive Emotionen zu schaffen.

Treten negative Gefühle der Schwäche, der Unsicherheit, der Minderwertigkeit, der Angst oder der Wut auf, kann man folgendermaßen vorgehen:

1. **Selbstbeobachtung**
   Wann tritt die unerwünschte Emotion auf?
   Beispiel: Ein Spieler lässt sich häufig zu Revanchefouls provozieren. Dafür erhält er die rote Karte und steht seiner Mannschaft nicht mehr zur Verfügung. Sein Kommentar: „Es tut mir leid, aber in diesem Moment brennt mir die Sicherung durch!"

2. **Erstellen der Wunschsituation**
   Umwandeln der unerwünschten Verhaltensweise in das angestrebte Verhalten. Die erwünschte Emotion klar benennen.
   Beispiel: Der Spieler wünscht sich, cool zu bleiben, sich nicht provozieren zu lassen, um seiner Mannschaft nicht zu schaden.

3. **Entspannen und Visualisieren des erwünschten Verhaltens**
   In entspanntem Zustand stellt sich der Spieler unter Einschaltung aller Sinne sein erwünschtes Verhalten vor.
   Beispiel: Der Spieler stellt sich vor, wie ihn der Gegner provoziert. Er bleibt ruhig und cool und akzeptiert die Entscheidung des Schiedsrichters. Er sagt zu sich selbst: „Ich bleibe ruhig!" „Ich konzentriere mich auf das Spiel!" „Ich lasse mich nicht provozieren!" Er ist stolz auf sich, dass es ihm gelingt, die Ruhe zu bewahren.

3. **Vergegenwärtigen der Situation beim nächsten Wettspiel**
   Vor einem Spiel kann der Spieler seine Visualisierung mit der konkret zu erwartenden Situation wiederholen.
   Beispiel: Der nächste Gegner ist bekannt. Der Spieler wiederholt die Visualisierung und stellt sich dabei mögliche Situationen der Provokation vor. Er freut sich dabei über seine positive Reaktion und fühlt die innere Souveränität, die ihn durch sein beherrschtes Verhalten befällt.

Die mentale Voraussicht und die Vorwegnahme möglicher negativer Gefühle bereiten den Spieler auf die zu erwartende Emotion vor. Sie wird durch Visualisieren umgewandelt in erwünschte Emotionen der Zuversicht, der Selbstbeherrschung, der inneren Sicherheit oder des Selbstvertrauens.

Aktives Suchen

Visualisieren schließt auch das aktive Suchen nach der besten Lösung ein. Wie werde ich mich gegen einen vermeintlich stärkeren oder schnelleren Gegner verhalten? Welches individualtaktische Verhalten verspricht den größten Erfolg? Wie und wann kann ich meine Stärken ausspielen?

Gemeinsam mit dem Trainer findet der Spieler die günstigste Lösung und verwendet sie als Inhalt seines mentalen Trainings.

Wesentlich ist, dass er sich dabei auch die damit verknüpften Sinne und Emotionen vergegenwärtigt, z. B. wie er den harten Zweikampf besteht, wie er einen gefühlvollen Pass schlägt oder wie er seinen Gegner entschlossen umspielt.

Bekannte Bewegungen

Das mentale Training eignet sich auch zur Veränderung und Verbesserung der persönlichen Technik des Spielers.

Sensibel werden:

Der Spieler stellt sich z. B. vor, wie er aus vollem Lauf eine gefühlvolle Flanke schlägt, wie sich der Ball anfühlt, wenn er ihn in einer Standardsituation trifft. Sensibel werden bedeutet das bewusste Einschalten der Körpersinne. Der Spieler spürt während des Visualisierens die Berührung mit dem Gegner oder dem Ball, er erlebt das feine Gefühl für den Ball, er spürt den Ball, wenn er ihn annimmt und dem Mitspieler zupasst.

Bekannte Informationen:

Wie oft sagt ein Trainer resignierend: „Ich habe es den Spielern eingetrichtert, im Spiel haben sie alles vergessen!" Auch die taktischen Hinweise des Trainers können mental gefestigt werden. Der Spieler visualisiert z. B. schwierige Spielphasen oder Situationen gegen Ende des Spiels, wenn die Kräfte nachlassen und die Anweisungen des Trainers befolgt werden sollen.

Er vergegenwärtigt sich, wie er sich trotz der Belastungen an die Anweisungen des Trainers erinnert und diese konsequent umsetzt. Günstig ist es, wenn er dem Trainer das positive Ergebnis seiner mentalen Arbeit rückmeldet. Dies verbessert die Kommunikation zwischen Trainer und Spieler und bestätigt dem Trainer, dass seine Vorstellungen bei den Spielern angekommen sind.

Bekannte Lösungen:
Das mentale Durchspielen von erfolgreichen Spielzügen und Aktionen festigt das Selbstvertrauen. Der Spieler kann bekannte Lösungen verändern oder sich vorstellen, ob er sie wiederholen oder eine andere Variante anwenden soll.

Zeitdruck:
Es gibt Spieler, die im Training kaum Fehlwürfe fabrizieren, die im Training ihre technischen Möglichkeiten bestens ausspielen. In der Hektik des Wettkampfs versagen sie, sie spielen konfus, die Pässe kommen nicht an, ihre Handlungen erscheinen unkontrolliert. Durch Visualisieren kann sich der Spieler die problematische Situation vorstellen, er erlebt, wie er unter Zeitdruck kühlen Kopf bewahrt, wie er den Ball und den Gegner kontrolliert und die richtige Spielhandlung vollzieht. Dabei soll er sich auf seine Gefühle der Selbstsicherheit und des Selbstvertrauens konzentrieren und sich vergegenwärtigen, wie er auch in hektischen Situationen souverän bleibt und die Spielübersicht behält. (Abb.50)

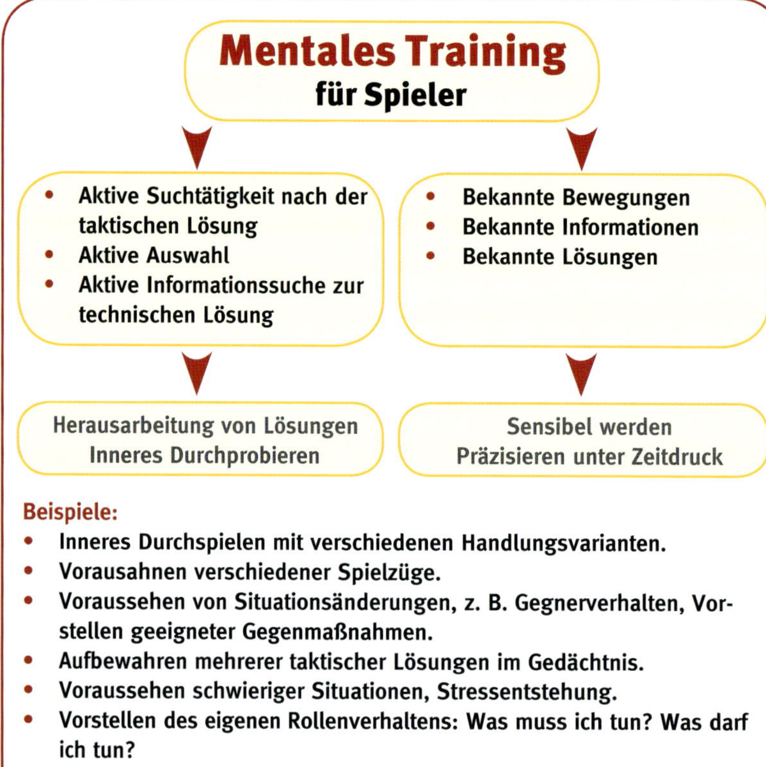

Abb. 50 Mentales Training für Spieler

4.3.2 Spieler und Mannschaft

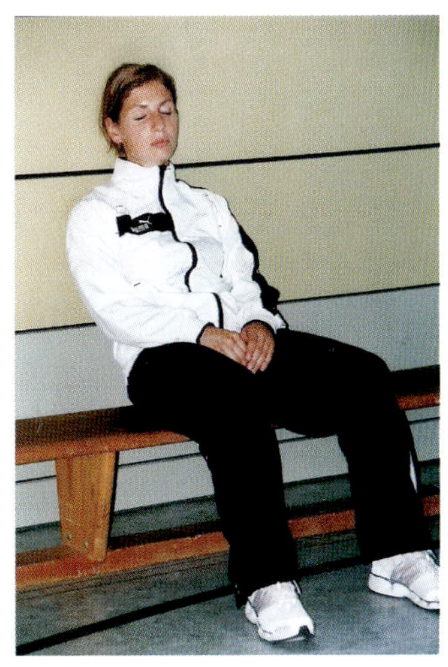

Die Spieler einer Mannschaft müssen ihre eigenen Fähigkeiten mit denjenigen der Mitspieler abstimmen. Die Aktionen des Einzelspielers finden dort ihre Grenzen, wo sie nicht mehr im Sinne des Mannschaftsziels entfaltet werden.

Andererseits ist der Spieler von der Interaktion mit seinen Mitspielern abhängig, um seine Fähigkeiten für die gemeinsame Aufgabe zu verwenden.

Für das mentale Training bedeutet diese zweifache Orientierung, dass sich der Spieler einmal auf sich selbst konzentrieren muss und zum anderen, dass er sich als Teil der Mannschaft sieht und sein Verhalten entsprechend ausrichtet.

Auf der Basis vorausgehender Analysen über notwendige Verbesserungen kann der Spieler die Schwerpunkte seiner mentalen Vorbereitung mehr auf sein persönliches Spiel, seine Technik oder auf Aspekte des Mannschaftsspiels richten. (Abb.51)

Einige Beispiele sollen hierfür als Anregung dienen.

Inhalte mentaler Übungen für

Individuelles Spiel	Spiel im Team
• Innere Bereitschaft zum Zweikampf. • Einstellung: konzentriert selbstsicher. • Reaktionsbereitschaft: jede Chance wahrnehmen, locker bleiben. • Sich auf seine Technik verlassen: "Ich weiß, was ich kann! Ich traue mir zu, es mit jedem Gegner aufzunehmen!" • Innere Vorsätze vergegenwärtigen: "Ich bleibe cool! Ich behalte die Übersicht! Ich bleibe souverän!" • Sich seiner Stärken bewusst sein. "Ich bin schnell! Ich kann jeden Gegner überspielen!"	• Ich kenne meine Rolle: • "Das muss ich tun, das darf ich tun, das kann ich tun." • Ich weiß, wie meine Mitspieler reagieren, ich kenne ihre Laufwege. • Ich weiß, wie mich meine Mitspieler einsetzen werden. • Ich kenne unsere Rollenverteilung. • Ich halte mich an unsere Absprachen. • Wir werden zeigen, was wir im Training geübt haben.

Abb. 51 Inhalte mentaler Übungen

5 Der Trainer als Coach

Die Aufgabe als Coach beinhaltet ein weites Spektrum an psychologischen und pädagogischen Fähigkeiten, die der Trainer benötigt, um den Spieler zur vollen Entfaltung seiner Fähigkeiten zu bringen.

Kurz zusammengefasst soll sich die Tätigkeit des Trainers als Coach auf folgende Zielbereiche richten. (Abb. 52)

5.1 Zielbereiche des Coachings

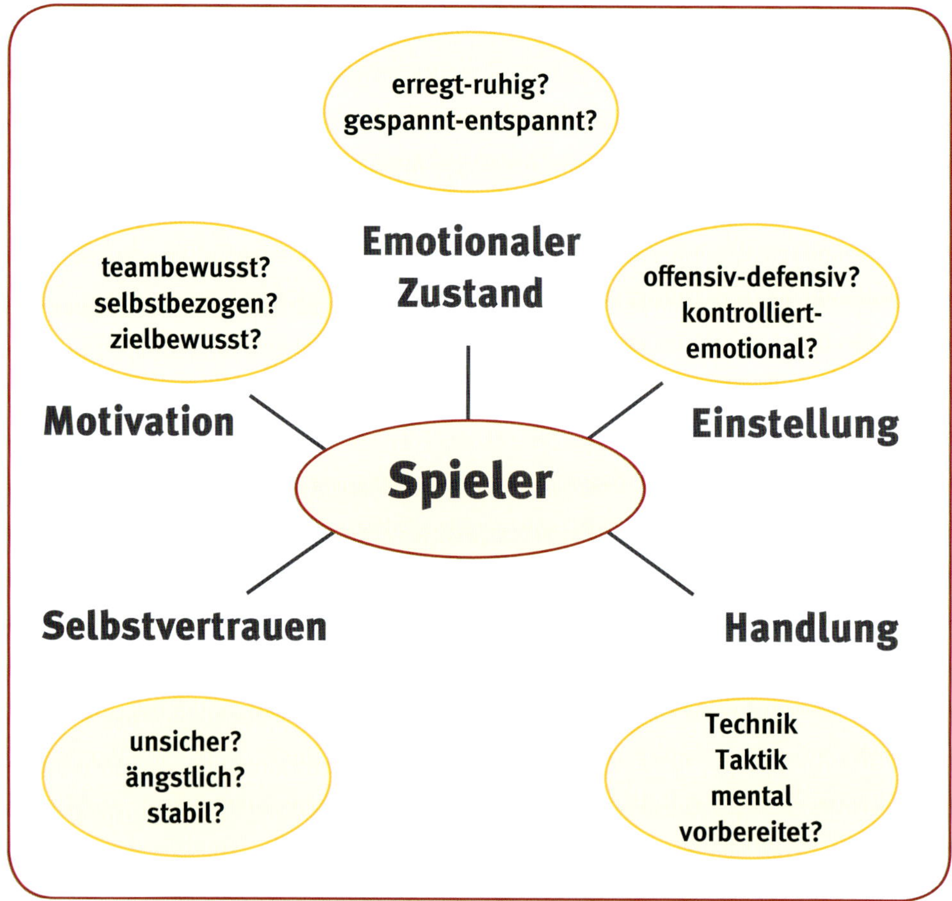

Abb. 52 Zielbereiche des Coachings

Emotionaler Zustand der Spieler

Lampenfieber, Erregungs- und Spannungszustände müssen optimal reguliert werden. Von der Aktivierung oder der Senkung des psychischen Erregungszustands hängt es ab, ob der Spieler **seine Emotionen als Energiespender oder als Energieverschwender** verwendet.

Spiel- und Bewegungsrhythmus, optimaler Krafteinsatz, Ballgefühl und sensibles Reagieren auf die Signale der Mitspieler sind stark beeinflusst von den inneren Erregungen und den muskulären Spannungszuständen des Spielers.

Motivation

Welche Motive sind vorrangig vorhanden? Welche Ziele verfolgt der Spieler? Neigt der Spieler zur Resignation in schwierigen Momenten des Spiels, braucht er die Zuwendung des Coachs in besonderem Maß? Sind dem Trainer die Motive und Ziele des Spielers bekannt, fällt es ihm leichter, geeignete Maßnahmen zu dessen Unterstützung zu treffen.

Einstellung

Die Einstellung ist ein wesentlicher Bestandteil des Motivationszustands. Aufgabenbezogene Einstellungen, z. B. sich gegen einen starken Gegner voll zu konzentrieren, oder längerfristig andauernde Einstellungen, z. B. sich im Sinne der Zielerreichung auch gegen schwächere Gegner voll einzusetzen, steuern das Verhalten auch dann, wenn sich der Spieler dessen nicht dauernd bewusst ist.

Einstellungen werden, von der Zielstellung ausgehend, bewusst aufgebaut und regeln das Verhalten „mitbewusst". Der Spieler ist z. B. offensiv oder defensiv, kämpferisch oder taktisch orientiert eingestellt.

Kampfbereitschaft

Entscheidend für die Kampfbereitschaft und den Kampfgeist ist das jeweilige Maß des Einsatzes, das der Spieler bereit ist, zu investieren. Insofern ist die Kampfbereitschaft eine bewusst aufgebaute emotionalisierte Einstellung gegenüber sich selbst.

Eine optimale Kampfbereitschaft basiert auf der Lust am Rivalisieren, auf einem starken Selbstvertrauen, auf der Fähigkeit, seine Emotionen zu kontrollieren und seine Gedanken intensiv und ausdauernd auf das Spiel zu richten.

Konzentration

Der Spieler muss in der Lage sein, seine Konzentration vollkommen auf das Spiel zu richten. Die Konzentration darf jedoch nicht starr ausgerichtet ein. Wer zu viel will, bleibt meist auf der Strecke! Starre Konzentration lässt den Spieler verkrampfen, er verliert die Kontrolle, technische und taktische Fehler häufen sich.

Optimale Konzentration zeichnet sich durch Flexibilität und Umstellungsfähigkeit aus, d. h., der Spieler muss sich je nach den Anforderungen auf den Ball, auf das gegnerische Verhalten, auf die eigenen Mitspieler oder auf das taktische Vorgehen konzentrieren können.

Hohe Konzentration ist gleichbedeutend mit einem hohen Verbrauch an Nervenenergie. Deshalb gehört die Einsicht, rechtzeitig abzuschalten, zur Selbstregulierungskompetenz des Spielers, bei deren Ausbildung der Trainer wichtige Beratungsanteile hat.

Selbstvertrauen

Über die Bedeutung des Selbstvertrauens für die Leistungsentfaltung des Spielers wurde im vorangegangenen Kapitel ausgiebig berichtet. Zwischen der Einstellung und dem Selbstvertrauen bestehen enge Zusammenhänge. Auch eine gute Konzentrationsfähigkeit und andere Willensfähigkeiten, wie Mut, Entschlusskraft, Selbstbeherrschung oder Geduld, sind ohne Selbstvertrauen nur begrenzt zu erreichen.

Taktisches Denken

Taktisches Denken beruht auf einem vor dem Spiel festgelegten Plan, der die wesentlichsten Handlungsabsichten enthält. Die Schnelligkeit des Spiels und nicht vorhersehbare Veränderungen verlangen manchmal ein flexibles Umschalten. Der Spieler muss bereit, entschlossen und fähig sein, sein taktisches Handeln umzugestalten und durchzusetzen. Erweist sich eine Taktik als erfolglos, kann der Spieler gezwungen sein, sein Rollenverständnis und sein taktisches Handeln zu verändern. Auch hier kann der Trainer beratend zur Seite stehen.

Erfolgreiches Coachen setzt die störungsfreie Kommunikation zwischen Coach und Spieler voraus. Die Bedeutung der Sprache wurde in den vorangegangenen Kapiteln bereits eingehend beleuchtet.

Im Folgenden wird die Situation des Coachs am Spielfeldrand ausgewählt, um das kommunikative Instrument der Körpersprache in seiner Verwendung und seiner Wirkung deutlich zu machen.

5.2 Der Trainer am Spielfeldrand, der Coach

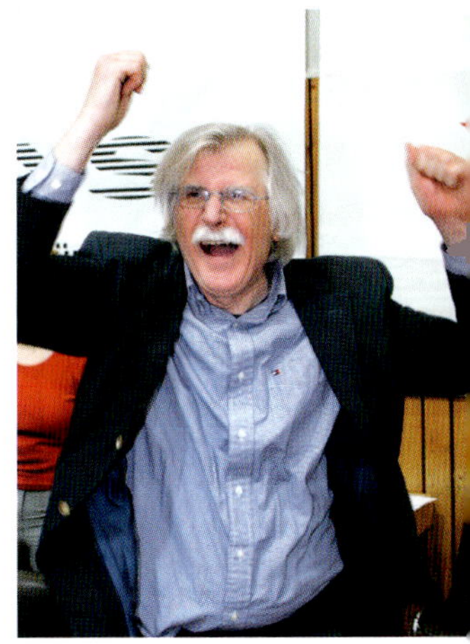

„Der Trainer ist zu passiv!" „Viel zu ruhig!" „Wenn das Spiel läuft, kann der Trainer sowieso nicht mehr viel machen!" Derartige Äußerungen kann man hören, wenn Mannschaften nicht die erwartete Leistung bringen. Als Sündenbock wird häufig der Trainer erwählt.

Schuldzuweisungen oder Kritik am Verhalten des Trainers am Spielfeldrand sind häufig nicht sachlich begründet, sondern entspringen der subjektiven Enttäuschung der Fans oder der Vereinsmitglieder.

Es soll deshalb aufgezeigt werden, dass der Trainer in seiner Funktion als Coach durch spezifische Verhaltensweisen durchaus Einfluss auf das Spielerverhalten nehmen kann. Allerdings bedarf die Herausbildung derartiger Fähigkeiten einiger psychologischer Grundkenntnisse, die im Folgenden differenziert dargestellt werden.

Hauptaufgaben des Trainers

Das unterstützende Verhalten des Trainers kann allgemein unter vier Aspekten betrachtet werden, die allerdings nicht kategorisch getrennt werden können.

1. **Unterstützung durch Information**
   Darunter fallen alle Botschaften, die sich an den Verstand der Spieler richten, z.B. Ratschläge, taktische Hinweise, Rollenzuweisung und Rollenverständnis.
2. **Beurteilende Unterstützung**
   Der Trainer beurteilt das Verhalten der Spieler und die Leistung der Mannschaft. Er korrigiert, lobt oder tadelt, bewertet positiv, unter Umständen auch negativ.
3. **Soziale Unterstützung**
   Dazu gehört das Anhören von Sorgen und Ängsten. Der Trainer ermutigt, er geht auf Vorschläge ein und trägt zur Entfaltung von Selbstvertrauen bei.
4. **Emotionale Unterstützung**
   Emotionale Unterstützung kann sowohl beruhigend als auch aktivierend wirken. Die Instrumente des Trainers zur emotionalen Unterstützung bestehen aus den nichtsprachlichen Signalen der Körpersprache, wie Gestik, Mimik, Körperhaltung sowie vokaler Art, d. h. in der Verwendung der Stimme.

Die unterstützenden Einwirkungsmöglichkeiten des Trainers auf die Spieler vom Spielfeldrand aus sind begrenzt, aber doch wirkungsvoll, sofern sie aus Botschaften bestehen, die von den Spielern trotz der Konzentrationsbindung auf das Spielgeschehen aufgenommen werden können.

Aus den angeführten vier Bereichen der Einwirkung wird im Folgenden vor allem auf die Bedeutung der Emotionalisierung durch die Körpersprache eingegangen

5.3 Motivation und Emotion

Um den Einfluss des Trainerverhaltens auf die Spieler genauer zu beurteilen, ist es angebracht, zwischen emotionalisierten und motivierten Spielern zu unterscheiden.

Motiviertheit richtet sich auf Ziele, deshalb bedarf die Motivierung von Spielern einer klaren Zielsetzung.

Emotionalisierung zeigt sich prinzipiell in einem mehr oder weniger hohen Erregungszustand.

Die Erregung beruht auf der Ausschüttung von Hormonen, die je nach Art der Situation in unterschiedlicher Menge in die Blutbahn ausgeschüttet werden und in einschneidendem Maß das Verhalten beeinflussen.

Erregungszustände erhöhen die Energiebereitstellung, sie können die Reaktionsbereitschaft steigern, die Wachsamkeit verbessern oder dem Durchhaltevermögen dienlich sein.

Die leistungssteigernde Wirkung von Emotionen kommt allerdings nur zum Tragen, wenn diese an klar bewusste Handlungen geknüpft sind.

Es nützt deshalb wenig, wenn man Spieler aufputscht, wenn man sie emotional „aufheizt" und in hohe Erregungszustände versetzt, wenn diese Erregungen nicht an klar erkannte, bewusste Handlungen geknüpft sind.

Der Zustand höchster Motiviertheit verlangt organisierte Emotionalität.

„Ich verlange 100 % Laufbereitschaft, Einsatzfreude, Kampf bis zum Letzten." Eine derartige Ansprache des Trainers emotionalisiert die Spieler, zeigt ihnen aber noch keinen Weg zur Erfüllung ihrer Aufgabe auf dem Spielfeld auf.

Die Spieler sind zwar emotionalisiert, ob damit eine Steigerung ihrer Motiviertheit gegeben ist, hängt ganz davon ab, ob diese Energie in zielgerichtetes Handeln einfließt.

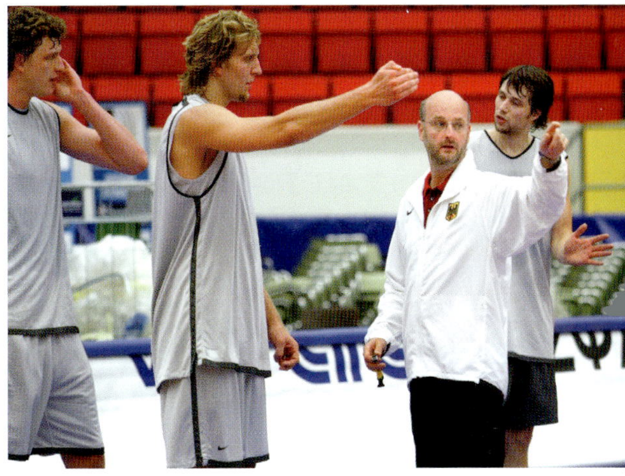

Zwischen einem nur emotionalisierten und einem handlungs- und zielorientierten Spieler gibt es einen wesentlichen Unterschied:

Der **zielbewusste, emotionalisierte** Spieler, der genau weiß, was er will, der seine Aufgabe und seine Rolle genau kennt, besitzt die geistige Kontrolle über seine Spielhandlung und setzt seine Kräfte und seine Technik bewusst im Sinne des gemeinsamen Mannschaftsziels effektiv ein.

Der **nur emotionalisierte** Spieler, ohne klares Wissen um seine Aufgabe und ohne genaue Kenntnis der Rollenerwartung, kann seine Energie nicht in zielbezogene mannschaftsdienliche Aktionen umsetzen. Er wird sich zwar anstrengen, viel laufen, viele Aktionen ohne Effektivität ausführen, seine Energie wird unnütz vergeudet und ohne kontrollierten Erfolg sein.

Nur wenn sich Emotionen auf ein klar bewusstes Ziel hin ausrichten, wirken sie als Energiespender, nur dann steigern sie Willenskraft, Einsatzbereitschaft, Konzentration und weitere mannschaftsdienliche psychische und körperliche Fähigkeiten.

Wenn man jüngere, noch unsichere Spieler, die ihre Rolle und taktische Aufgabe nicht oder nur ungenügend kennen, in einen emotionalisierten Erregungszustand versetzt, in dem man ihnen z. B. die hohen Erwartungen an ihre Leistung deutlich macht und sie zum Einsatz all ihrer Energien auffordert, wird man erreichen, dass sie sich mit großer Energie für unzweckmäßige Aktionen einsetzen. Ihre Aufmerksamkeit richtet sich hauptsächlich auf das eigene Verhalten und weniger auf die mannschaftsorientierten Spielhandlungen.

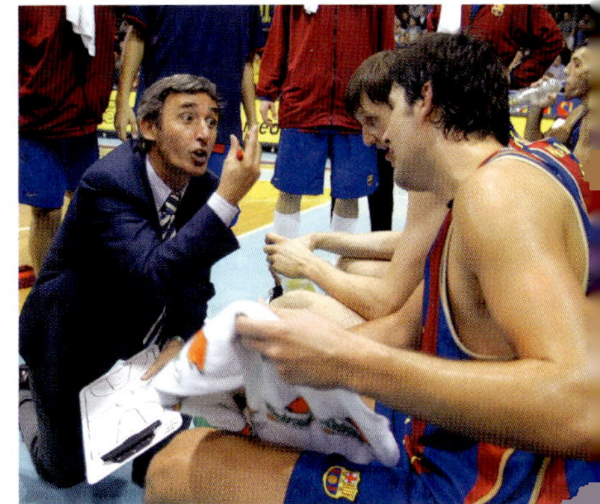

Für Trainer und Spieler gilt der Grundsatz: erst der Verstand, dann die Emotion

Ein Spieler zeigt z. B. seine Unsicherheit mit der Aussage: „Der Trainer hat mir zwar meine Position im Mittelfeld zugewiesen, aber nicht erklärt, welche Aufgaben ich zu erledigen habe!" Nur von erfahrenen Spielern kann man eine derartige Kompetenz erwarten.

Emotionalisierung zur rechten Zeit

Emotionen können Energiespender sein. Aufgabenbewusste, emotionalisierte Spieler können über sich hinauswachsen, sofern die Energie der Emotionen vollkommen in die Spielhandlung einfließt.

Emotionen verbrauchen aber auch Energie. Ähnlich wie man eine Autobatterie nicht zu lange anzapfen kann, ohne sie zu schwächen, sollen auch Erregungszustände nicht zu lange dauern.

Eine zu langfristige Erregung, die mit dauerhaftem Energieverbrauch verbunden ist, z. B. Lampenfieber schon Tage vorher, kann zur Erschöpfung der Energiereserven führen, sodass sie im entscheidenden Augenblick des Wettkampfs nicht mehr zur Verfügung stehen.

Es ist deshalb sinnvoll, Spieler möglichst kurzfristig emotional zu aktivieren. Das heißt aber nicht, dass man nicht schon Tage oder Wochen vorher eine kämpferische Einstellung hervorrufen darf. Einstellungen sind innere Verhaltensdispositionen, die sich am Tag der Entscheidung auswirken. Eine längerfristig vorhandene Einstellung, z. B. „alles zu geben", ist eine gute Voraussetzung für motivierende Emotionalisierung am Wettkampftag.

Einzelspieler und Mannschaft

Für einen Trainer ist es wichtig zu erkennen, wie stark er Spieler emotionalisieren darf, bzw. muss, damit sie ihre Aufgabe optimal lösen.

Ein Mittelfeldspieler z. B. bedarf analysierender Denkfähigkeit und rascher zielbewusster Entschluss- und Urteilskraft. Ein zu hoher Erregungszustand kann die erforderlichen Denkprozesse stören und sich schädlich auf sein Spiel auswirken.

Abwehrspieler und Stürmer können einen höheren Erregungszustand vertragen, da sie weniger Entscheidungsspielräume zu bewältigen haben, dafür aber hohe Anforderungen an motorische Schnelligkeit gestellt werden, die durch emotionalisierte Erregungszustände unterstützt werden.

Übermotivation schadet

Für emotionalisierte Erregungszustände gibt es eine begrenzende Oberschwelle. Die Ursache liegt meist in der Aktivierung mehrer Motive gleichzeitig.

Ein Spieler z. B., der gleichzeitig die Befriedigung eines hohen Anerkennungsbedürfnisses durch Zuschauer anstrebt und dieses Motiv verknüpft mit dem Wunsch, sich als mannschaftsdienlicher Spieler beliebt zu machen, befindet sich in einer inneren Konfliktsituation, die ihn zu Aktionen verleiten kann, die man als „Übermotiviertheit" bezeichnet. Übermotivierte Spieler versuchen meist, mehrere Motive zu erfüllen, sie sind hoch emotionalisiert, aber ihre Aktionen und Reaktionen sind wenig durchdacht.

5.4 Emotionalisieren – aber wie? Die Körpersprache

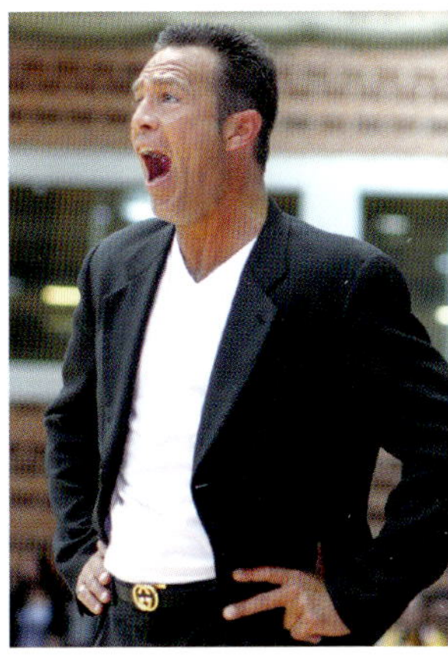

Die Hauptinstrumente des Trainers zur Motivierung der Spieler sind die Sprache, die Stimme und die nichtsprachlichen Signale der Körpersprache, d. h. der Körperbewegung, der Körperhaltung, der Gestik sowie der Gesichtsausdruck.

Über die **Sprache** vermittelt der Trainer seine Botschaften im Hinblick auf Taktik, Aufgabenorientierung, Bedeutung eines Spiels oder andere Informationen, die der verstandesmäßigen Aufnahme bedürfen.

Die Emotionalisierung erfolgt hauptsächlich über die Signale der Körpersprache und der Stimme.

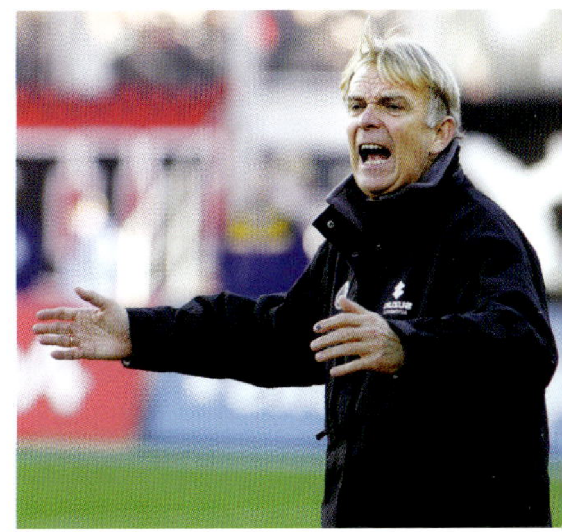

Die Körpersprache wirkt sich besonders bei der Übertragung von Gefühlen und Stimmungen aus.

Aber auch bei der Vermittlung von Werthaltungen und Einstellungen spielt sie eine wesentliche Rolle. Man denke nur an den abfälligen Gesichtsausdruck, wenn man je-manden verurteilt oder nicht leiden kann, oder an abwertende Handbewegungen.

Die nichtsprachlichen Signale der Körpersprache sind das ältere evolutionsgeschichtliche System, älter als die Sprache.

Auch ohne Sprachkommunikation mussten unsere Urahnen einen bedrohlichen Feind oder einen freundschaftlichen Gegenüber möglichst schnell erkennen, um mit Flucht, Gegenwehr oder Zuwendung zu reagieren.

Auch bei Kindern sehen wir, dass sie auf nichtsprachliche Signale z. B. auf ein freundliches Lächeln oder einen drohenden Augenausdruck, unmittelbar reagieren.

Sprache wendet sich an den Verstand, die Körpersprache an die Emotionen.

Die Signale der Körpersprache unterscheiden sich in ihrer Wirkung von der sprachlichen Information durch drei wesentliche Aspekte:

- Sie werden schneller gesendet und empfangen.
- Sie übermitteln und beeinflussen Gefühle, Einstellungen und Werthaltungen effektiver als Worte.
- Sie stehen weniger unter bewusster Kontrolle.

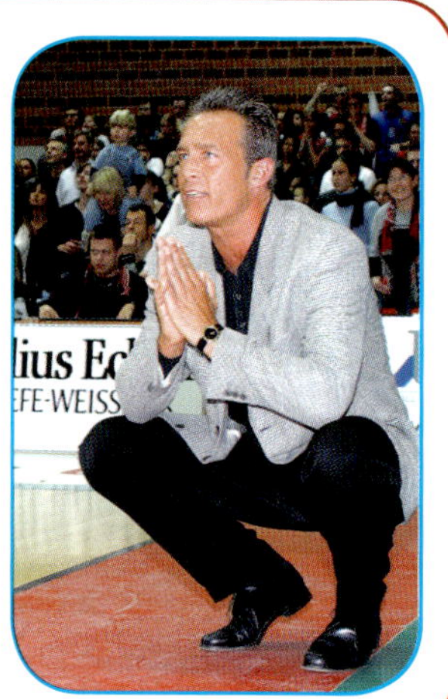

Die Vermittlung von Gefühlen durch die Sprache verlangt erst eine Übersetzung in Worte, wohingegen die Übermittlung z. B. durch den Gesichtsausdruck unmittelbar und ohne Schwierigkeiten gelingt.

Hat der Trainer die Absicht seine Spieler zu emotionalisieren, d. h. sie in einen aktiveren Erregungszustand zu versetzen, sie „heiß zu machen", um die Energie der Emotionen zu nutzen, gelingt dies in erster Linie über die Stimme, die Gestik und die Mimik.

Aus der Tatsache, dass Körper- und Gesichtssignale Gefühle unmittelbar ausdrücken und bei anderen spontane Reaktionen auslösen, ergeben sich für den Trainer einige Erkenntnisse, die er vor dem Spiel oder bei seiner Einwirkung vom Spielfeldrand aus berücksichtigen sollte. (Abb.53)

Funktionen der Körpersprache

- **Informieren**
  Zeichensprache
- **Ausdruck eigener emotionaler Verfassung**
  Selbstdarstellung
- **Bewusste Wirkung auf andere**
  Trainer ←→ Spieler – Emotionalisieren
- **Verstehen der Gefühle anderer**
  Empathie – Einfühlungsvermögen

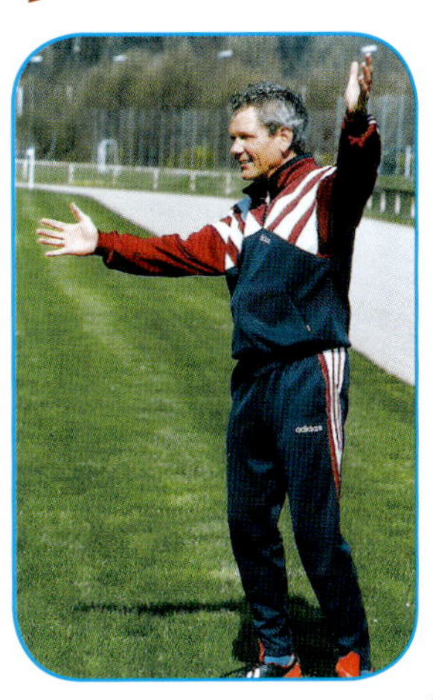

Abb. 53 Funktionen der Körpersprache

Die körpersprachlichen Signale müssen eindeutig und den Spielern unmittelbar verständlich sein. Besonders ist auf die Bewegung der Handinnenflächen zu achten. Weisen und bewegen sie sich z. B. nach vorne oder aufwärts, bedeutet dies Aufmunterung und verstärkten Einsatz.

Bewegen sie sich nach unten, signalisieren sie Ruhe oder Verlangsamung des Spiels. Behält der Trainer die Hände in den Hosentaschen, verzichtet er auf ein wesentliches Instrument der emotionalen Einwirkung auf die Spieler.

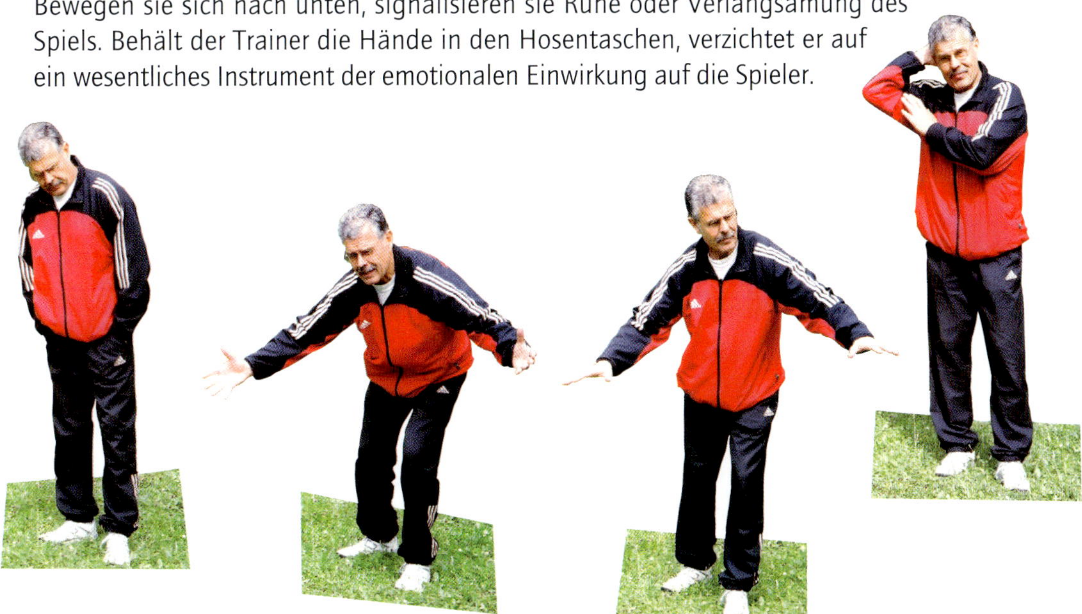

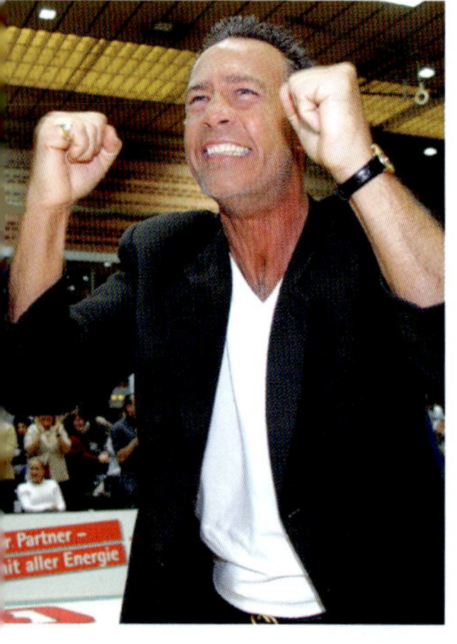

5.4.1 Selbstdarstellung

Köpersprache kann auch der Selbstdarstellung der emotionalen Verfassung des Trainers dienen. Neigt der Trainer dazu, durch körperliche und mimische Reaktionen seine Gefühle auszudrücken z. B. Ärger, seine Frustration und Enttäuschung, hat dies keine positive Wirkung auf die Spieler, da diese Signale keine Orientierung für die Spieler darstellen.

Der Trainer muss sich stets bewusst bleiben, dass er durch das Ausdrücken seiner persönlichen Gefühle selten positive Wirkung erzielen kann. Vor allem können Spieler, die sich bemühen, ihr Bestes zu geben, durch Ärgerreaktionen des Trainers negativ beeinflusst werden.

Ängstliche Spieler werden unter Umständen durch Enttäuschungsgesten des Trainers noch weiter verunsichert.

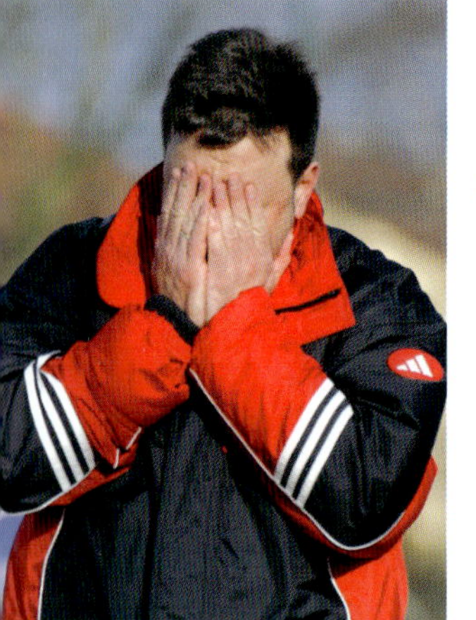

5.4.2 Der Trainer als Schauspieler

Ganz entfernt hat der Trainer eine ähnliche Situation zu bewältigen wie der Schauspieler auf der Bühne. Um einen erwünschten Eindruck auf die Spieler zu machen, bedarf es einer äußeren „Fassade", durch die er die gewünschte Wirkung erzielen kann.

Beispielsweise muss ein erregter Trainer nach außen hin Ruhe ausstrahlen, um seine Spieler nicht noch nervöser zu machen.

Ein Trainer hingegen, der seinem Naturel nach ruhig, kontrolliert und bedächtig ist, muss in der Lage sein, durch Stimme, Gestik und Mimik emotionalisierend auf die Spieler einzuwirken. Dazu muss er sich einer Stimmlage und einer Körperdynamik bedienen, die nicht seinem inneren Gefühlszustand entspricht, nach außen hin jedoch Dynamik und Aktion vermittelt.

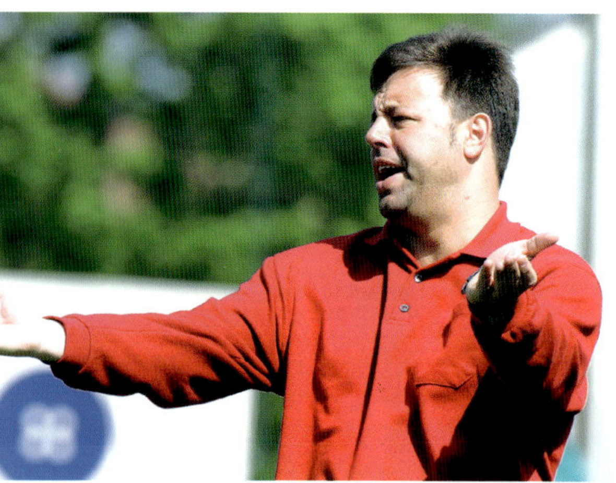

Selbstbeherrschung und Einfühlungsvermögen sind hierbei wichtige Voraussetzungen der Persönlichkeit des Trainers um die gewünschte emotionale Reaktion bei den Spielern zu erzielen.

5.4.3 Übereinstimmung von Sprache und nichtsprachlichen Botschaften

Im Hinblick auf emotionale Motivierung ist die Übertragung von positiven Gefühlen, z. B. des Selbstvertrauens und der Freude ein wichtiger Faktor. Dies kann der Trainer nur erreichen, wenn Stimme, Körpersprache und Mimik mit dem Inhalt und der Bedeutung der Worte übereinstimmen.

Körpersprache und Wortbotschaften müssen zusammenwirken, sie dürfen nichts Gegenteiliges ausdrücken.

Beispiel:
Ein Trainer versammelt seine Spieler um sich und wendet sich mit emotional aufgeladener, überlauter Stimme an sie. Seine Worte untermalt er gestenreich: „Habt ihr denn alles vergessen, was ich euch vor dem Spiel gesagt habe? Ihr spielt zu nervös, zu hektisch!" Lautstark, mit erregter Stimme gibt er seine Anweisung: „Ruhig spielen!"

An diesem Beispiel wird deutlich, dass die Worte Ruhe fordern, die Stimme die Spieler gleichzeitig noch mehr erregt.

Da sich körpersprachliche Signale an die Gefühle richten, Worte aber an den Verstand, können widersprechende Botschaften bei Spielern zu inneren Konflikten führen, die schlimmstenfalls zu Passivität oder zu Fehlleistungen führen.

Beim Auseinanderklaffen von nichtsprachlichen und sprachlichen Botschaften setzen sich meist die nichtsprachlichen durch, da diese sich unmittelbar an das emotionale Gehirn wenden. Dieses reagiert schneller und spontaner als das analysierende, informationsverarbeitende Großhirn.

Mit einem gelangweilten oder distanzierten Gesichtsausdruck und passiven Armen und Händen kann man z. B. auch durch noch so gut gewählte Worte keinen emotionalisierten Motivationszustand erreichen.

Manche Trainer achten zu wenig darauf, ob sie ihre Gefühle durch unkontrollierte Gesten zum Ausdruck bringen.

Enttäuschte Handbewegungen, frustrierte Tritte in den Rasen oder Gesten der Enttäuschung, wie die Hände vors Gesicht halten, zeigen dem Spieler unmittelbar die Geringschätzung des Trainers, die dieser nach dem Spiel auch mit wohlmeinenden Worten nicht mehr aus der Welt schaffen kann

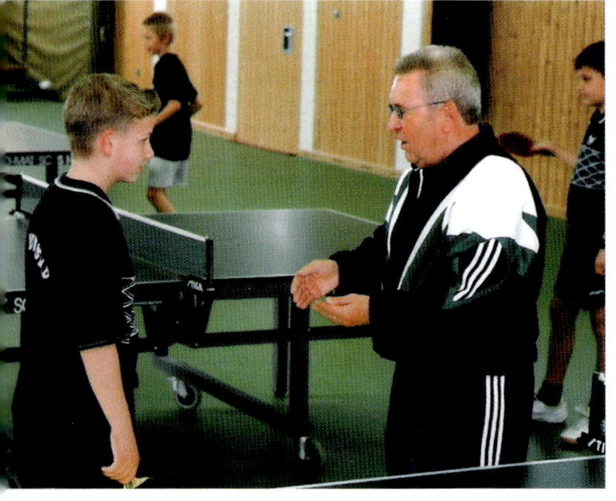

5.4.4 Einfühlungsvermögen – Empathie

Für den Trainer ist es wichtig, die körpersprachlichen Signale der Spieler richtig zu deuten. Spielern fällt es oft schwer, Gefühle durch Worte auszudrücken. Selbstzweifel gegenüber einem vermeintlich zu starken Gegner, Unsicherheiten im Rollenverständnis, Angst vor Blamage oder andere Ängste, z. B. Zuwendung und Anerkennung zu verlieren, sind äußerlich meist nur durch nichtsprachliche Botschaften erkennbar.

Der Klang der Stimme, der Augenausdruck, Veränderungen im Gesichtsausdruck, eine Geste oder die Körperhaltung können dem Trainer Aufschluss darüber geben, ob die Worte des Spielers mit seinen wirklichen Gefühlen übereinstimmen.

Wenn ein Spieler sagt: „Ja, Trainer, ich schaffe das!", so kann es sein, dass er im Innersten nicht an den Erfolg glaubt und nur dem Trainer zuliebe eine positive Aussage macht. Wenn seine Stimme leise klingt, die Schultern nach vorne gezogen sind, der Gesichtsausdruck Skepsis erkennen lässt, stimmen Worte und Körpersprache nicht überein.

Die Fähigkeit eines Trainers, die Gefühle und Sorgen seiner Schützlinge auch ohne Worte zu erkennen, zu spüren und sich in sie hineinzuversetzen, nennt man Empathie.

Empathische Fähigkeiten sind ein Teil der **emotionalen Intelligenz**, die der Trainer im Umgang mit seinen Spielern benötigt. Trainer, die eine emotionale Abstimmung mit den Spielern erreichen, können auch ohne Worte wirksam Einfluss auf die Spielleistung nehmen. Ein aufmunternder Blick, eine zuwendende Handbewegung, eine positives stimmliches Signal unterstützen den Spieler und können ihn ermuntern, entschlossen und risikobereit zu agieren.

Zusammenfassung

Um sich des Instruments der Gefühlsübertragung zu bedienen, muss der Trainer seine Körper- und Stimmsignale bewusst einsetzen. Insbesondere hat er es zu vermeiden, dass durch persönliche Reaktionen des Ärgers, der Frustration und der Enttäuschung ein negativer Einfluss auf die Leistungsbereitschaft der Spieler erfolgt.

6 Leistung und Selbstaufmerksamkeit

Die äußere Umgebung hat einen starken Einfluss auf Leistung und Verhalten von Sportlern. Schwankende Leistungen von Sportlern, die deutlich davon abhängen, ob z. B. Zuschauer anwesend sind oder ob sie allein in gewohnter Umgebung und mit dem gewohnten Trainer arbeiten, können mit der **Theorie der Selbstaufmerksamkeit** erklärt werden.

Sportler haben in der Regel eine Vorstellung davon, wie sie gerne sein möchten, welche Leistungen sie von sich erwarten und wie sie sich wünschen, nach außen hin zu wirken. Man spricht von einem **Selbstideal**.

Gleichzeitig wissen Sportler aber auch, dass ihr momentanes Verhalten oder ihr aktuelles Leistungsvermögen diesen idealen Vorstellungen noch nicht genügt, d. h., der Sportler verfügt auch noch über ein **realistisches Selbstbild**.

Die Diskrepanz zwischen Selbstideal und realistischem Selbstbild fällt meist negativ aus, d.h., man setzt an sich Erwartungen, die man nicht oder noch nicht erfüllen kann. In der Folge kann es zu einer Minderung des Selbstwerts und des Selbstbewusstseins kommen. Durch die Selbstaufmerksamkeit erlebt der Sportler die Diskrepanz zwischen Selbstideal und realistischem Selbstbild. Er ist bestrebt, sich so zu verhalten, dass Diskrepanzen zwischen Ansprüchen und Verhalten erst gar nicht entstehen. Durch die Selbstaufmerksamkeit versucht der Sportler, die Diskrepanz zwischen realistischem Selbstbild und Selbstideal möglichst gering zu halten.

Für Sportler, die unter wechselnden äußeren und inneren Bedingungen trainieren und Wettkämpfe bestreiten, ist die Erkenntnis von Bedeutung, dass die Selbstaufmerksamkeit stark vom Vorhandensein äußerer oder innerer Bewertungsmaßstäbe abhängt.

Ein Sportler, der z. B. von einer Kamera gefilmt wird, verändert seine Selbstaufmerksamkeit dahingehend, dass er nach außen möglichst positiv in Erscheinung tritt. Schwächen und Mängel wird er zu verdecken versuchen. In ähnlicher Situation, jedoch ohne die äußere Kontrolle einer Kamera, lenkt er seine Aufmerksamkeit auf die Verbesserung der

Schwachstellen, die er ausmerzen möchte. Die Außenwirkung spielt unter diesen Bedingungen keine Rolle.

Demzufolge kann man eine **innere** und eine **öffentliche Selbstaufmerksamkeit** unterscheiden (Herkner 1991).

a) Die **innere Selbstaufmerksamkeit** ist auf von anderen Menschen nicht beobachtbare Selbstaspekte gerichtet, z. B. auf die Gefühle, die Ziele oder Einstellungen. Das Selbstkonzept – Wie möchte ich sein? Was möchte ich persönlich? – steuert das Verhalten. Die Selbstaufmerksamkeit ist ganz auf die eigene Person und die momentane Aufgabe gerichtet.

b) Die **öffentliche Selbstaufmerksamkeit** ist auf äußere, von anderen beobachtbare Selbstaspekte gerichtet, z. B.: „Wie sehe ich aus?", „Wie wirke ich auf die anderen?", „Was denken die Mannschaftsmitglieder von mir?", „Wie präsentiere ich mich vor den Zuschauern?"

Experimente haben gezeigt, dass z. B. durch das Üben vor einem Spiegel die innere Selbstaufmerksamkeit erhöht wird, wohingegen das Üben vor Publikum oder vor Kameras die öffentliche Selbstaufmerksamkeit steigert.

Sowohl die innere als auch die äußere Selbstaufmerksamkeit hat eine wichtige Kontrollfunktion für das Verhalten von Sportlern.

Besonders bei Sportarten, die vor Zuschauern oder Kampfrichtern betrieben werden oder das Interesse der Medien wecken, kann die öffentliche Selbstaufmerksamkeit die weitere positive Entwicklung von Sportlern hemmen. Sportler, die sich unsicher fühlen oder mit Minderwertigkeitsgefühlen belastet sind, werden durch die öffentliche Selbstaufmerksamkeit in ihrem Leistungsverhalten dominiert. Sie versuchen, sich anzupassen und ihr Verhalten so auszurichten, wie sie glauben, den bestmöglichen Eindruck zu erwecken.

Ihr Verhalten ist deshalb schwankend und konfliktbehaftet, weil die Sicherheit eigener Maßstäbe fehlt.

Sie sind auch nicht bereit, Verantwortung zu übernehmen. Werden sie in Entscheidungen mit einbezogen, schließen sie sich meist der Mehrheit an.

Sportler, die ausschließlich durch die innere Selbstaufmerksamkeit geleitet werden, erweisen sich oftmals als schwierige Mannschaftsmitglieder. Es ist ihnen nicht bewusst, wie sie auf andere wirken, Missverständnisse und Kommunikationsschwierigkeiten erschweren die Bildung optimaler Leistungsbedingungen der Mannschaft.

Mannschaftssportler müssen die Balance zwischen innerer und öffentlicher Selbstaufmerksamkeit finden. Sportler, die von öffentlicher Selbstaufmerksamkeit geleitet werden, reagieren beispielsweise mit Äußerungen wie: „Ich wusste, dass es falsch war, aber du hast mich doch dazu aufgefordert!", „Ich hätte es schon gekonnt, aber dann dachte ich, es könnte schief gehen und der Trainer wäre wieder sauer gewesen!", „Wenn ich den Pass nicht riskiert hätte, wärt ihr auch sauer gewesen!"

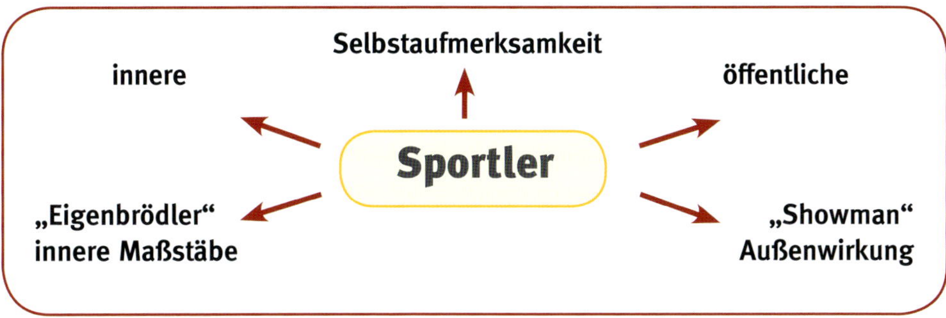

Dominiert die innere Selbstaufmerksamkeit, kann man hören: „Mir war es wichtig, meine Vorstellung durchzuziehen!", „Für mich steht Fairness vor der Torchance!", „Ich war voll auf mich konzentriert, deshalb habe ich dich nicht gesehen!"

Ein Mannschaftssportler muss sich bewusst sein, wie er nach außen hin wirkt. Er ist damit Sender von Signalen, die von den anderen aufgenommen und interpretiert werden. Es ist die besondere Schwierigkeit von Mannschaftssportlern, innere und öffentliche Selbstaufmerksamkeit so aufeinander abzustimmen, dass die Individualität als Beitrag für die Mannschaftsleistung wirksam wird. Gleichzeitig muss durch den Anteil öffentlicher Selbstaufmerksamkeit das Verhalten von außen so weit kontrolliert werden, dass dem Sportler seine Rolle und sein Leis-tungsbeitrag zur Mannschaftsaufgabe bewusst und damit kontrollierbar wird.

7 Selbstdarstellung

Bei vielen Sportarten kommt es darauf an, einen guten Eindruck zu machen. Durch die öffentliche Selbstaufmerksamkeit versucht der Sportler, sich z.B. bei Kampfrichtern, Zuschauern, aber auch beim Trainer ins rechte Licht zu rücken. Die Motive und Einstellungen, die unsere Kommunikation mit anderen beeinflussen, nennt man **„Eindruckssteuerung“**. Gelingt es, einen positiven Eindruck zu hinterlassen, wirkt dies positiv auf die Stabilisierung des Selbstkonzepts und das Selbstvertrauen ein.

Gerade in einer Gesellschaft, die von momentanen Eindrücken der Medienlandschaft geleitet wird, ist es wichtig, schnell und möglichst mühelos einen guten Eindruck zu machen.

Unter „Selbstdarstellung“ verstehen wir die absichtliche Steuerung des Eindrucks, den man auf jemand machen will, weil man sich bestimmte, erwünschte Reaktionen erwartet.

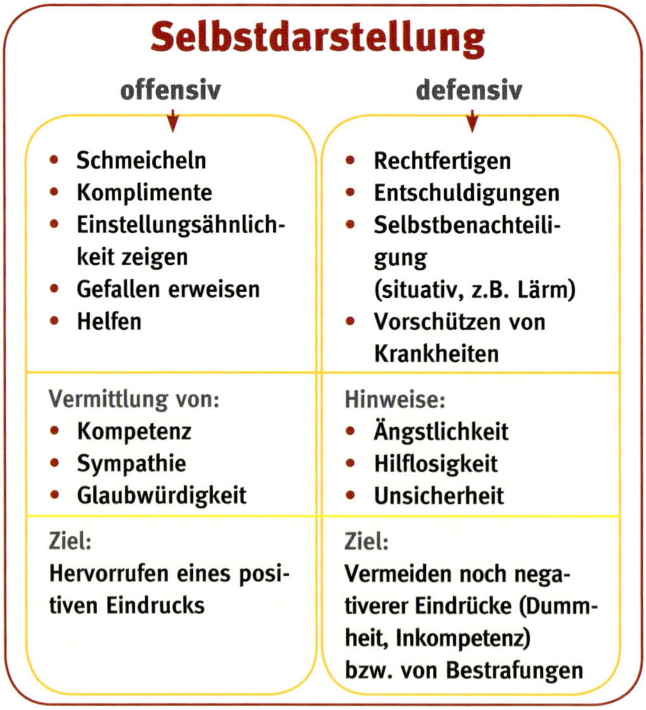

Selbstdarstellung

offensiv	defensiv
• Schmeicheln • Komplimente • Einstellungsähnlichkeit zeigen • Gefallen erweisen • Helfen	• Rechtfertigen • Entschuldigungen • Selbstbenachteiligung (situativ, z.B. Lärm) • Vorschützen von Krankheiten
Vermittlung von: • Kompetenz • Sympathie • Glaubwürdigkeit	Hinweise: • Ängstlichkeit • Hilflosigkeit • Unsicherheit
Ziel: Hervorrufen eines positiven Eindrucks	Ziel: Vermeiden noch negativerer Eindrücke (Dummheit, Inkompetenz) bzw. von Bestrafungen

Abb. 53 Techniken der Selbstdarstellung

Die Selbstdarstellung bestimmt das Bild, das sich andere von mir machen (siehe nächstes Kapitel).

Für die Art der Selbstdarstellung stehen uns einige Freiheiten zur Verfügung, die von der jeweiligen Situation und den persönlichen Zielen ab-hängig sind (Abb. 53). Gegenüber Menschen, denen wir sympathisch sind und die wir mögen, versuchen wir, uns so zu präsentieren, dass wir einen möglichst positiven Eindruck erwecken.

Unsympathische Partner werden durch distanzierte Selbstdarstellung abgelehnt. Um sich von unsympathischen Menschen zu distanzieren, ist der Mensch sogar bereit, Einstellungen und Meinungen zu ändern.

Positive Selbstdarstellung

Sportler versuchen in der Regel, sich positiv darzustellen. Bei Sportarten, die durch Bewertung und Beurteilung des äußerlich wahrnehmbaren Bewegungsablaufs gekennzeichnet sind, z.B. Turnen oder Eislauf, legen Sportler besonderen Wert auf die positive Selbstdarstellung nach außen.

Aber auch bei Sportarten, bei denen das Ergebnis objektiv gemessen werden kann, spielt die Selbstdarstellung eine wesentliche Rolle. Die Angst, „schlecht auszusehen", wirkt sich vor allem dann aus, wenn Zuschauer, Medien oder Kommunikationspartner zugegen sind.

Die Angst vor dem Betrachtetwerden stellt sich ein, wenn man sich den urteilenden Blicken anderer ausliefert. Das Bemühen, trotz der Ängste doch noch einen positiven Eindruck zu machen, kann eine Fülle von Hemmungen, Ängsten oder Verkrampfungen auslösen.

Negative Selbstdarstellung

Es gibt jedoch auch Situationen, in denen die Sportler absichtlich keinen positiven, sondern einen negativen Eindruck erzeugen wollen.

Wenn man z. B. eine schlechte Leistung erwartet oder diese nicht ausschließen kann, betont man negative Eigenschaften und Zustände wie Konzentrationslosigkeit, Zerstreutheit, private Probleme oder schlechte Verfassung. Man versucht, dadurch das Versagen zu erklären, denn eine Begründung durch Unfähigkeit wäre in weit höherem Maß selbstmindernd.

Es hängt deshalb von persönlichen Zielstellungen, von Motiven, Fähigkeiten und Situationsbedingungen ab, welche Art der Selbstdarstellung ein Sportler praktiziert.

Auch die berühmte „Schwalbe" beim Fußball, d.h. das Erwecken des Eindrucks, als wäre man vom Gegner gefoult worden, um einen Elfmeter zu erhalten, gehört in die Kategorie der negativen Selbstdarstellung.

Minderwertigkeits- und Hilflosigkeitsgefühle, Kompensation von Schwächen oder ein unrealistisches Selbstbild sind weitere, mehr oder weniger bewusste Einflussgrößen auf die Selbstdarstellung.

Um den erwünschten Eindruck hervorzurufen, bedienen sich Sportler verschiedenartiger Techniken. Grundsätzlich kann man **offensive** und **defensive Selbstdarstellungstechniken** unterscheiden (Herkner 1991; Forgas 1987).

Offensive Techniken der Selbstdarstellung

Darunter fallen alle Strategien, die der Sportler unternimmt, um seine positiven Seiten hervorzuheben. Aber auch Mannschaften versuchen häufig, um Störungen und Probleme innerhalb der Mannschaft zu verdecken, durch besondere Betonung des guten Teamgeists, nach außen hin einen geschlossenen Eindruck zu erwecken.

Im sozialen Umgang fallen unter offensive Selbstdarstellungstechniken Schmeicheleien, Komplimente, Zustimmung oder die Betonung, dass man der gleichen Meinung ist.

Insbesondere die Strategie des Einschmeichelns ist sowohl im Sport als auch im Alltagsleben weit verbreitet. Spieler versuchen, sich z.B. beim Trainer einzuschmeicheln, indem sie ihn da loben, wo er sich am wenigsten sicher fühlt. Trainer, deren Stellung in der Mannschaft gefährdet ist, betonen, dass sie „hinter der Mannschaft stehen" und versuchen, durch besondere Betonung der Mannschaftsleistung sich der Sympathie der Mitglieder zu versichern.

Das Motto des Einschmeichelns lautet: „Die beste Art mit Menschen umzugehen, besteht darin, dass man ihnen erzählt, was sie hören möchten!"

Schmeichler sind häufig erfolgreich, da man positive Informationen über sich selbst gerne für bare Münze nimmt und sie zur Bestätigung des eigenen Selbstkonzepts unkritisch zur Kenntnis nimmt. Erfahrene Trainer erkennen, ob die Selbstdarstellung von Sportlern auf tatsächlich vorhandenen Fähigkeiten beruht oder ob der positive Eindruck mehr eine Fassade darstellt, mit dem Ziel, das Vorhandensein gewünschter Fähigkeiten vorzutäuschen. Beispielsweise demonstrieren Sportler hohen Einsatz und geflissentliche Beachtung aller Anforderungen, ohne dass die innere Bereitschaft dazu tatsächlich vorhanden ist.

Defensive Techniken der Selbstdarstellung

Defensive Techniken beruhen meist auf Ängstlichkeit, Unsicherheit, Minderwertigkeits- oder Schuldgefühlen. Sie zeigen sich in Rechtfertigungen und Entschuldigungen oder auch in bestimmten Formen der Selbstbenachteiligung, z.B. die Lichtverhältnisse waren schlecht oder man war durch Zuschauer oder Lärm abgelenkt.

Durch defensive Selbstdarstellungstechniken versucht man, noch negativere Folgen zu vermeiden.

Für Sportler ist es z.B. angenehmer, ihr Versagen durch mangelnde Konzentration und nicht durch Unfähigkeit zu entschuldigen. Sogar das Hervorheben oder Darstellen von psychischen oder physischen Krankheiten und Verletzungen kann als Selbstdarstellungstechnik eingesetzt werden, um unangenehmen Forderungen anderer Personen, sozialer Missbilligung oder Bestrafung zu entgehen.

Fazit

Offensive Selbstdarstellungstechniken beruhen teilweise auf tatsächlich vorhandenem Selbstbewusstsein. Sie können aber auch die Funktion des Verdeckens von Ängstlichkeiten und Schwächen haben.

Negative Selbstdarstellungstechniken müssen nicht immer auf mangelndem Selbstbewusstsein beruhen. Sie zeigen jedoch oftmals an, dass Sportler mit ihren Leistungen oder mit bestimmten Merkmalen ihrer Persönlichkeit nicht zufrieden sind.

Auch Dissonanzeffekte zwischen Selbstbild und Fremdbild, zwischen realistischem Selbstbild und Selbstideal, können eine spezifische Art der Selbstdarstellung bewirken (siehe Kap. 8 „Selbstbilder"). Dabei spielen die Unterschiede, wie ich mich selbst fühle und beurteile und wie ich glaube, dass andere mich beurteilen, eine wesentliche Rolle.

Daraus können auch Konflikte für den Sportler erwachsen, die ihn verunsichern, welche Art der Selbstdarstellung in welcher Situation angebracht ist.

8 Selbstbilder – Trainer – Sportler

Das Bild, das Sportler von sich selbst haben, muss nicht mit dem Bild übereinstimmen, das Trainer, Zuschauer, Sozialpartner oder Mitspieler von ihnen haben. Es muss aber auch nicht dem Bild entsprechen, das sie glauben, dass andere von ihnen haben (fremdes Selbstbild).

Da Menschen bestrebt sind, zwischen dem eigenen Selbstbild und dem Bild, das andere von ihnen haben, eine möglichst große Harmonie und Übereinstimmung herzustellen, führen Diskrepanzen zwischen den verschiedenen Selbstbildern häufig zu Konflikten und Meinungsverschiedenheiten, ohne dass sich die Beteiligten über die eigentlichen Ursachen im Klaren sind.

„Du bist wohl heute schlechter Laune, so wie du aussiehst!"

„Wie kommst du denn darauf? Ich fühle mich blendend! Vielleicht fühlst du dich selbst nicht wohl!"

An diesem einfachen Beispiel wird deutlich, dass Unterschiede zwischen dem Bild, das ich von mir selbst habe und wie mich andere wahrnehmen, rasch zu zwischenmenschlichen Störungen führen können.

Viele Menschen haben ein unrealistisches Selbstbild. Sie wissen nicht genau, welchen Eindruck sie auf andere machen und sind überrascht und enttäuscht, wenn die Reaktion der anderen nicht ihren Erwartungen entspricht.

Nur, wenn man weiß, welchen Eindruck man bei anderen macht, kann man sein Verhalten gezielt verändern.

Die Übereinstimmung von eigenem Selbstbild und fremdem Selbstbild kann man nicht dadurch erreichen, dass man sich dauernd verteidigt, das eigene Verhalten hartnäckig korrigiert und rechtfertigt.

Missverständnisse zwischen den Spielern, Ursachen für Streitereien oder Konfrontationen mit dem Trainer, sind für die Beteiligten oft schmerzlich, da sie sich die aus ihrer Sicht unbegründete und unverständliche Reaktion der anderen nicht erklären können.

Ein Spieler, der der Meinung ist, sein Bestes gegeben zu haben, reagiert beispielsweise deprimiert, resigniert oder aggressiv, wenn er erfährt, dass der Trainer ihm mangelnde Einsatzbereitschaft vorwirft.

Man nennt die Unterschiede zwischen verschiedenen Selbstbildern **„kognitive Dissonanzen"** (Festinger 1964). Higgins (1987) unterscheidet mehrere Arten von Selbstbildern, je nachdem, von welchem Standpunkt aus es konstruiert wird (Abb. 54).

Es werden jeweils der eigene Standpunkt (Selbstwahrnehmung) und die (vermeintlichen) Standpunkte wichtiger anderer Personen unterschieden (Fremdwahrnehmung: Mannschaftspartner, Fremde, Trainer, Zuschauer). Dadurch entstehen fünf Arten von Selbstbildern.

1. **Das reale, eigene Selbstbild.**
2. **Das ideale Selbstbild.**
3. **Das reale, fremde Selbstbild.**
4. **Das ideale, fremde Selbstbild.**
5. **Das geforderte, fremde Selbstbild.**

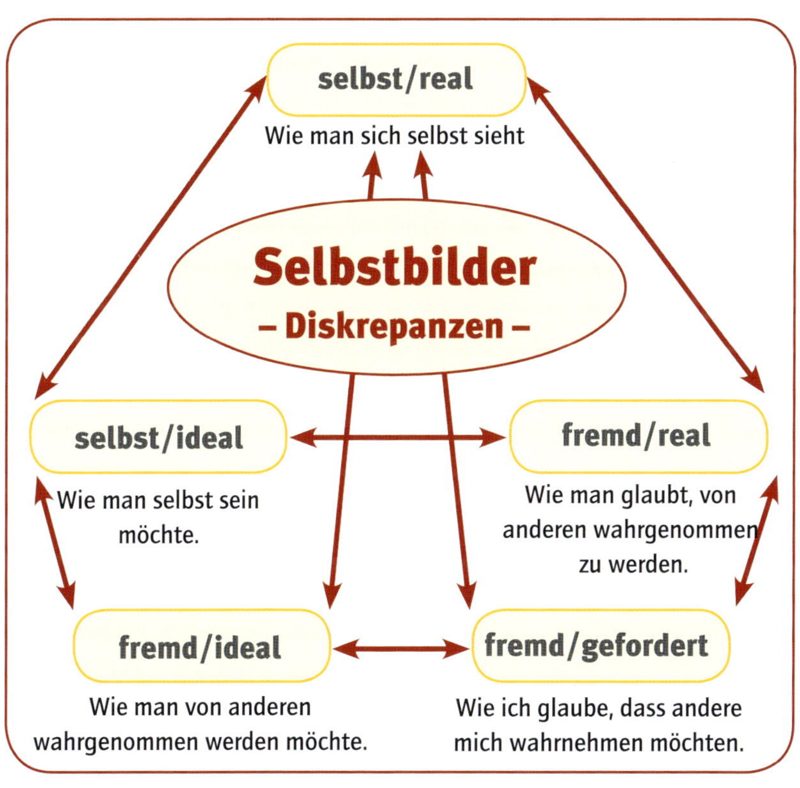

Abb. 54: Selbstdarstellung (nach Forgas 1987)

Das reale, eigene Selbstbild beinhaltet, wie man sich selbst sieht und erlebt.

Das ideale Selbstbild entspricht den Wünschen und Hoffnungen, wie man gerne sein möchte.

Das reale, fremde Selbstbild beinhaltet die Vorstellung, wie man glaubt, von anderen gesehen zu werden.

Das ideale, fremde Selbstbild stellt das Bild dar, wie man von anderen Menschen gerne gesehen werden möchte.

Das geforderte, fremde Selbstbild beinhaltet die Vorstellung der Bilder, wie man nach den Ansprüchen anderer sein sollte.

Probleme für den Einzelnen und die Mannschaft können aus möglichen Dissonanzen zwischen eigenen und fremden Selbstbildern entstehen. Sie können sowohl Ursache für innere, persönliche Konflikte als auch für Unstimmigkeiten zwischen Mannschaftsmitgliedern oder anderen Sozialpartnern sein.

Beispiele:

Diskrepanz: real selbst und real fremd

Ein Spieler hält sich für mannschaftsdienlich, glaubt aber, dass ihn die Mitspieler für egozentrisch halten.

Diskrepanz: real selbst und ideal selbst

Ein Spieler hält sich für einen groben Techniker mit viel Körpereinsatz, möchte aber gern ein Filigrantechniker sein.

Oder ein Beispiel außerhalb des Sports:

Man hält sich für hässlich und unansehnlich, möchte aber schön und attraktiv sein.

Diskrepanz: real selbst und ideal selbst

Ein Spieler verlangt von sich selbst Spitzenleistungen, glaubt aber, bisher nur Durchschnittliches geleistet zu haben.

Diskrepanz: real selbst und gefordert fremd

Ein Spieler glaubt, dass der Trainer von ihm die Aufgabe des souveränen Spielmachers fordert, fühlt sich aber selbst dieser Rolle nicht gewachsen.

Auswirkungen von Dissonanzen der Selbstbilder

Alle Arten von Dissonanzen zwischen verschiedenen Selbstbildern haben für den Sportler unangenehme Folgen. Minderwertigkeitsgefühle, Zweifel oder eine allgemeine Verminderung des Selbstwertgefühls können mehr oder minder ernste Auswirkungen haben.

- Eine Diskrepanz zwischen dem eigenen Selbstbild und einem eigenen oder fremden, idealen Selbst bedeutet, dass wichtige positive Erlebnisse nicht vorhanden sind. Spieler fühlen sich beispielsweise unverstanden oder ungerecht behandelt, Enttäuschung oder

Unzufriedenheit stellen sich ein. Ein Trainer, der sich für beliebt hält, aber erfährt, dass ihn die Spieler als autoritär und überheblich bezeichnen, kann mit Aggression oder Resignation reagieren, Selbstzweifel an seiner Eignung als Trainer können sich einstellen.

- Die Diskrepanz zwischen dem eigenen Selbstbild und einem geforderten eigenen oder fremden Selbstbild kann eine Quelle für Gefühle wie Angst, Sorge, Ratlosigkeit und Schuld sein.
- Entscheidend ist das Ausmaß der Diskrepanz, das zwischen verschiedenen Selbstbildern vorhanden ist. Je größer das Ausmaß einer Diskrepanz ist, desto unangenehmer sind die Folgen. Hier kann auch das Alter eine Rolle spielen. Ältere Trainer, die von sich überzeugt sind, Verständnis für die Jugend zu haben, aber erfahren, dass die Jugendlichen sie für alt und konservativ halten, können mit Frustration und Rückzug aus ihrer Betreuertätigkeit reagieren.

Aus diesem Beispiel wird auch deutlich, dass die Zugänglichkeit und Deutlichkeit einer Diskrepanz für die persönliche Wirkung verantwortlich ist. Je konkreter und deutlicher die Selbstdiskrepanz zu Tage tritt, desto mehr wird man darunter leiden.

Weitere Beispiele:
Man ist dick und möchte schlank erscheinen. Man hält sich für charmant, doch wird man von den anderen abgelehnt und gemieden.

In allen Fällen treten innere Konflikte auf, die sowohl motivierend als auch leistungsmindernd wirken können.

Lösungsmöglichkeiten
Möglichkeiten, Selbstdissonanzen zu beheben, liegen in der realistischen Selbstbeurteilung und der Berücksichtigung der Rückmeldungen, die man von anderen erhält. Videoaufzeichnungen und Gespräche können wesentlich dazu beitragen, realistische Selbstbilder an ideale oder fremde anzugleichen. So muss sich beispielsweise der egozentrische Spieler seiner mannschaftsschädigenden Spielweise bewusst werden, um sein Verhältnis zu den Mitspielern und deren Wahrnehmungsweise seiner Person zu verbessern.

Wenn das ideale Selbstbild zu sehr vom realen Selbstbild abweicht, sollte man seine Ziele und Einstellungen überprüfen, ohne allerdings auf Wunschvorstellungen für die Zukunft zu verzichten.

Jeder Sportler muss sich bemühen, Fragen wie: „Was kann ich augenblicklich leisten?", „Wie wirke ich?", realistisch zu beantworten und wünschenswerte Vorstellungen als solche zu erkennen, wie z.B.: „Was könnte ich in Zukunft leisten?" „Wie wirke ich auf andere, wenn ich mich so oder so verändere?" „Ich wünsche mir, einmal so zu sein wie ..."

9 Einflussfaktoren und Persönlichkeit

Wie wirken sich verschiedene Einflussfaktoren auf unterschiedliche Selbstbilder von Mannschaftssportlern aus?

Mannschaftssportler sind verschiedenartigen Einflüssen ausgesetzt, die wesentlich das Selbstbild und das Verhalten prägen. Faktoren, die auf den Spieler einwirken sind hauptsächlich:

- Die Zuschauer bzw. Menschen, die sein Handeln der Öffentlichkeit vermitteln, z. B. Pressevertreter.
- Die Mannschaft, die wesentliche Einstellungen und Verhaltensweisen der Mitglieder beeinflusst.
- Die eigene Persönlichkeit, d.h. die Erwartungen an sich selbst, Selbstbewusstsein, Einstellungen, Gefühle, Ziele.
- Der Trainer, dessen Erwartungen der Spieler kennt und zu erfüllen trachtet (Abb. 55).

Diese vier Bereiche beeinflussen die Selbstaufmerksamkeit der Sportler. Je nachdem, ob es sich um ängstliche oder selbstsichere, geübte oder ungeübte Sportler handelt, haben die angeführten Einflussfaktoren sehr unterschiedliche Auswirkungen auf Selbstbewertung, Motivation und Verhalten.

Die Wirkung von Zuschauern

Im Hinblick auf Lernprozesse können Zuschauer hemmend oder anspornend wirken. Bei Ungeübten werden Lernprozesse durch die Anwesenheit von Zuschauern meistens gestört. Die Selbstaufmerksamkeit ist mehr nach außen gerichtet als auf das eigene Handeln.

Ungeübte verfügen über mehr falsche Reaktionen, die durch die Anwesenheit anderer verstärkt werden, da diese zu höherer Aktivität führt. Der Lernprozess wird verlangsamt, die Fehlerzahl erhöht.

Bei schon erlernten Fähigkeiten überwiegen die richtigen Verhaltensweisen. Sie sind dominant und werden meist durch Zuschauer aktiviert.

Zuschauer wirken also aktivierend und verstärkend. Bei Ungeübten werden die mangelhaften, bei Geübten die richtigen Handlungsprogramme verstärkt.

Einflussfaktoren und Persönlichkeit

Wie wirken sich verschiedene Einflussfaktoren (Selbstbilder) auf Spieler aus?

Öffentlichkeit (Zuschauer, Medien) — **Trainer** — **Mannschaft** — **Eigenes Selbst**

ängstlich – selbstbewusst
SPIELER
ungeübt – geübt

OFFENSIV	DEFENSIV
Ängstliche	**Selbstbewusste**
Mannschaft: • Unterordnung • Defensives Denken • Verstärkung der Angst vor Anerkennungs- und Zugehörigkeitsverlust Aber auch: • Geborgenheit • Sicherheit • Verteilung der Verantwortung	• Identifikation mit den Zielen • Offensives Denken • Durchsetzungsfähigkeit
Öffentlichkeit: (Zuschauer u.a.) • Abnahme der Risikobereitschaft • Zunahme von Unsicherheit und Hemmungen	• Ansporn • Gefahr der Übermotivation
Eigene Person: • Konflikte „Ich möchte, aber ich trau' mich nicht!"	• Verfolgung eigener Werte und Standards

Abb. 55: Einflussfaktoren und Persönlichkeit

Weiterhin hängt es auch von der Bedeutung der Zuschauer ab. Erkennt ein Sportler, dass z.B. die Zuschauer uninteressiert sind, bleibt die Nervosität aus. Sportler unterliegen der Wirkung auch nur dann, wenn sie beobachtet werden oder glauben, beobachtet zu werden.

Ungeübte und Ängstliche werden in ihrer Konzentration meist beeinträchtigt, da sich ein wesentlicher Anteil der Aufmerksamkeit nach außen richtet. Die Konzentration auf die gestellte Aufgabe wird dadurch zwangsläufig vermindert.

Selbstbewusste und erfahrene Spieler lassen sich weniger ablenken. Zuschauer motivieren sie, sich noch mehr auf sich selbst zu konzentrieren, da sie aus Erfahrung wissen, dass jede nach außen gerichtete Aufmerksamkeit die Leistung beeinträchtigen kann.

Die Wirkung der Mannschaft

Der Wunsch, einer Mannschaft anzugehören, führt bei Ängstlichen und Ungeübten häufig zu verstärkter Anpassung und Unterordnung. Gegenüber negativer Kritik der Kameraden reagieren sie sehr sensibel, ihr labiles Selbstwertgefühl bedarf der Unterstützung und der Verstärkung.

Die Mannschaft bietet aber auch Sicherheit, da die Verantwortung auf mehreren Schultern ruht. Ängstliche Mitglieder sind deshalb in koagierenden Mannschaften der summativen Leistung, z.B. beim Rudern, weniger nervös als bei Mannschaften, bei denen die Addition der Einzelleistungen den gemeinsamen Erfolg ausmacht.

Äußere Einflussfaktoren wirken sich vor allem auf die Risikobereitschaft, sowohl der Einzelnen als auch der gesamten Mannschaft aus. Dies wird im nächsten Kapitel dargelegt.

Im Hinblick auf die Motivation kann davon ausgegangen werden, dass Zuschauer, Trainer oder Mitglieder der Mannschaft einen aktivierenden Einfluss haben. Dies muss jedoch nicht gleichbedeutend mit einer Verbesserung der Leistungsfähigkeit einhergehen. Bei Ängstlichen wird Vermeidungsverhalten motiviert, bei Selbstbewussten verstärkt sich die Durchsetzungsfähigkeit und das Zielbewusstsein.

Bei Sportlern mit hohem Anerkennungsbedürfnis besteht sogar die Gefahr der Leistungsverringerung. Die Kombination von objektivem Leistungsstreben, das auf den eigenen Maßstäben beruht und dem Streben nach sozialer Anerkennung, kann zum Zustand der Übermotivation führen. Man ist dadurch zweierlei Handlungsantrieben ausgesetzt: der eigenen Leistungserwartung und dem starken Bedürfnis, von anderen Anerkennung zu ernten.

10 Risikoverhalten von Mannschaften

Risikoverhalten von Gruppen – „Risky Shift“

Entscheidungen über Mannschaftsziele bzw. über gemeinsame Vorgehensweisen werden bei formellen Mannschaften, vor allem bei Profimannschaften, aber auch bei Amateurmannschaften, größtenteils vom Trainer gefällt. Er übernimmt damit auch das Risiko über Gelingen oder Fehlschlagen der Maßnahmen. Bei informellen Gruppen werden die Entscheidungen oftmals gemeinsam getroffen. Dabei spielt auch der Zusammenhalt der Gruppe eine wichtige Rolle. Je enger der Zusammenhalt, desto mehr werden Entscheidungen unter dem Aspekt gefällt, die Gruppe bzw. die Mannschaft nicht zu gefährden.

Gruppendenken kann deshalb dazu führen, dass äußere Faktoren oder bedrohliche Einflüsse an Bedeutung verlieren.

Beispiel:
Eine Gruppe von Skiläufern hat die Absicht, einen lawinengefährdeten Hang zu überqueren. Man berät gemeinsam, um die ersehnte Abfahrtspiste zu erreichen, kommt zu dem Schluss, dass der Hang wohl nicht so gefährlich sei, wie man gehört habe. Man ist bereit, sich gegenseitig zu helfen, versichert sich noch einmal des gemeinsamen Gruppengeistes und wagt die gefährliche Begehung.

Individuelle Einsichten können in Gruppen und Mannschaften gemeinsamen Entscheidungen untergeordnet werden, wenn dadurch ein erwünschtes Ziel erreichbar erscheint. Dieses Gruppendenken kann in Gruppen hohen Zusammenhalts die Oberhand gewinnen.

Gruppenentscheidungen müssen deshalb nicht besser sein als Einzelentscheidungen.

Geht es um Entscheidungen, die Fachwissen voraussetzen, können Gruppenentscheidungen sogar zu katastrophalen Folgen führen (Forgas 1987). Am Beispiel der Skiläufergruppe kann man sagen, dass ein fachkundiger Führer die Entscheidung gefällt hätte, den Hang nicht zu queren, wodurch die Gruppe nicht in Gefahr geraten wäre.

Ob Gruppen extremer oder vorsichtiger, besser oder schlechter entscheiden, hängt von gemeinsamen Normen und Vorstellungen ab. Je kohäsiver eine Gruppe ist, desto weniger wird sie auf Einzelmeinungen hören, auch wenn diese für alle eine bessere Wahl gebracht hätten.

Im Hinblick auf die Risikobereitschaft kann man feststellen, dass sich das Risikoverhalten der Einzelsportler und das Risikoverhalten der Mannschaft unter gegebenen Umständen stark unterscheidet.

Mannschaftsentscheidungen sind häufig risikofreudiger als Entscheidungen der Mitglieder.

Dabei spielen sowohl Informations- als auch Motivationsprozesse eine Rolle.

Es gibt Untersuchungen, bei denen man die Risikofreudigkeit von Einzelpersonen und von Gruppen untersucht hat.

Man befragte z. B. zunächst Einzelpersonen über risikobehaftete bzw. sicherheitsgewährende Vorhaben.

Anschließend wurden die Einzelpersonen zu Gruppen zusammengefasst und dieselben Entscheidungsprobleme noch einmal vorgelegt. Die Gruppen entschieden nach einge-

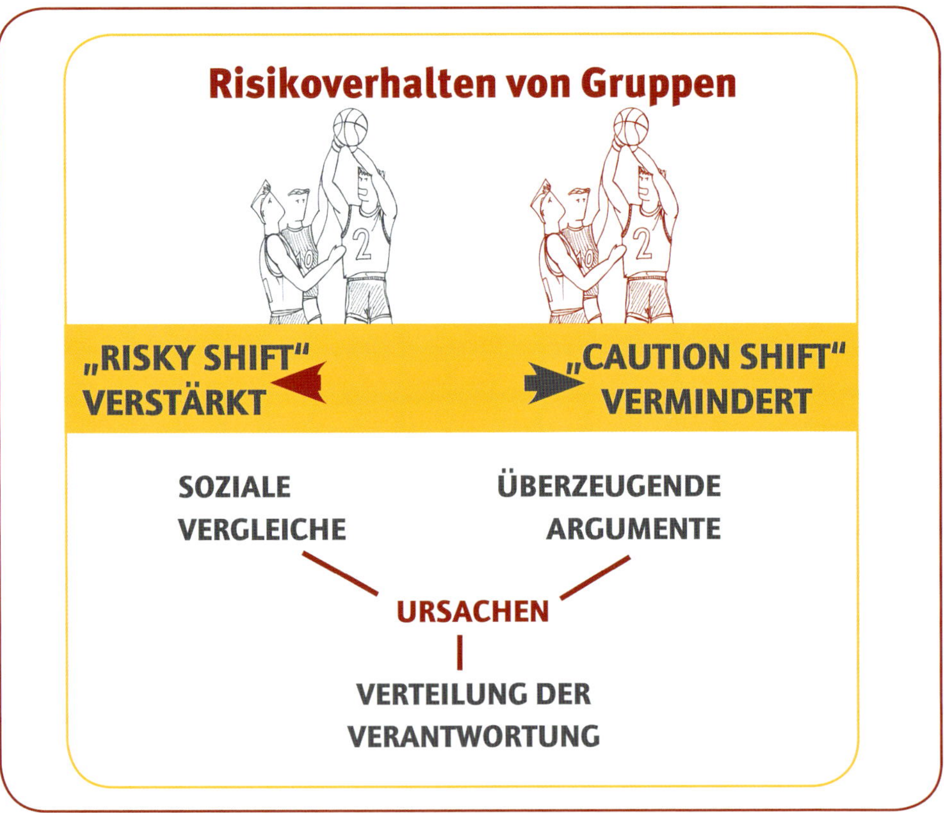

Abb. 56: Risiko erhöht

hender Diskussion. Dabei zeigte sich, dass die Gruppenentscheidungen riskanter waren als die Einzelentscheidungen, die vor der Gruppensitzung gefällt wurden.

Als man die Einzelmitglieder nach der Gruppensitzung noch einmal befragte, fielen die Einzelentscheidungen riskanter aus als die Gruppenentscheidung.

Offensichtlich kam es durch die Diskussion zu einer Änderung der Einstellungen. Die Erscheinung, dass das Risikoverhalten des Einzelnen in der Gruppe steigt, wird als „Risky Shift" (Risikoschub) bezeichnet.

Es gibt allerdings auch das umgekehrte Phänomen, „Caution Shift", Vorsichtsschub. Entscheidet sich die Gruppe für vorsichtiges Agieren, fallen die Einzelentscheidungen nach der Gruppendiskussion noch vorsichtiger aus.

Auch bei Sportmannschaften ist dieses Phänomen zu beobachten. Als Ursache können mehrere Faktoren zusammenwirken (Abb. 56).

Verteilung der Verantwortung

Der Einzelne ist bei Gruppenentscheidungen weniger verantwortlich für die Folgen der Entscheidung.

Bei einer Fehlentscheidung hat er weniger negative Konsequenzen zu befürchten als bei der Einzelentscheidung. Es gibt keinen Grund für Selbstvorwürfe oder Bestrafung, da ja die Gruppe bzw. die Mannschaft die Entscheidung traf.

Risikofreudige Personen sind einflussreicher

Personen, die von Anfang an risikofreudig auftreten, werden stärker beachtet und haben in der Gruppe größeren Einfluss. Wenn sich die Gruppe für risikoreiches Handeln ausspricht, steigt Ansehen und Einfluss der Risikofreudigen. Man konnte außerdem nachweisen, dass auch bei homogenen Gruppen, bei denen die Einzelpersonen das gleiche Maß an Risikofreudigkeit zeigten, die Erscheinung des „Risky Shift" auftrat (Herkner 1991).

Soziale Vergleiche

Risikofreudiges Verhalten wird von den meisten Menschen positiver bewertet als Vermeidungs- oder Sicherungsverhalten.

Deshalb streben manche Personen danach, durch risikoreiches Handeln mehr Anerkennung und höheres Ansehen zu erlangen. Um das Ausmaß der eigenen Risikofreudigkeit zu erkennen, bedarf es jedoch des Vergleichs mit der Risikofreudigkeit der Gruppe. Einzelpersonen können erst in einer Gruppe beurteilen, wie risikofreudig die eigene Entscheidung ist. Wenn z.B. ein Mannschaftsmitglied erkennt, dass die anderen mit hohem Risiko spielen, revidiert es sein bisheriges Bild riskanten Verhaltens. Es selbst hielt sein Spiel für risikofreudig. Im Vergleich zu den anderen fiel er nicht auf, sodass er nun, im Bestreben, die anderen zu übertreffen, eine hochgradige, unkontrollierte Risikobereitschaft an den Tag legt.

Wenn man die Risikofreudigkeit der Gruppenmitglieder erfahren hat, will man wenigstens um einen kleinen Betrag risikofreudiger sein als die anderen, um von der Gruppe positiv beurteilt zu werden oder um sein positives Selbstbild zu bewahren.

Spieler, die über weniger technisches Können verfügen, riskieren gefährliche Aktionen und gefährden sich dadurch selbst, wenn die Mannschaftsentscheidung gefallen ist, nach dem Motto: „Wir haben nichts mehr zu verlieren, wir müssen alles riskieren."

Diese Theorie kann auch erklären, warum in manchen Fällen Gruppen vorsichtiger entscheiden als Individuen.

Risikobereitschaft wird nicht in allen Situationen positiv bewertet. Manchmal wird der „Verantwortungsbewusste" höher eingeschätzt, als der „Draufgänger".

Entscheidungsprobleme, bei denen eher vorsichtiges als riskantes Verhalten angebracht ist, z. B. in einem Entscheidungsspiel den Vorsprung zu halten, müssten zum Gegenteil des „Risky Shift" führen. Jeder Einzelne wird in solchen Fällen noch vorsichtiger und vernünftiger sein als die anderen. Daher fällt die Gruppenentscheidung weniger riskant aus als die entsprechenden Einzelentscheidungen.

Überzeugende Argumente

Die Entscheidung der Mannschaft wird wesentlich von der Qualität vorgetragener Argumente geprägt (Burnstein u.a. 1977). Sind die Mitglieder von der Qualität der Argumente überzeugt, kann dies zu einer Verschiebung ihrer Risikobereitschaft führen. Es hängt vom Prozentsatz überzeugender riskanter bzw. vorsichtiger Argumente ab, ob die Gruppe riskant oder vorsichtig entscheidet (z.B. beim Bergsteigen!).

Wenn Risikofreudigkeit mit Anstrengung verbunden ist, kann man auf riskantes Verhalten verzichten, wenn man dadurch Kräfte einspart und man der Meinung ist, es geht „auch mit halber Kraft".

Beispiel:

Höherklassige Mannschaften verlieren manchmal gegen objektiv schwächere Gegner, da die Mannschaft glaubt, auch mit risikolosem Sicherheitsspiel erfolgreich sein zu können.

Das Phänomen des „Caution Shift" vermindert die Risiko- und Einsatzbereitschaft auch unter das erforderliche Maß, da die Einzelnen sich von der Gruppenentscheidung stärker beeinflussen lassen.

11 Risikobereitschaft des Einzelnen

Selbstbewusstsein und Risikobereitschaft sind eng miteinander verknüpft. Selbstbewusste Sportler trauen sich zu, gefährliche Situationen zu bewältigen. Sie vertrauen darauf, dass ihre Fähigkeiten ausreichen, um Aufgaben zu meistern und auch mit nicht vorhersehbaren Schwierigkeiten fertig zu werden. Erfahrene Spieler können riskante Situationen beurteilen und die Schwierigkeiten mit den ihnen zur Verfügung stehenden Fähigkeiten in ein realistisches Verhältnis setzen. Wenn die Aussicht auf erfolgreiches Bestehen überwiegt, der Sportler selbstbewusst und realistisch eine riskante Entscheidung fällt, kann man von **kontrollierter Risikofreudigkeit** sprechen (Abb. 57).

Der Spieler trägt persönlich die Folgen seiner Entscheidung. Im Mittelpunkt seiner Handlungsantriebe stehen seine Stellung, Zugehörigkeit und Anerkennung in der Mannschaft. Der Ängstliche versucht, alles zu vermeiden, was diese Faktoren gefährdet, der Selbstbewusste festigt sie durch offensives Handeln.

In der Regel ist bei ängstlichen und unsicheren Mannschaftsmitgliedern die Risikofreudigkeit gering.

Ein Fußballtrainer beklagt sich z.B.: „Die jungen Spieler trauen sich nichts zu, sie riskieren zu wenig. Sie finden keine Bindung in der Mannschaft!"

Eine Volleyballtrainerin äußerte sich ähnlich: „Meine Spielerinnen riskieren zu wenig, sie spielen zu brav!"

Die Vermeidung von Risikoverhalten bei unsicheren und ängstlichen Spielern tritt dann auf, wenn die Angst entsteht, durch Fehler Kritik zu ernten, die Zugehörigkeit zur Mannschaft zu gefährden und die Anerkennung zu verlieren.

Es besteht aber auch die Möglichkeit, dass Angst zur Ursache für riskantes Handeln wird (siehe „Risky Shift").

Hat sich die Mannschaft für riskantes Handeln entschieden oder fordert der Trainer zu risikoreicherem Spiel auf, „da man nichts mehr zu verlieren hat", kann die Angst vor Anerkennungsverlust die schwächeren Spieler zu unkontrollierter Risikofreudigkeit antreiben.

Aus den ursprünglichen Vermeidungsstrategien wird nun eine durch Angst geschürte Risikofreudigkeit, meist gepaart mit hoher körperlicher Einsatzbereitschaft. Planerisches Denken, selbstbewusstes Verfolgen eines taktischen Plans oder die Wahrnehmung der aussichtsreichen Position von Partnern bleiben auf der Strecke.

Der Ängstliche bedarf in erhöhtem Maß der Verstärkung erfolgreicher Handlungen, damit sich bei ihm das Bewusstsein festigt, Leistungen durch eigene Planung und Entscheidung erbringen zu können.

Ganz entscheidend ist es, dem Sportler zu vermitteln, dass die Frage: „Was ist, wenn es schief geht?", keinen Beitrag zu erfolgreichem Bemühen leisten kann. Vielmehr wird die negative Beantwortung im Sinne „einer sich selbst erfüllenden Prophezeihung" den Misserfolg programmieren und ihn letztlich auch herbeiführen.

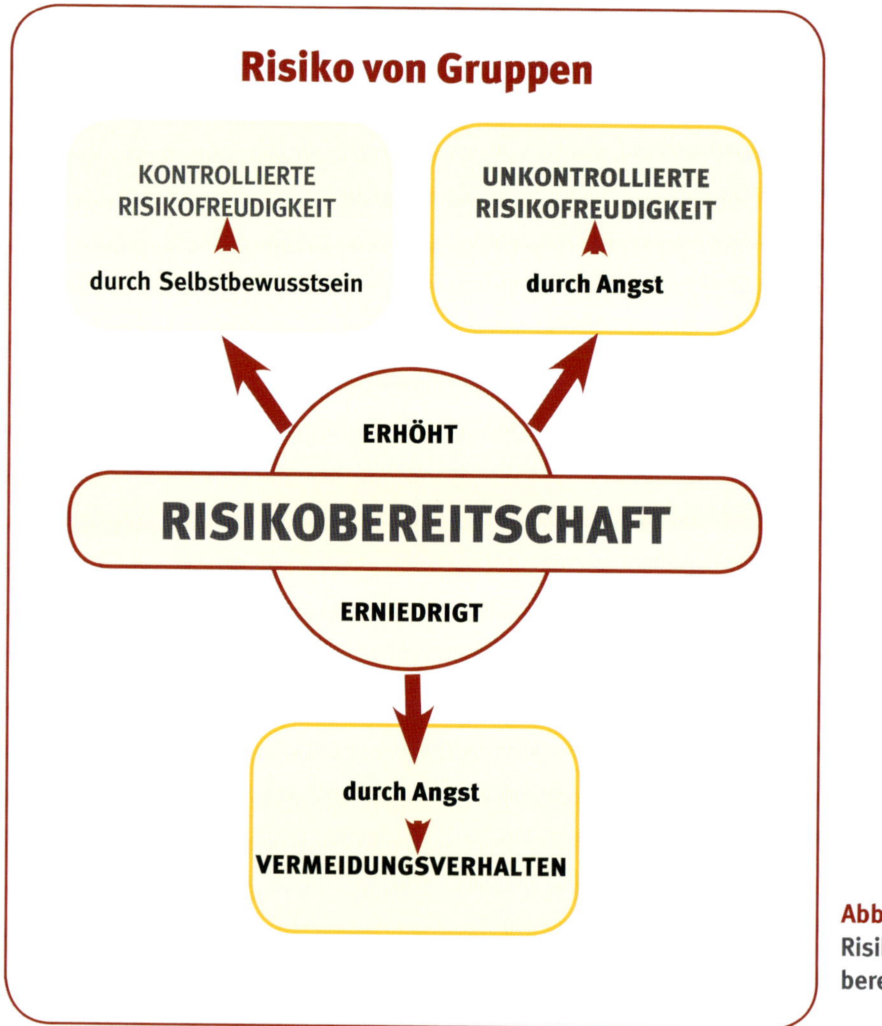

Abb. 57 Risikobereitschaft

12 Die Pause – was tun?

In den meisten Mannschaftssportarten gibt es Pausen, die der Sportler nutzen sollte, um erholt und vorbereitet in die nächste Belastungsphase zu gehen. Pausen können unterschiedlich lang sein. Sie reichen von der kurzfristigen Auszeit bis zum stundenlangen Warten während eines Turniers.

Sportler und Trainer sollten klare Vorstellungen über die Funktionen der Pause haben und wie man sie für das weitere Vorgehen sinnvoll ausfüllen kann.

Die Pause dient im Wesentlichen der Erholung und Regeneration der in der ersten Belastungsphase verbrauchten Energien. Des Weiteren können wichtige mentale Prozesse bezüglich Denkweisen, Taktik oder Konzentration beeinflusst werden. Auch der emotionale Erregungszustand kann in der Pause reguliert werden, entweder im Sinne der Beruhigung oder des Aktivierens, wenn die Spieler z. B. Einsatzbereitschaft vermissen lassen.

Trotz verschiedenartiger zeitlicher und organisatorischer Unterschiede kann man eine Pause generell in drei Teile gliedern:

- den Erholungsteil,
- die Vorbereitungsphase und
- die Mobilisierung (Abb. 58).

Die Erholungsphase

In der Belastungsphase verbraucht der Sportler Energie, dies gilt für Training und Wettkampf. Erst in der nachfolgenden Pause erfolgen die Regenerationsprozesse, um wieder den ursprünglichen Leistungsstand oder einen höheren zu erreichen.

Vergleichbar ist dieser Prozess mit der Energie einer Batterie, die beim Einschalten aktiviert, aber gleichzeitig verbraucht und vermindert wird.

In der Pause erfolgt dann die Wiederaufladung. Übersteigen die Belastungsphasen die Regenerationsphasen, kommt es zu einer stetigen Energieabnahme, d. h. zu zunehmender Erschöpfung und dauerhaften Leistungseinbußen.

Der energetische Aspekt:
Je höher der Energieverbrauch ist, desto intensiver muss die Erholung sein.

Der mentale Aspekt:

Hier geht es um das Abschalten und Sichlösen von negativen Gedanken, um den Neuaufbau von Konzentration und das Finden einer positiven, offensiven Einstellung.

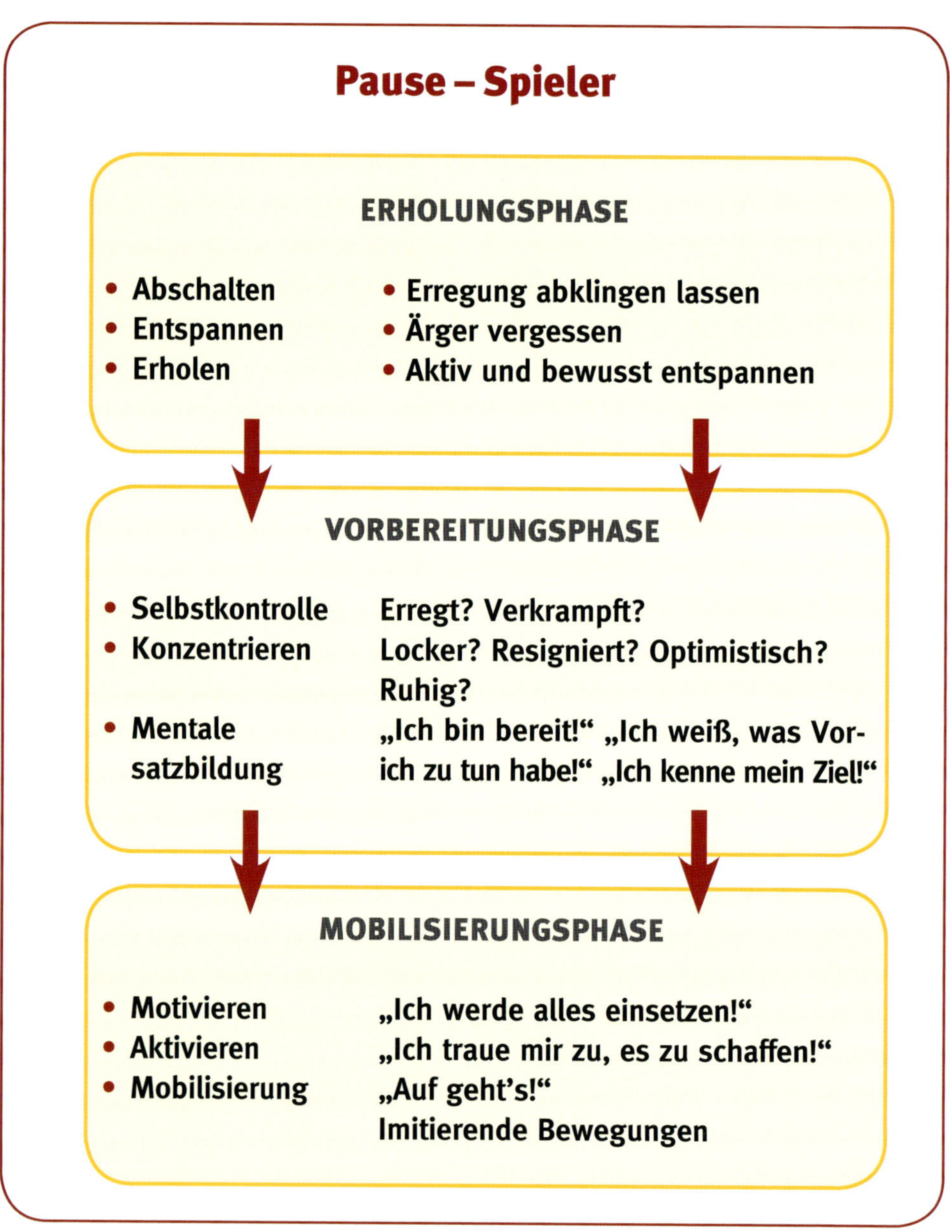

Abb. 58: Pause – Spieler

Der emotionale Aspekt:
Der Abbau von Ärger, Wut und Frustration ist die Voraussetzung für weiteres selbstbewusstes Handeln. Anzeichen von Resignation, Ängsten oder Nachlassen der erforderlichen Motivation sollen bewusst erkannt und verändert werden.

Man kann die Pause mit einer **Schleuse** vergleichen (Eberspächer u.a. 1993). Schrott, Unrat und Abfall, d. h. leistungsmindernde Gedanken, Ärger, Wut- oder Minderwertigkeitsgefühle, dürfen die Schleuse nicht passieren, sie erhalten keinen Zugang zur ersten Phase, dem Erholungsteil.

In dieser Beruhigungs- und Entspannungsphase werden körperliche Anspannung und psychische Erregung abgebaut, negative Gedanken werden durch geistiges Abschalten außer Kraft gesetzt. Die Atmung soll sich beruhigen, Muskelspannung und Pulsschlag gehen zurück.

Bei kurzen Pausen soll der Sportler eine aktive Entspannung durchführen, d. h., Beruhigung und Entspannung werden bewusst und aktiv angestrebt. Dazu bedarf es erlernter Techniken, z. B. der bewussten Atementspannung, sich zentrieren, d. h., alle Gedanken bei sich versammeln, den Körper in seiner Schwere spüren, um sich kurzfristig von der Außenwelt zu lösen. Sportler, die sich mental stark erregen, sollten über Kurzformen von Entspannungstechniken verfügen, um sie in den ihnen zur Verfügung stehenden Pausen effektiv anwenden zu können.

Gerade in der Beruhigungsphase wirken sich Ärger und Zorn besonders negativ aus. Man konnte zeigen, dass Beruhigung und Erholung ein aktiver bewusster Vorgang sein soll (Kallus u.a. 1991). Störungen durch Zuschauer, Mitspieler, Gegenspieler oder auch durch den Trainer mindern die erforderliche Regeneration.

Die Vorbereitungsphase

Nach der Beruhigungsphase beginnt der Sportler, sich mit der zweiten Belastungsphase zu beschäftigen. Er überprüft seinen körperlichen und psychischen Zustand und konzentriert sich darauf, entspannt und locker zu sein, insbesondere im Bereich der Schultern, des Nackens und des Rückens.

Er wendet nun seine Aufmerksamkeit den Hinweisen und Kommentaren des Trainers zu.

Je nachdem, ob in der ersten Phase die Belastung mehr körperlicher, emotionaler oder geistiger (kognitiver) Art war, bildet er nun mentale Programme und innere Vorsätze, die handlungsleitend in die nächste Belastungsphase mitgenommen werden. Der „innere Dialog", bildhafte Vorstellungen oder selbstmotivierende Sätze können, je nach

Art der Anforderungen, hilfreich angewendet werden.

- „Ich weiß genau, was ich tun werde!"
- „Ich nütze jede Chance!"
- „Ich traue mir zu ...!"
- „Ich bin voll konzentriert!"

Der Sportler muss darauf achten, dass seine Vorsätze direkt in Handlungen zu verwirklichen sind. Deshalb ist strikt darauf zu achten, keine Vermeidungsgedanken aufkommen zu lassen, wie z.B.: „Ich darf nicht wieder so zaghaft angreifen!" Besser: „Ich werde frühzeitig und entschlossen meinen Gegenspieler angreifen!"

Die Mobilisierungsphase

Die Phase der Mobilisierung dient der körperlichen und psychischen Belebung. Schnellkräftige, gymnastische Bewegungen, je nach Sportart, Imitationsübungen, selbstbewusste Körperhaltung („Kopf hoch"), anfeuernder innerer Dialog: „Auf geht's", „Das pack ich jetzt!", bereiten auf die nun folgende Belastungsphase nach der Pause vor.

Seine Verhaltensprogramme und seine technisch-taktischen Vorsätze hat der Sportler in der Vorbereitungsphase erstellt. Nun kommt es darauf an, hellwach, konzentriert und hoch motiviert die nächste Aufgabe anzugehen.

Zur Pausenlänge

Ärger, Wut und Zorn verhindern die optimale Regeneration. Man hat festgestellt, dass sich auch nach längeren Pausen das körperliche Wohlbefinden verschlechtert, wenn der Sportler sich nicht von den belastenden negativen Gedanken lösen konnte. Deshalb ist es wichtig, gerade bei längeren Pausen, positive Vorsätze zu bilden und positiv wirkende Ziele zu formulieren, die Optimismus und Offensivgeist steigern.

Ausreichend Schlaf, Ablenkung durch angenehme Tätigkeiten, Gespräche mit sympathischen Menschen, Musik oder das Hingeben an angenehme Vorstellungen verhindern, dass negative Gedanken und emotionale Störfaktoren die Erholung unterbinden.

13 Die Pause – der Trainer als Coach

Als **Trainer** ist der Trainer für die **Entwicklung** der Leistungsfähigkeit seiner Mannschaft verantwortlich, als **Coach** obliegt ihm die **Entfaltung** der Leistungsfähigkeit. Wie bereits ausgeführt, entspricht die tatsächlich gezeigte Leistung nicht immer der potenziellen Leistungsfähigkeit einer Mannschaft.

In der Pause müssen alle Maßnahmen des Trainers darauf ausgerichtet sein, körperliche und geistige Fähigkeiten der Mannschaftsmitglieder, dem Mannschaftsziel entsprechend, zur Entfaltung zu bringen. Der Trainer analysiert das bisher gezeigte Wettkampfverhalten der Einzelspieler und beurteilt z.B. den Spielverlauf und das mannschaftliche Zusammenwirken der Spieler.

Als Hauptaufgabe kommt dem Trainer die Funktion des Unterstützens zu. Hierzu stehen ihm sprachliche und nichtsprachliche Mittel, Informationen, Korrekturen, beratende Hinweise und andere Betreuungsmaßnahmen zur Verfügung (Abb. 59).

Pause
Trainerverhalten – Coaching

ANALYSE DES SPIELVERLAUFS

Ängstliche Spieler — Selbstbewusste Spieler

SACHLICHE UND/ODER EMOTIONALE REAKTION?

Kondition? Technik? Taktik? Spielstand? Psychische Verfassung? Sicher, selbstbewusst, ängstlich, unkonzentriert, erregt, resigniert?

Unterstützt durch:

- **Emotionale Unterstützung**
  beruhigen, Zuwendung, einfühlen, motivieren, emotionalisieren, ermuntern u. a.
- **Soziale Unterstützung**
  Anhören von Problemen, Befürchtungen, Vorschlägen
- **Beurteilende Unterstützung**
  Rückmeldung, Anerkennung
- **Informatorische Unterstützung**
  Ratschläge, Hinweise, Tipps

Abb. 59: Pause – Trainer

13.1 Analyse des Spielverlaufs

Bei Sportspielen bezieht sich die Analyse des Spielverlaufs auf Forderungen, die an Technik, Taktik, Kondition, Disziplin oder Einsatzbereitschaft gestellt werden.

Durch Beobachtung und Erfahrung erkennt der Trainer die psychische Verfassung der Sportler. Zeigen die Sportler Anzeichen der Resignation, der Ängstlichkeit? Erfüllen sie nicht die Erwartungen an Engagement und Einsatzbereitschaft, präsentieren sie sich gar überheblich, unmotiviert oder arrogant? Sind die Spieler emotional erregt, übermotiviert oder frustriert und zornig, sodass sie vereinbartes taktisches Verhalten missachten?

Die Maßnahmen des Trainers können sich an folgenden Grunddimensionen des Verhaltens der Spieler orientieren:

- **Erregungszustand?**
- **Selbstvertrauen?**
- **Taktisches Verhalten?**
- **Einsatzbereitschaft?**
- **Körperliche Verfassung?**

13.2 Emotionale Unterstützung

Wie bereits erwähnt, sind die Spieler in der Beruhigungsphase besonders empfindlich gegenüber Einflüssen, die der Entspannung, Beruhigung und Regeneration abträglich sind. Ob der Trainer bewusst beruhigend auf die Spieler einwirkt, oder ob er es den Spielern selbst überlässt, sich zu entspannen und zu beruhigen, hängt von der Intensität des Erregungszustands und von den Fähigkeiten der Spieler ab, sich selbst zu regulieren. Keinesfalls darf der Trainer in der Beruhigungsphase die Spieler mit Vorwürfen einde-cken oder mit Korrekturhinweisen belasten.

Emotionale Unterstützung kann sowohl beruhigend als auch aktivierend sein. Erregte, frustrierte Spieler, die trotz hoher Einsatzbereitschaft erfolglos bleiben, Pech hatten oder mit sich selbst unzufrieden sind, bedürfen der beruhigenden Einwirkung durch den Trainer. Ruhiger Tonfall, beruhigende Gesten, Wahl der Worte, z. B.: „Komm erst mal zur Ruhe!", „Entspannt euch zunächst einmal!", und das Gewähren einer angemessenen Zeitspanne, ermöglichen es dem Spieler, seine Erregung abzubauen, den Ärger zu vermindern und sich von Ängsten zu lösen.

Eine emotionale Reaktion des Trainers ist dann angebracht, wenn die Mannschaft undiszipliniert, überheblich oder mit wenig Einsatzbereitschaft agierte, im Glauben, es nicht nötig zu haben. Nur in diesem Fall kann sich eine „Standpauke"oder ein „Donnerwetter" positiv auswirken.

Spieler, die ihr Bestes gegeben haben, werden durch negative Reaktionen des Trainers entmutigt, da sie erfahren, dass sie trotz ihrer Anstrengung keine Anerkennung finden. Sie bedürfen der positiven emotionalen Unterstützung, z. B.:

- „Macht weiter so!"
- „Hängt euch rein, dann wird es auch klappen!"

Es bedarf eines hohen Einfühlungsvermögens des Trainers, um das richtige Maß emotionaler Unterstützung zu finden und den Gefühls- und Motivationszustand der Spieler angemessen zu regulieren. Manche Spieler brauchen die rigorose Aufforderung: „Haut euch rein!", andere müssen moderat und zuwendend behandelt werden, z. B.: „Ich weiß, was ihr könnt, diese Aufgabe könnt ihr schaffen, vertraut auf euer Können!"

13.3 Soziale Unterstützung

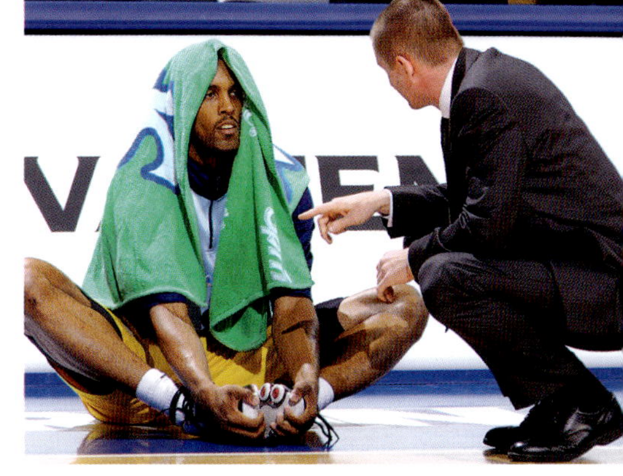

Die beschriebenen emotionalen Faktoren der Coachingfunktion des Trainers sind auch Teil der sozialen Unterstützung. Dazu gehört weiterhin das Anhören von Sorgen und Ängsten der Sportler, ihrer Befürchtungen und Zweifel. Die Spieler machen Vorschläge über Änderungsmaßnahmen, geben dem Trainer Hinweise und berichten über gemachte Erfahrungen.

Der Trainer geht auf diese Argumente ein, erkennt sie an und entscheidet, in welchem Maß er sie mit seiner Ansicht zur Übereinstimmung bringen kann. Für ängstliche Spieler kann es schon eine Erleichterung sein, ihre Befürchtungen aussprechen zu dürfen.

13.4 Beurteilende Unterstützung

Der Trainer beurteilt das Verhalten der Spieler und die Leistung der gesamten Mannschaft. Er zeigt den Spielern auf, in welchen Bereichen sie die Erwartungen erfüllt haben und wo noch Verbesserungen möglich sind. Die beurteilende Rückmeldung soll unsicheren Spielern Sicherheit verleihen. Sie erfahren vom Trainer, wie er ihre Aktionen in das mannschaftliche Geschehen einordnet. Der Trainer soll sich bei einsatzfreudigen Spielern mit Kritik zurückhalten, Fehler zwar aufzeigen, jedoch zu verstehen geben, dass er ihre Leistung insgesamt positiv bewertet. Damit verknüpft er Hinweise, wie aus den Fehlern zu lernen ist und wie sich der Spieler zukünftig verhalten sollte.

Die beurteilende Unterstützung kann unter Umständen mit einer emotionalen Reaktion des Trainers einhergehen, um inaktive Spieler zu mobilisieren oder Unkonzentrierte zu motivieren und auf ihre Aufgabe zu lenken.

Der Trainer beurteilt in der Pause den aktuellen Spiel- bzw. Leistungsstand und leitet davon das weitere Verhalten einzelner Spieler und die weiteren taktischen Strategien ab.

Es kann auch Situationen geben, wo die konstruktive Gesprächsführung und die unterstützende, positive Beurteilung kaum noch möglich ist. Dies ist z. B. bei folgender Problemlage der Fall (Frester 2000):

- Bewusstes Fehlverhalten, entgegen vorheriger Absprachen.
- Mangelhafte Einstellung, z. B. Fehler von Mitspielern werden nicht korrigiert, sondern angeprangert.
- Mehrfaches mannschaftsschädigendes Verhalten, z. B. Meckern, Vorwürfe, aggressive Provokation.
- Uneinsichtigkeit bei mannschaftlichen Notwendigkeiten, z. B. sich nicht in ein taktisches Konzept einordnen wollen.

In diesem Fall soll der Trainer mit allem Nachdruck seine Forderungen stellen und deutlich machen, dass er im Sinne des gemeinsamen Ziels auf der Einhaltung und Durchführung seiner Anweisungen besteht.

In entscheidenden Situationen, z. B. bei Spielrückstand, erwarten die Mannschaftsmitglieder klare Direktiven des Trainers. Toleranz gegenüber Spielern, die Eigeninitiativen entwickeln, die mehr ihren eigenen Zielen als dem Mannschaftsziel dienen, kann die Autorität des Trainers schwächen und sich schädigend auf die mannschaftliche Disziplin auswirken.

13.5 Informatorische Unterstützung

Informationen, die das weitere Vorgehen betreffen, sollen kurz, präzise und mit einfachen Worten gegeben werden. Dabei ist zu unterscheiden, ob es sich um Informationen handelt, die sich auf das Vorangegangene beziehen oder ob sie im Sinne der zukünftigen Handlungsanweisung wirken sollen.

Der Trainer spricht z. B. kurz das taktische Konzept des Gegners an, informiert die Spieler über zu erwartende Schwierigkeiten. Die daraus abgeleiteten sachlichen Informationen müssen den Spielern leicht verständlich sein, damit sie sie als Orientierungsgrundlage für ihr weiteres Verhalten verwenden können.

Unter Berücksichtigung des Spielstands gibt der Trainer den Spielern Ratschläge, Anweisungen, Hinweise und Tipps für ihr weiteres technisches und taktisches Verhalten. Keinesfalls sollte der Trainer eine breite Fehleranalyse anstellen und z. B. den Spielern aufzählen, welche Fehler sie gemacht haben und was sie zu vermeiden hätten.

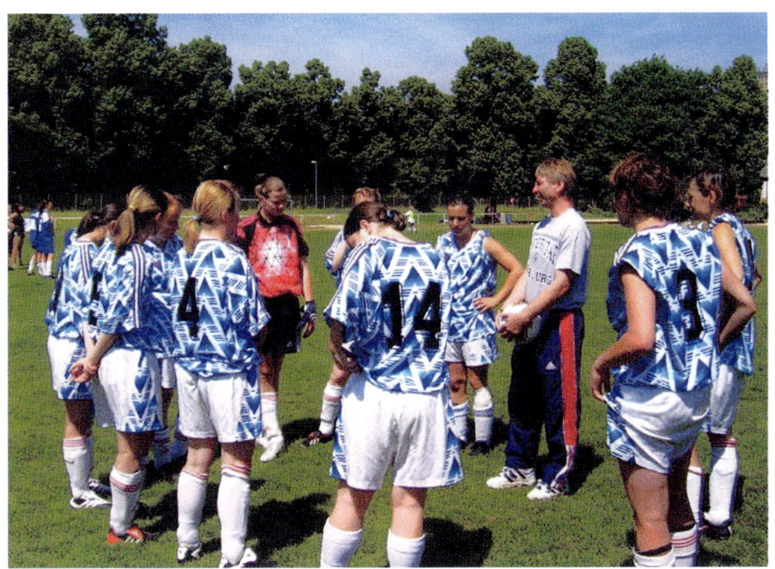

Formulierungen wie: „Bleib nicht hinten stehen!", „Du greifst von der falschen Seite an!", „Du stehst zu weit weg vom Mann!", geben insbesondere jüngeren und unerfahrenen Sportlern keine handlungswirksame Orientierung (siehe Kapitel 4.2 „Innere Sicherheit"). Um der Kritik des Trainers zu entgehen, werden sie „auf Nummer sicher gehen", ihr Denken und Handeln wird sich mehr mit dem Vermeiden schwieriger Situationen beschäftigen als mit selbstbewusstem und offensivem Vorgehen.

Alle unterstützenden Maßnahmen des Trainers können nur wirksam werden, wenn die Sportler sie verstehen und akzeptieren.

Der Trainer braucht deshalb ein gewisses Maß an Einfühlungsvermögen, d. h., er muss über empathische Fähigkeiten verfügen, um zu erkennen, ob er bei den Spielern auf positive Resonanz, auf Gleichgültigkeit oder gar auf Widerstand und Gegenwehr stößt.

Ein vertrauensvolles Verhältnis und eine offene Kommunikation zwischen Sportlern und Trainer sind die Voraussetzungen dafür, dass die Spieler auch kritische Einwände formulieren oder ihr Unverständnis äußern dürfen, ohne Angst vor negativen Folgen haben zu müssen. Unterdrückte Gegenreaktionen sind die Quelle schwelender Konflikte. Die Spieler tun dann zwar so, als ob sie einverstanden wären, gleichzeitig hindern innere Widerstände und innere Protestreaktionen die Entfaltung des optimalen Leistungspotenzials.

Literatur

Alfermann, D.: Soziale Prozesse im Sport. In: Gabler, H. u. a.: *Einführung in die Sportpsychologie*. Bd. 3, Schorndorf 1993.

Baumann, S.: *Psychologie im Sport*. Aachen 2006.

Baumann, S.: Mentale Stärke. In: *Trainerbrief Verband Deutscher Tischtennistrainer* 2-2006.

Bauer, G.: *Lehrbuch Fußball*. 1990.

Burnstein, E., & Vinokur, A.: Persuasive Argumentation and Social Comparsion as Determinants of Attitude Polarizasion. In: *Journal of Experimental Social Psychology 1977*, 13.

Carron, A.: *Group Dynamics in Sport*. London 1988.

Cooper, J. & Jones, E.: Opinion Divergence as a Strategy to Avoid Being Mistcast. In: *Journal of Personality and Socialpsychology* 1969, 13.

Cramer, D. & Jackschath, B.: *Fußballpsychologie*. Aachen 1995.

Cratty, J. B.: *Psychology in Contemporary Sport*. Philadelphia 1964.

Damasio, A.: *Descartes Irrtum. Fühlen, Denken und das menschliche Gehirn*. Berlin 2005

Dienstbier, R. A.: *Acquiring Physiological Stress Resistance: The Thoughness Model*. Braga 1991.

Dienstbier, R. A.: Arousal and Physiological Thoughness: Implications for Mental and Physical Health. In: *Psychological Review 96* (1991), 84-100.

Eberspächer, H.: *Mentale Trainingsformen in der Praxis*. Oberhaching 1990.

Eberspächer, H., Herrmann, H. & Kallus, K.: Psychische Erholung und Regeneration zwischen Beanspruchungen. In: Nitsch, H., u. a.: *Motivation, Emotion, Streß*. Bd. 1. 1993.

Festinger, L.: *Conflict, Decision and Dissonance*. Stanford Univ. Press, Stanford 1964.

Fiedler, F.: In: Herkner, W.: *Sozialpsychologie*. Bern 1991.

Forgas, J.: *Sozialpsychologie*. München 1987.

Frank, G.: *Fußball Coaching*. Aachen 2000.

Frester, R.: *Erfolgreiches Coaching*. Göttingen 2000.

Gage, N. & Berliner, D.: *Pädagogische Psychologie*. Weinheim 1996.

Gill, D. L.: The Prediction of Groups Motor Performance Form Individual Members Abilities. In: *Journal of Motor Behaviour 11*, 1979.

Hagedorn, G.: Spielerwechsel im Basketball. In: *Leistungssport*. Frankfurt 1979.

Hahn, E. (Hrsg.): *Psychologisches Training im Wettkampfsport*. Schorndorf 1996.

Hahn, E.: *Kindertraining*. München 1982.

Harre, D.: *Trainingslehre*. Berlin 1986.

Heinemann, K.: *Einführung in die Soziologie des Sports*. Schorndorf 1990.

Herkner, W.: *Lehrbuch der Sozialpsychologie*. Bern/Stuttgart 1991.

Higgins, E. T.: Social Cognition and Social Perception. In: *Annual Review of Psychology* 1987, 38.

Hofstätter, P.: *Gruppendynamik*. Reinbeck 1986.

Ingham, A. G., Levinger, G., Graves, J. & Peckham, V.: The Ringelmann Effect: Studies of Group Size and Group Performance. In: *Journal of Experimental Social Psychology* 1974, 371-384.

Kallus, K. & Martin, E.: *Experimentelle Untersuchung zur Störung von Erholungsvorgängen*. Würzburg 1991. (unveröffentlicht)

Klante, R.: Praktische Psychologie. Bayerischer Fußballverband. München 1994.

Kunath, P. & Schellenberger, H.: *Tätigkeitsorientierte Sportpsychologie*. Frankfurt 1991.

Landers, D. M. u.a.: Consulity and the Coherion-performance Relationship. In: *Journal of Sport Psychology 4*, 1982.

Lenk, H.: *Renngemeinschaft und Gruppendynamik*. Rudersport. Berlin 1962.

Lenk, H.: *Leistungsmotivation und Mannschaftsdynamik*. Schorndorf 1970.

Loehr, J.: *Persönliche Bestform durch Mentaltraining*. München 1986.

Orlick, T.: *In Pursuit of Excellance*. Champaign JL 1986.

Pongratz, L.: *Psychologie menschlicher Konflikte*. Göttingen 1961.

Railo, W.: *Besser sein, wenn's zählt*. Friedberg 1986.

Roth, K.: *Strukturanalyse koordinativer Fähigkeiten*. Bad Homburg 1992.

Scherler, K. & Schierz, M.: *Sport unterrichten*. Schorndorf 1995.

Schönpflug, W.: *Psychologie*. München 1989.

Schubert, F.: *Zwischen Start und Ziel*. Berlin 1981.

Seashore, S.: *Group Cohesiveness in the Industrial Work Group*. Annual Arbor 1954.

Seligmann, M.: *Erlernte Hilflosigkeit*. München 1993.

Sherif, M.: *Social Psychology*. New York 1969.

Steiner, J. D.: *Group Process and Productivity*. New York, Academic Express 1972.

Syer, J.: *Teamgeist*. Hamburg1991.

Syer, J. & Connolly, C.: *Psychotraining für Sportler*. Reinbeck 1987.

Thomas, A.: *Psychologie der Handlung und Bewegung*. Meisenheim 1986.

Tuckman, B.: Developemental Sequence in Small Groups. In: *Psychological Bulletin 63*, 1965.

v. Cube, F.: *Fordern statt Verwöhnen*. München 2000.

Valdano, J.: „Frankensteins Mannschaft". Spiegel-Interview. In: *Spiegel 9/*2000.

Van Dick, R./West, M.: *Teamwork, Teamdiagnose, Teamentwicklung*. Göttingen, 2005

Veit, H.: *Unterrichtung zur Gruppendynamik von Ballspielmannschaften*. Schorndorf 1978.

Weinberg, R. & Gould, D.: *Formations of Sport and Exercise Psychology*. Champaign 1995.

Weineck, J.: *Sportbiologie*. Erlangen 1990.

Bildnachweis

Cover:	dpa Picture Alliance, Hemera/Thinkstock (Hintergrund)
Covergestaltung:	Sabine Groten
Fotos Innenteil:	Sigurd Baumann, Karl-Heinz Langolf, Seite 27 dpa Picture Alliance
Grafiken:	nach Sigurd Baumann